P9-DME-561

ITALIAN THE EASY WAY

Third Edition

Marcel Danesi, Ph.D.
University of Toronto

BARRON'S

All inquiries should be addressed to:
Barron's Educational Series, Inc.
250 Wireless Boulevard
Hauppauge, New York 11788
http://www.barronseduc.com

Library of Congress Cataloging-in-Publication Data

Danesi, Marcel, 1946-
    Italian, the easy way / Marcel Danesi—3. ed.
        p. cm.
    ISBN-13: 978-0-7641-3413-5 (alk. paper)
    ISBN-10: 0-7641-3413-2 (alk. paper)
    1. Italian language—Conversation and phrase books—English. 2. Italian
language—Self-instruction. I. Title.

PC1121.D35 2006
458.3′421—dc22

                                                                        2005048344

Library of Congress Control Number 2005048344
ISBN-13: 978-0-7641-3413-5
ISBN-10: 0-7641-3413-2

PRINTED IN THE UNITED STATES OF AMERICA

9 8 7 6 5 4 3

Contents

Introduction   *vii*

1   Italian Sounds and Names   1
The Vowels   1
The Consonants   5

2   Stress, Intonation, and Spelling   13
Stress and Intonation   13
Spelling Patterns   15
Italy   17

Putting It All Together (Chs. 1-2)   *20*

CULTURE CAPSULE 1: NAMES AND SURNAMES   22

3   Hi, How's It Going?   23
Greeting People   24
Let's Introduce Ourselves!   29
To Be and to Have   32

4   Persons and Things   41
Asking Basic Questions   42
Talking About Oneself   45
Naming Things: Part I   47

Putting It All Together (Chs. 3-4)   *58*

CULTURE CAPSULE 2: TITLES   60

5   May I Help You?   61
Expressing Oneself Politely   62
Agreeing and Disagreeing   65
Naming Things: Part II   66

6   At the (Coffee) Bar!   75
Speaking in the Present: Part I   76
Pronouns   82
At an Italian Bar!   83

Putting It All Together (Chs. 5-6)   *87*

CULTURE CAPSULE 3: CURRENCY   90

Vocabulary Checkpoint #1 (Chs. 1-6)   *91*

7   Where Shall We Go?   95
Asking for Information   96
Speaking in the Present: Part II   99
Things and People Near and Far   102

8   At the Airport!   109
How to Describe People and Things   110
Days, Seasons, Months   117
At the Airport!   121

Putting It All Together (Chs. 7-8)   *123*

CULTURE CAPSULE 4: HOLIDAYS   125

9   One, Two, Three...   127
Let's Count!   128
Notions of Quantity   133
What Time Is It?   142

10   At the Doctor's!   153
   Speaking in the Present: Part III   154
   Prepositions   159
   At the Doctor's!   164

Putting It All Together (Chs. 9-10)   169

CULTURE CAPSULE 5: ITALIAN TIME   173

11   Hello! Who's Speaking?   175
   Ordering   176
   On the Phone!   181
   Asking for Directions   184

12   At the Bank!   189
   To Be Able To, to Want To, to Have To   190
   Reflexives   192
   At the Bank!   194

Putting It All Together (Chs. 11-12)   197

CULTURE CAPSULE 6: BANKS   199

Vocabulary Checkpoint #2 (Chs. 7-12)   200

13   Do You Like It?   205
   Pronouns   206
   To Like and Not to Like   210
   The Past: Part I   213

14   All in the Family   219
   The Past: Part II   220
   Mine and Yours   223
   All in the Family   226

Putting It All Together (Chs. 13-14)   230

CULTURE CAPSULE 7: THE ITALIAN FAMILY   232

15   Who's the Tallest?   233
   Comparing Things   234
   The Past: Part III   236
   Complex Sentences   239

16   At the Restaurant!   243
   The Future   244
   Emphasis   247
   At the Restaurant   249

Putting It All Together (Chs. 15-16)   252

CULTURE CAPSULE 8: EATING OUT   253

17   Let's Go Shopping!   255
   Conditions   256
   Adverbs   257
   Let's Go Shopping!   258

18   Really?   263
   Let's Express Ourselves!   264
   Sports and Jobs   265
   Finally   268

Putting It All Together (Chs. 17-18)   272

Contents

CULTURE CAPSULE 9: NEW TECHNOLOGIES   274

Vocabulary Checkpoint #3 (Chs. 13-18)   274

Answer Key   277

Irregular Verb Charts   296

Vocabularies   299
      Italian-English   299
      English-Italian   305

Introduction

Welcome to Italian! You are about to learn the language spoken by approximately 56 million Italian inhabitants and countless people of Italian origin living in North America.

Learning Italian will open up for you a rich new cultural panorama. Italian painting, sculpture, literature, and music are important cultural artifacts known throughout the world. Names such as Michelangelo, Leonardo da Vinci, Galileo, Dante, Petrarch (the list could go on and on) are forged into world history. Knowing Italian will also open up the exciting modern world of artisanship and design, because Italy is renowned in the fields of clothing, furniture, and automobiles. And, of course, if you know Italian you will be able to fully enjoy your stay in such enchanting places as Rome, Venice, Florence, and Naples. So, welcome, once again, to the Italian language—your key to Italy and Italians!

Purpose and design of this book

This book is written with a simple style and each new concept is explained in easy language. Technical terminology usually found in "grammar" books is avoided. The focus of the book is language *use*. The language topics are tied to specific situations and will teach you to use the language for such things as greeting people, naming people and things, asking for information, and so forth. Often you will learn a new concept by doing the exercises and activities found in the "practice set." There really is no better way to learn than by *doing*. For most speech situations, you will need five basic verb tenses: the present, the imperative, the past (perfect and imperfect), the future, and the conditional.

- Each chapter is built on communicative themes.
- You will have a chance to practice each new topic as soon as it is introduced. Indeed, many of the practice sets that make up the bulk and backbone of this book (115 in all!), introduce related topics and themes. The best way to learn is by doing the exercises.
- After every two chapters, you will find a "putting it all together" section that is designed to help you review and reinforce what has been learned in the two chapters.
- After every two chapters, you will also find a "Culture Capsule," which is new to this third edition. Each capsule expands upon cultural content introduced in the two chapters. The first four are written in English and the rest in Italian.
- After every six chapters, there is a "vocabulary checkpoint," which will allow you to keep track of the new vocabulary you have learned in the six chapters.
- An answer key, a chart of irregular verbs, and Italian-English/English-Italian vocabularies complete this book.

In addition to the Culture Capsules, this third edition also contains updated vocabulary and information on the language and culture. Its user-friendly approach, however, remains the same as it has always been. As in previous editions, the grammatical content includes the main topics, including the present indicative, the present perfect, the imperative, the conditional, and the future tenses. As such, this book constitutes an introduction to Italian grammar, as well as an introduction to conversational style.

How to use this book

If you are using this book for self-study, you will find it to be an easy-to-follow, step-by-step approach to "practical" Italian. Simply start on page 1 and work your way through at your own pace.

This book is also useful as a study aid if you are taking Italian at school. It will help clarify the points of language introduced in your course. And, it will give you plenty of extra practice. It might even help you raise your grades!

If you are using this book in an Italian class, then your teacher will help you work your way through it. It can be used in any introductory course where the focus is on language use.

However you may wish to use this book, never forget to enjoy yourself!

Buon divertimento!

CHAPTER 1

Suoni e nomi italiani
Italian Sounds and Names

In this chapter you will learn:

- how to pronounce and write the vowels
- how to pronounce and write the consonants
- common Italian names

Dialogue and Comprehension Activity 1

<table>
<tr><td colspan="3" align="center">Ciao!</td></tr>
<tr><td>Daniela:</td><td>Ciao, Mario.</td><td>—Hi, Mario.</td></tr>
<tr><td>Mario:</td><td>Ciao, Daniela.</td><td>—Hi, Daniela.</td></tr>
<tr><td>Daniela:</td><td>Ecco Laura e Marcello.</td><td>—Here's Laura and Marcello.</td></tr>
<tr><td>Mario:</td><td>E anche Giovanni e Maria.</td><td>—And also John and Mary.</td></tr>
<tr><td>Daniela:</td><td>Ciao a tutti!</td><td>—Hi, everyone!</td></tr>
</table>

Match the Italian sentence with its English equivalent.

1. _____ *c* _____ Ciao!   a. *Here's Marcello.*
2. _____ *e* _____ Ciao, Giovanni.   b. *Here's Laura.*
3. _____ *b* _____ Ecco Laura.   c. *Hi!*
4. _____ *a* _____ Ecco Marcello.   d. *Hi, everyone!*
5. _____ *f* _____ E anche Mario.   e. *Hi, John.*
6. _____ *d* _____ Ciao a tutti!   f. *And Mario too.*

Le vocali
The Vowels

In Italian, as in any language, there are two main kinds of sounds: *vowels* and *consonants*. Vowels are produced by air passing through the mouth without being blocked. The letters that represent the Italian vowels are: *a, e, i, o, u.*

When you read and work with the words in this book, always try to sound them out to yourself. Throughout your study, you occasionally might want to refer to the charts in this chapter to help you reinforce your pronunciation.

The examples used in the chart below are all Italian (first) names. You will see that there are many correspondences between Italian and English names. So for your first practice set, see if you can guess what the English equivalents are (if they exist).

Practice Set 1

ALPHABET LETTERS	SOUNDS	EXAMPLES	ENGLISH EQUIVALENTS
a	Similar to the *a* sound in *father,* or to the exclamation *ah!*	Anna Antonio Alberto	1. *ANN* 2. *TONY* 3. *ALBERT*
e	Similar to the *e* sound in *bet,* or to the exclamation *eh!*	Elena Elio Emma	4. *HELLEN* 5. _____ 6. *EMMA*
i	Similar to the *i* sound in *machine,* or to the exclamation *eeh!*	Isabella Irma Ilaria	7. *ISABEL* 8. *IRMA* 9. *HILARY*
o	Similar to the *o* sound in *sorry,* or to the exclamation *oh!*	Ornella Orlando Ottavio	10. _____ 11. _____ 12. _____
u	Similar to the *oo* sound in *boot,* or to the exclamation *ooh!*	Ugo Umberto	13. *HUGH* 14. *HUBERT*

Speakers in different parts of Italy will pronounce *e* and *o* with the mouth relatively more open or closed. In many areas, however, both pronunciations are used. To get an idea of what this means, consider how the *a* in *tomato* is pronounced in North America. In some areas it is pronounced like the *a* in *father*. In other areas it is pronounced like the *a* in *pay*. But whether it is pronounced one way or the other, no one will have any difficulty understanding that the word is *tomato*. This is exactly what happens in the case of Italian *e* and *o*.

The letter *i* can also stand for the semivowel sounds represented by the *y* in *yes* and *say* when preceded or followed by another vowel (*a, e, o, u*).

i PRONOUNCED LIKE *YES* (= *i* BEFORE ANOTHER VOWEL)	*i* PRONOUNCED LIKE *SAY* (= *i* AFTER ANOTHER VOWEL)
ieri *yesterday* piatto *plate* più *more*	mai *never* poi *then* lei *she*

This pronunciation feature occurs when the *i* is next to another vowel and both are pronounced rapidly together. The kind of syllable they form is known as a *diphthong*. However, in some words there is a slight pause between the two vowels. In such cases, the *i* is pronounced in its normal way.

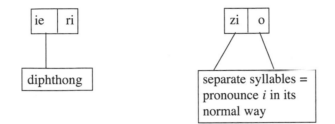

There are very few words pronounced like **zio** "uncle." To point these out to you, a dot will be put under the stressed vowel (**zịo**) the first time the word is introduced.

In a similar fashion the letter *u* can also stand for the semivowel sounds represented by the *w* in *way* and *how* when preceded or followed by another vowel.

u PRONOUNCED LIKE *WAY* (= *u* BEFORE ANOTHER VOWEL)	*u* PRONOUNCED LIKE *HOW* (= *u* AFTER ANOTHER VOWEL)
uomo *man* guanto *glove* quale *which*	aula *classroom* pausa *pause* causa *cause*

Once again, this occurs when the *u* is next to another vowel and the two are pronounced rapidly together to form a diphthong. However, there are a few words in which there is a slight pause between the two vowels, and the *u* is pronounced in its normal way. These cases will be pointed out to you with a dot under the *u* when they are introduced.

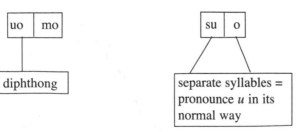

Finally, when *three* vowels come together they form what is known as a *triphthong*. In such cases, the *i* and the *u* always represent the semivowel sounds just described.

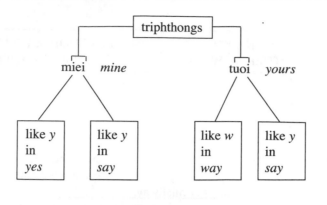

Practice Set 2

Here are some more Italian names. Pronounce them as well as you can. Then try to guess their English equivalents (if these exist).

NAMES WITH A DIPHTHONG	ENGLISH EQUIVALENTS
1. Daniela	DANIELAE
2. Claudia	CLAUDIA
3. Piera	
4. Laura	LAURA
5. Mario	MARK
6. Fabrizio	
7. Maurizio	MAURICE
8. Piero	
9. Pietro	PETER

NAMES WITHOUT A DIPHTHONG	
10. Gabriella	GABRIEL
11. Adriana	ADRIANE
12. Maria	MARIA MARY
13. Paola	PAULA
14. Luisa	LOUISE
15. Lucia	LUCY
16. Luigi	LOUIS
17. Paolo	PAUL

Le consonanti
The Consonants

The following consonants (and their letters) correspond, more or less, to the English ones, so they shouldn't cause you many problems. Once again, Italian names are given as examples. See if you can guess their English equivalents. (You may have seen some of them already.)

Practice Set 3

ALPHABET LETTERS	SOUNDS	EXAMPLES	ENGLISH EQUIVALENTS
b	Identical to the *b* sound in *boy*.	*Bruna* *Bruno*	1. _____ 2. _____
d	Identical to the *d* sound in *day*. This is true even when followed by *r*, in which case English speakers raise the tongue a bit more above the teeth.	*Dino* *Domenico*	3. *DEAN* 4. _____
f	Identical to the *f* sound in *fun*.	*Francesca* *Fabio*	5. *FRANCES* 6. _____
l	Identical to the *l* sound in *let*. This is true even when it comes at the end of a word or syllable, in which case English speakers raise the back of the tongue a bit more (as in *bill*).	*Loretta* *Luigi*	7. *LORETTA* 8. *LOUIS*
m	Identical to the *m* sound in *man*.	*Marina* *Marco*	9. *MARY* 10. *MARK*
n	Identical to the *n* sound in *not*.	*Nicola* *Nina*	11. _____ 12. *NINA*
p	Identical to the *p* sound in *price*.	*Pasquale* *Pina*	13. _____ 14. _____
r	Like the rolled *r* in some Scottish dialects. Pronounced with a flip of the tongue against the upper gums.	*Roberto* *Renato*	15. *ROBERT* 16. *RON*

ALPHABET LETTERS	SOUNDS	EXAMPLES	ENGLISH EQUIVALENTS
t	Like the *t* sound in *too*. This is true even when followed by *r*, in which case English speakers raise the tongue a bit more above the teeth. Always make sure that your tongue touches the upper teeth when pronouncing *t* in Italian, not the ridge above them.	Tommaso Teresa	17. *THOMAS* 18. *TERESSA*
v	Identical to the *v* sound in *very*.	Vincenzo Vito	19. *VINCENT* 20. _____

The following letters and consonants are a little more problematic. Once again, try your hand at guessing the English equivalents of Italian names.

Practice Set 4

ALPHABET LETTERS	SOUNDS	EXAMPLES	ENGLISH EQUIVALENTS
c, ch	Both sound like the *k* sound in *kit*. As in English, *c* is used before *a, o, u* and any consonant. *Ch* is used before *e* and *i*. In some English words *ch* is used in a similar fashion, e.g., *chemistry* and *ache*.	Carlo Michele Caterina Claudio	1. *CARLOS CHARLES* 2. *MICHAEL* 3. *KATHERINE* 4. *CLAUDE*

ALPHABET LETTERS	SOUNDS	EXAMPLES	ENGLISH EQUIVALENTS
c, ci	Both stand for the *ch* sound in *much*. *C* is used before *e* and *i*; *ci* is used before *a, o, u*. In some English words *ci* is used in a similar fashion; e.g., *social* and *special*. Remember in such cases *not* to pronounce the *i*, e.g., **ciao** *hi* is pronounced more or less like *chow*.	Marcello Francesco Luciano Lucio	5. _____ 6. _____ 7. _____ 8. _____
g, gh	Both stand for the *g* sound in *good*. *G* is used before *a, o, u* and any consonant. *Gh* is used before *e* and *i*, e.g., **spaghetti** and **ghetto**.	Guido Graziella Alighiero	9. _____ 10. _____ 11. _____
g, gi	Both stand for the *j* sound in *jet*. *G* is used before *e* and *i*; *gi* is used before *a, o, u*. In some English words, *gi* is used in a similar fashion, e.g., *Belgian*. Remember in such cases *not* to pronounce the *i*, e.g., **giù** *down* is pronounced *joo*.	Gina Angela Giorgio Giovanni Giuseppe	12. _____ 13. _____ 14. _____ 15. JOHN 16. _____
gli	Represents a sound similar to the *lli* sound in *million*.	Gigliola	17. _____
gn	Represents a sound similar to the *ny* sound in *canyon*.	*(No names.)* Bologna *(city)*	
qu	Identical to English *qu* in *question*.	Pasquale	18. _____

ALPHABET LETTERS	SOUNDS	EXAMPLES	ENGLISH EQUIVALENTS
s	Stands for the *z* sound in *zip* when followed by *b, d, g, l, m, n, r, v;* otherwise, it is pronounced like the *s* in *sip*.	Like *zip:* Osvaldo Like *sip:* Silvana Sandra Francesca	19. _____ 20. _____ 21. _____ 22. _____
	The *z* sound is used between vowels (with only a few regional differences).	Between vowels: Rosa Marisa	23. _____ 24. _____
sc, sch	Both stand for the *sk* sound in *skip*. *Sc* is used before *a, o, u* and any consonant; *sch* is used before *e* and *i*.	*(No names.)* *scarpa shoe* *schiena back (body)*	
sc, sci	Both stand for the *sh* sound in *shall*. *Sc* is used before *e* and *i; sci* is used before *a, o, u*.	*(No names.)* *scena scene* *sciarpa scarf*	
z	Stands for either the *ts* sound in *cats,* or the *ds* sound in *lads* in initial position, e.g., **zio** ts ds	Renzo Maurizio	25. _____ 26. _____

The letter *h* does not represent any sound. It is like the silent *h* of *hour,* **ho** *I have* (pronounced like *o*).

Most Italian consonants have a corresponding double consonant, which can only occur within words. The double consonants are pronounced by simply doubling, or lengthening, the corresponding single consonants. Once again, try your hand at guessing the English equivalents of Italian names (if such exist).

Practice Set 5

SINGLE CONSONANTS	DOUBLE CONSONANTS	EXAMPLES	ENGLISH EQUIVALENTS
b	bb	*(No names.)* *e.g.,* ba*bb*o *dad*	

SINGLE CONSONANTS	DOUBLE CONSONANTS	EXAMPLES	ENGLISH EQUIVALENTS
c, ch ("k")	cc, cch	Rocco vecchio *old*	1. _____
c, ci ("chi")	cc, cci	Puccini (opera composer) faccia *face*	
d	dd	freddo *cold*	
f	ff	Raffaello	2. _____
g, gh ("g")	gg, ggh	Legga! *Read!*	
g, gi ("j")	gg, ggi	peggio *worse*	
l	ll	Marcello	3. _____
m	mm	Emma	4. _____
n	nn	Giovanni	5. _____
p	pp	Giuseppe	6. _____
r	rr	birra *beer*	
s	ss	rosso *red*	
t	tt	gatto *cat*	
v	vv	davvero *really*	
z	zz	pizza *pizza*	

Practice Set 6

A. The following names and words (introduced above) are missing either a single or a double consonant. Can you supply the appropriate sound?

Example: Giova**nni**

1. A_____a

2. Pi_____a

3. _____runo

4. ba_____o

5. _____ino

6. fre_____o

7. Mi_____ele

8. _____laudia

9. Ra_____aello

10. _____rancesca

11. _____uigi

12. Marce_____o

13. _____arina

14. E_____a

15. _____asquale

16. Giuse_____e

17. Fran_____esco

18. Lu_____ano

19. _____raziella

20. spa_____etti

21. An_____ela

22. Gior_____o

23. Gi_____ola

24. Bolo_____a

25. pi_____a

26. Ren_____o

27. _____arpa *scarf*

28. _____arpa *shoe*

29. Pas_____ale

30. Ro_____o

31. ve_____io

32. fa_____a

33. pe_____o

34. ro_____o

35. bi_____a

36. ga_____o

B. After having had all that practice with Italian names and their English equivalents, can you figure out what your own name might be in Italian (if such is possible)?

Il mio nome (in italiano) è _____.

My name (in Italian) is _____.

Reading and Comprehension Activity for Chapter 1

Now it's time for you to test your reading skills. Read the following brief passage, then do the follow-up activity. Some of the words are glossed for you. You should be able to figure out the meaning of the others on your own.

Lettura
Reading

Mario *è* italiano. *Anche* Maria *è* italiana. Lynn è americana. Bill è americano. Mario *ha* un gatto. Anche Maria ha un gatto. Bill *ama* la pizza e Lynn ama gli spaghetti. Maria, Lynn, Mario *e* Bill *sono amici*.	*is/also* *has* *loves/and* *are friends*

A. *Vero* (true) o *falso* (false)?

	vero	falso
1. Maria e Bill sono amici.	☐	☐
2. Lynn ama la pizza.	☐	☐
3. Bill ama gli spaghetti.	☐	☐
4. Mario è italiano.	☐	☐
5. Maria è americana.	☐	☐
6. Bill è americano.	☐	☐
7. Lynn è italiana.	☐	☐
8. Mario ha un gatto.	☐	☐
9. Anche Maria ha un gatto.	☐	☐

B. Now write your own little story. In it, say that …

1. Claudia loves pizza. 2. Pat loves spaghetti. 3. John has a cat. 4. Frances also has a cat. 5. Lucy is Italian.
6. Michael is Italian. 7. Rose is American. 8. Maurice is American. 9. Paul, Paula, and Gino are friends.

_____

_____

_____

_____

_____

_____

_____

_____

_____

CHAPTER 2

Accento, intonazione, e ortografia
Stress, Intonation, and Spelling

In this chapter you will learn:
- basic stress and intonation patterns
- some spelling patterns
- a little bit about Italian geography

Dialogue and Comprehension Activity 2

Mario studia l'italiano!

Roberto:	Ciao, Gina. Dove vai?	—*Hi, Gina. Where are you going?*
Gina:	Alla città di Firenze.	—*To the city of Florence.*
Roberto:	È molto bella.	- *It's very beautiful.*
Gina:	Anche Mario va in Italia.	—*Mario's also going to Italy.*
Roberto:	Studia l'italiano ogni lunedì, vero?	—*He studies Italian every Monday, right?*
Gina:	Sì, e anche il dottor Smith studia l'italiano.	—*Yes, and Dr. Smith also studies Italian.*
Roberto:	Veramente?	—*Really?*
Gina:	Sì. Ciao, Roberto.	—*Yes. Bye, Robert.*
Roberto:	Ciao, Gina.	—*Bye, Gina.*

Vero (true) o *falso* (false)?

	vero	falso
1. Gina va alla città di Firenze.	☐	☐
2. Il dottor Smith studia l'italiano.	☒	☐
3. Mario va in Italia ogni lunedì.	☐	☐
4. Roberto studia l'italiano.	☐	☐
5. Firenze è molto bella.	☒	☐
6. Mario studia l'italiano.	☒	☐

Accento e intonazione
Stress and Intonation

Knowing where to put the stress, or main accent, on an Italian word is not always a routine matter. Here are some general guidelines:

- In many words, the stress falls on the next-to-last syllable.

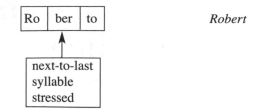

Robert

- But be careful! This is not always the case.

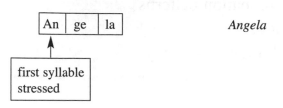

Angela

- Problematic cases encountered in this book will be identified with a small dot under the stressed syllable when they are first introduced.

- A few words show an accent mark on the final vowel. This is where you put the stress.

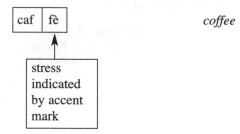

coffee

- The accent mark in Italian can always be made to slant to the left, for example, **caffè** coffee and **città** city. But in words ending in **-ché**, it normally slants to the right: for example, **perché** because. In Italian you will find an accent mark only on a final vowel.

Like English, there are three main degrees of intonation in Italian.

- The type used for normal information exchanges.

Roberto	è	italiano.
Robert	is	Italian.

= statement

- The type used for asking questions, which involves raising your voice at the end of the sentence.

È	italiano	Roberto?
Is	Roberto	Italian?

= question

- The type used for emphasizing something, which involves speaking with more force.

Roberto	è	proprio	italiano!
Robert	is	really	Italian!

= emphatic statement

Practice Set 7

With all that practice you have had pronouncing Italian names, you might have noticed that there is a pattern in the names themselves that allows you to differentiate between males and females. In fact, you may have noticed that the names for males generally end in **-o,** whereas those for females end in **-a.**

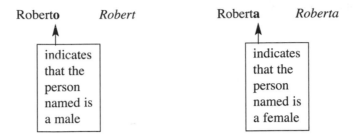

Roberto   *Robert*   Roberta   *Roberta*

indicates that the person named is a male

indicates that the person named is a female

Examples:

MALE NAMES	CORRESPONDING FEMALE NAMES
Mario	Maria
Carlo	Carla
Pino	Pina
etc.	*etc.*

So as your last exercise in pronouncing Italian names, write out the missing names in the following chart, utilizing the above pattern when it is applicable. There may be some names that do not follow the pattern. Try your hand at these as well. Always remember to pronounce them to yourself and to pay particular attention to where the main stress falls.

MALE NAMES	CORRESPONDING FEMALE NAMES
Angelo	1. ANGELA
2. DINO	Dina
Renato	3. RENATA
4. CLAUDIO	Claudia
Gino	5. GINA
6. BRUNO	Bruna
Silvano	7. SILVANA
8. FRANCO	Franca
Luigi	9. LUIGA
10. GIOVANNO	Giovanna

Ortografia
Spelling Patterns

As you have already seen, Italian spelling is quite simple compared to English. To spell Italian words, just follow the guidelines described in these first two chapters. Italian uses the same punctuation marks as English.

The Italian alphabet does not have the letters *j, k, w, x,* and *y.* These are found, nevertheless, in words that Italian has borrowed from other languages, primarily English; for example, *jazz, weekend, yacht.*

The letter *x* is used, however, in a few surnames (**Craxi, Bixio**) and in the prefixes **ex-** and **extra-**: **ex-ministro** *ex-minister,* **extra-parlamentare** *outside parliament.*

Like English, capital letters are used:

* At the beginning of sentences.

    La ragazza è italiana. *The girl is Italian.*

* To write proper nouns (names, surnames, place names, etc.).

    La ragazza si chiama **Roberta.** *The girl's name is Roberta.*

    La città di **Bologna** è bella. *The city of Bologna is beautiful.*

Unlike English, capital letters are *not* used:

* To write the pronoun **io** *I,* unless, of course, it is the first word of a sentence.

* To write titles (although they may be capitalized as in English).

    il signor Rossi *Mr. Rossi*

    il dottor Verdi *Dr. Verdi*

* To write adjectives and nouns referring to languages and nationalities:

NATION	NATIONALITY & LANGUAGE
Italia *Italy*	**italiano** *Italian*
Francia *France*	**francese** *French*
Spagna *Spain*	**spagnolo** *Spanish*

* To write the days of the week and months of the year, for example, **lunedì** *Monday,* **maggio** *May,* etc.

Practice Set 8

The following are simple Italian sentences. However, in each one there is a spelling error. Can you find and correct each error? Each sentence is translated in English to help you understand it.

1.

La città	di firenze	è	molto bella.
The city	*of Florence*	*is*	*very beautiful.*

2.

Maria	è	Italiana.
Mary	*is*	*Italian.*

3.

Ogni Lunedì	Mario	studia	l'italiano.
Every Monday	*Mario*	*studies*	*Italian.*

4.

Angela	va	in Italia	a Maggio.
Angela	*is going*	*to Italy*	*in May.*

5.

il dottor Smith	non è	italiano.
Dr. Smith	*is not*	*Italian.*

6.

Marco	è	inglese;	vive	in Inghilterra.
Mark	*is*	*English;*	*he lives*	*in England.*

7.

Gina	studia	l'italiano	ogni Venerdì.
Gina	*studies*	*Italian*	*every Friday.*

L'Italia
Italy

Here is some more practice in reading and pronouncing Italian. You will also learn a few things about Italy. Read the following facts about Italy out loud. Each fact is translated to help you understand it completely.

Fatti sull'Italia (Facts on Italy)

- L'Italia è una penisola. *Italy is a peninsula.*

- L'Italia è circondata dal Mar Mediterraneo. *Italy is surrounded by the Mediterranean Sea.*

- Roma è la capitale d'Italia. *Rome is the capital of Italy.*

- L'Italia ha due catene di montagne, le Alpi e gli Appennini. *Italy has two mountain chains, the Alps and the Apennines.*

- I due vulcani più famosi d'Italia sono il Vesuvio e l'Etna. *The two most famous volcanoes of Italy are Vesuvius and Etna.*

- Il fiume più lungo d'Italia è il Po. *The longest river of Italy is the Po.*

- Nel nord il clima è continentale. Nel resto d'Italia è mediterraneo. *In the north the climate is continental* (seasonal). *In the rest of Italy it is Mediterranean* (moderate).

- Per le regioni e le principali città d'Italia, consultare la cartina geografica. *For the regions and main cities of Italy, consult the map* (see following page).

- L'unità monetaria italiana è l'euro. *The unit of Italian money is the euro.*

- I colori della bandiera italiana sono bianco, rosso e verde. *The colors of the Italian flag are white, red, and green.*

Practice Set 9

After you have read the facts on pages 17 and 18 a few times, try to complete the following sentences from memory.

1. L'unità monetaria italiana è l'_____.

2. I colori della bandiera italiana sono _____, _____ e _____.

3. Nel nord il clima è _____. Nel resto d'Italia è _____.

4. Il fiume più lungo d'Italia è il _____.

5. I due vulcani più famosi d'Italia sono il _____ e l'_____.

6. L'Italia è una _____.

7. L'Italia ha due catene di montagne: le _____ e gli _____.

8. _____ è la capitale d'Italia.

9. L'Italia è circondata dal Mar _____.

Reading and Comprehension Activity for Chapter 2

Now it's time for you to test your reading skills. Read the following brief passage, then do the follow-up activity. Some of the words are glossed for you. You should be able to figure out the meaning of the others on your own.

Lettura

Marco ama L'Italia. *Abita* in Inghilterra.	*he lives*
Va in Italia a maggio *con* il signor	*with*
Lalonde. Il signor Lalonde non è	
italiano. *Lui* è francese. Anche lui ama	*He*
l'Italia *molto*. Marco e il signor	*a lot*
Lalonde sono amici.	

A. Match the items to make complete sentences.

1. ___B___ Marco e il ...   a.   ama l'Italia.
2. ___A___ Marco ...   b.   signor Lalonde sono amici.
3. _____ Anche il signor Lalonde   c.   è italiano.
                  ama ...
4. ___C___ Il signor Lalonde non ...   d.   francese.
5. _____ Il signor Lalonde è ...   e.   l'Italia molto.
6. _____ Marco abita ...   f.   a maggio.
7. _____ Va in Italia ...   g.   in Inghilterra.

Valle d'AOSTA

FRIULI-VENEZIA GIULIA

TRENTINO-ALTO ADIGE

Aosta

Trento

PIEMONTE

Milano

VENETO

Torino

LOMBARDIA

Venezia

Trieste

Genova

EMILIA-ROMAGNA

LIGURIA

Bologna

MAR LIGURE

Firenze

TOSCANA

Ancona

Perugia

MARCHE

UMBRIA

L'Aquila

MAR ADRIATICO

LAZIO

ABRUZZI

Roma

MOLISE

MAR TIRRENO

Cumpobosso

PUGLIE

Napoli

Bari

SARDEGNA

Potenza

Cagliari

CAMPANIA

BASILICATA

CALABRIA

Catanzaro

Palermo

MAR IONIO

SICILIA

MAR MEDITERRANEO

B. Now write your own little story about a trip that your friend Maria is planning. In it, say that …

1. Maria loves Italy a lot. 2. Maria lives in Spain. 3. Maria is Spanish. 4. Maria and Mario are friends.
5. Maria is going to Italy in May with Mario.

_____

_____

_____

_____

_____

Putting It All Together (Chs. 1 and 2)

After every two chapters you will find a practice set that will allow you to "put together" what you have learned in the previous two chapters. So, always go over everything you have learned one more time before attempting the practice set in these minireview sections. You will find the answers to these practice sets also at the end of the book.

Practice Set 10

A. In the following word-search puzzle there are ten hidden words you encountered in Chapters 1 and 2. Each one has a double consonant. Can you find them? The words go either horizontally or vertically.

c	a	f	f	è	d	d	r	u	i	o	j	l	l	o	u	p	c
n	m	m	i	l	l	y	p	b	n	r	l	f	f	n	m	o	i
b	i	r	r	a	n	m	i	l	l	o	p	k	m	n	m	f	t
f	d	f	l	p	p	d	z	d	t	s	m	m	n	n	c	c	t
s	s	r	g	g	b	b	z	t	t	s	p	e	g	g	i	o	à
d	d	e	v	v	b	g	a	t	t	o	l	p	t	m	n	o	p
c	c	d	b	a	b	b	o	m	n	m	f	a	c	c	i	a	s
g	g	d	b	n	m	k	l	p	o	i	y	t	r	h	j	l	p
k	l	o	b	v	e	c	c	h	i	o	m	n	k	l	o	p	p

B. Each of the following words is misspelled. Can you correct each one?

1. yeri *(yesterday)* _____
2. pyatto *(plate)* _____
3. pyù *(more)* _____
4. womo *(man)* _____
5. gwanto *(glove)* _____
6. may *(never)* _____
7. pawsa *(pause)* _____
8. chow *(hi)* _____
9. spagetti _____
10. sciarpa *(shoe)* _____
11. scarpa *(scarf)* _____
12. skiena *(back)* _____
13. caffe *(coffee)* _____
14. citta *(city)* _____
15. perche *(because)* _____
16. Francese *(French)* _____
17. Maggio *(May)* _____
18. italia *(Italy)* _____

C. Study the map in Chapter 2 of Italy's regions and main cities. Now match each city with its region.

CITTÀ		REGIONI	
1. _____ Palermo		a.	Puglie
2. _____ Catanzaro		b.	Basilicata
3. _____ Napoli		c.	Campania
4. _____ Potenza		d.	Calabria
5. _____ Campobasso		e.	Molise
6. _____ Bari		f.	Sicilia
7. _____ l'Aquila		g.	Abruzzi
8. _____ Aosta		h.	Lazio
9. _____ Torino		i.	Umbria
10. _____ Milano		j.	Marche
11. _____ Trento		k.	Toscana
12. _____ Venezia		l.	Liguria
13. _____ Trieste		m.	Emilia-Romagna
14. _____ Genova		n.	Piemonte
15. _____ Bologna		o.	Valle d'Aosta
16. _____ Firenze		p.	Lombardia
17. _____ Perugia		q.	Veneto
18. _____ Ancona		r.	Friuli-Venezia Giulia
19. _____ Roma		s.	Trentino-Alto Adige
20. _____ Cagliari		t.	Sardegna

Culture Capsule 1: Names and Surnames

After every two chapters, you will find a "culture capsule" that provides you with information on some aspect of Italian culture. The first four are written in English (with some Italian added). The last five are written in Italian (with glosses). Always do the follow-up activity.

As you have seen in the first two chapters, Italian names (**nomi**) are marked for gender; that is, they indicate if the person is male or female. If the name ends in **-o**, it is the name of a male; if it ends in **-a**, it is the name of a female:

> **Marco è italiano.** *Mark is Italian.*
> **Maria è italiana.** *Mary is Italian.*

There are some exceptions. For example, the name **Andrea** *Andrew* refers to a male, unlike in English where it refers to a female.

Some names end in **-e** or even **-i**:

> **Giovanni** *John*
> **Pasquale** *Pascal*
> **Matilde** *Matilda*

Today, it is also fashionable to give one's child a foreign name: **Debbie, Tanya,** etc.

Italian surnames (family names) (**cognomi**) also end in vowels:

> **Maria Romano**
> **Pietro Stefanini**
> **Claudia Di Silvio**
> **Marco Cavaliere**

Indicate whether each person is male or female.

1. Michele Di Giulio M
2. Michelina Di Giulio F
3. Pierina Giusti F
4. Carlo Giusti M
5. Alina Giacchetti F
6. Giovanni Giacchetti M
7. Giancarlo Bruni M
8. Annamaria Bruni F
9. Debbie Santucci F

CHAPTER 3

Ciao, come va?
Hi, How's It Going?

In this chapter you will learn:

- how to greet people
- how to introduce yourself to others
- your first verbs

Dialogue and Comprehension Activity 3

Ciao, Claudia!

Maria:	Ciao, Claudia. Come va?	—*Hi, Claudia. How's it going?*
Claudia:	Molto bene. E tu?	—*Very well, and you?*
Maria:	Così, così, purtroppo.	—*So, so, unfortunately.*
Claudia:	Perché?	—*Why?*
Maria:	Perché ho mal di testa.	—*Because I have a headache.*
Claudia:	Mi dispiace. Ciao!	—*(That's) too bad (I'm so sorry). Bye.*
Maria:	Arrivederci, a domani.	—*Goodbye. See you tomorrow.*

Buongiorno, signor Rossi!

La signora Verdi:	Buongiorno, signor Rossi. Come sta?	—*Good morning, Mr. Rossi. How are you?*
Il signor Rossi:	Abbastanza bene, grazie. E Lei?	—*Quite well, thank you. And you?*
Verdi:	Anche io sto molto bene.	—*I too am very well.*
Rossi:	Buongiorno, a presto.	—*Goodbye. See you soon.*
Verdi:	ArrivederLa.	—*Goodbye.*

Now it's your turn to greet these people.

Example: Greet Claudia.

Ciao, Claudia.

1. Greet Maria.   2. Greet Mr. Rossi.   3. Greet Mrs. Rossi.   4. Ask Claudia how she is.   5. Ask Mr. Rossi how he is.   6. Say that you are very well, thank you.   7. Say that you are so, so, unfortunately.   8. Say that you have a headache.   9. Say goodbye to Claudia and tell her you will see her tomorrow.   10. Say goodbye to Mrs. Verdi and tell her you will see her soon.

_____

_____

_____

_____

_____

_____

_____

_____

_____

_____

Salutare la gente
Greeting People

Note the following useful expressions:

GREETING A FRIEND, FAMILY MEMBER, ETC. = FAMILIAR GREETINGS		
Ciao,	Alberto, Maria, Claudia,	come va?
Salve,		come stai?
Hi,	Albert, Mary, Claudia,	how's it going?
Hi/ Greet- ings,		how are you?

GREETING SOMEONE POLITELY (A STRANGER, A SUPERIOR, ETC.) = POLITE GREETINGS		
Buongiorno,	signor Rossi, signora Verdi, dottor Dini,	come va?
Buonasera,		come sta?
Hello/Good morning/Good day,	Mr. Rossi, Mrs. Verdi, Dr. Dini,	how's it going?
Hello/Good afternoon/ Good evening		how are you?

FAMILIAR AND POLITE REPLIES		
Bene,		
Molto bene,		
Benissimo,	grazie,	
Abbastanza bene,		
Non c'è male,		e tu *(familiar)*/ Lei *(polite)?*
Così, così,		
Non bene,	purtroppo,	
Male.		
Well,		
Very well,		
Very well (with emphasis),	*thanks,*	
Quite well,		*and you?*
Not bad(ly),		
So, so,		
Not well,	*unfortunately,*	
Bad(ly),		

A POSSIBLE REJOINDER — FAMILIAR AND POLITE		
Anche io	sto	bene.
		molto bene.
		ecc.
I too	*am*	*well.*
		very well.
		etc.

TAKING LEAVE—FAMILIAR				
Ciao,	a presto.	*Bye,*	*see you soon.*
	a domani.		*see you (till) tomorrow.*
Arrivederci,	a più tardi.	*(Good-)bye,*	*see you (till) later.*
	a lunedì/martedì/ecc.		*see you (till) Monday/Tuesday/etc.*
Ci vediamo.		*See you.*	
Buonanotte.		*Good night.*	

TAKING LEAVE—POLITE				
Buongiorno,	a presto.	*Good-bye,* *(Good day),*	*see you soon.*
	a domani.		*see you (till) tomorrow.*
Buonasera,	a più tardi.	*Good afternoon/* *evening,*	*see you (till) later.*
ArrivederLa,	a lunedì/martedì/ecc.	*Good-bye,*	*see you (till) Monday/Tuesday/etc.*
Buonanotte.		*Good night.*	

There are many similarities between familiar and polite ways of greeting people. But there are also differences, and it is important to keep them in mind. Otherwise you might run the risk of sounding rude.

Note the following:

• In polite greetings, **buongiorno** and **buonasera** are used for saying both *hello* and *goodbye*. In familiar greetings, you need only say **ciao. Buongiorno** literally means "good day" and can be written as two words: **buon giorno.** Similarly, **buonasera** literally means "good evening" and can be written as two words: **buona sera. Buongiorno** is used from morning to early afternoon; **buonasera** from late afternoon onward. Today, Italians also use **buon pomeriggio** for "good afternoon" (in the early part of the afternoon). **Buonanotte** (also written as two words: **buona notte**) is used for *good night* in both familiar and polite speech. At this point, a summary chart might help.

		TIME OF DAY	
		MORNING	AFTERNOON–EVENING
P o l i t e	*hello*	buongiorno	buon pomeriggio/buonasera
	good-bye	buongiorno/ arrivederLa	buon pomeriggio/buonasera/arrivederLa

		TIME OF DAY	
		MORNING	AFTERNOON–EVENING
F a m i l i a r	*hello*	ciao	
	good-bye	ciao/arrivederci	

- Some titles in Italian have both a masculine and a feminine form. You use the former, of course, with males, and the latter with females. Here are a few common ones.

TITLES	
Masculine	Feminine
signore *Mr.*	signora *Mrs.* signorina *Miss/Ms.*
professore *Professor*	professoressa *Professor*
dottore *Dr.*	dottoressa *Dr.*

- In front of a name, you drop the final **-e** of masculine titles.

signore *Mr.*	signor Verdi *Mr. Verdi*
dottore *Dr.*	dottor Rossi *Dr. Rossi*

- This does not apply to titles that end in any other vowel.

avvocato *lawyer*	avvocato Bianchi *(lawyer) Bianchi*

- Today, titles such as **avvocato** (in its masculine form) refer to both males and females. More will be said about this in *Culture Capsule 2*.

Practice Set 11

A. Maria and Gino are good friends. One morning they run into each other. The following is the beginning of their encounter. Some words and expressions are missing. Can you complete their dialogue?

Maria: Oh, (1)_____ , Gino.

Gino: Ciao, Maria, (2)_____ va?

Maria: (3)_____ bene, e (4)_____?

Gino: Non c'è (5)_____ , grazie.

B. Mr. Rossi works for Mrs. Verdi. One late afternoon they run into each other. The following is the end of their dialogue. Can you supply the missing words and expressions?

Verdi: Buonasera, <u>(1)</u>_____ Rossi, a domani.

Rossi: <u>(2)</u>_____ , signora Verdi.

C. Imagine meeting the following people. How would you say:

hello in the morning hours . . .

  1. to a family member? _____

  2. to a salesclerk? _____

  3. to Mr. Dini (using his name)? _____

  4. to Mrs. Dini (using her name)? _____

hello in the late afternoon–evening hours …

  5. to a friend? _____

  6. to Professor Verdi (a male, using his name)? _____

  7. to Professor Bianchi (a female, using her name)? _____

good-bye in the morning hours …

  8. to a child? _____

  9. to Dr. Rossi (using his name)? _____

 10. to Dr. Martini (using her name)? _____

good-bye in the afternoon–evening hours …

 11. to a schoolmate? _____

 12. to your boss? _____

good night …

 13. to your husband or wife? _____

 14. to your teacher? _____

"Well, thank you, and you?" …

 15. to your brother or sister? _____

 16. to a superior? _____

"Not well, unfortunately, and you?" …

 17. to your cousin? _____

 18. to your boss? _____

"Very well." …

19. normally? _____

20. with emphasis? _____

"How's it going?" …

21. to a friend? _____

22. to a superior? _____

"How are you?" …

23. to your uncle? _____

24. to your professor? _____

D. Match the following.

1.	_____ abbastanza bene	a.	see you
2.	_____ non c'è male	b.	I too, me too
3.	_____ così, così	c.	quite well
4.	_____ male	d.	bad(ly)
5.	_____ a presto	e.	see you soon
6.	_____ a domani	f.	till tomorrow
7.	_____ a più tardi	g.	so, so
8.	_____ a lunedì	h.	not bad(ly)
9.	_____ anche io	i.	see you later
10.	_____ ci vediamo	j.	see you Monday

Presentiamoci!
Let's Introduce Ourselves!

Note the following useful expressions:

INTRODUCTIONS

WHAT'S YOUR NAME?
(fam.) * Come ti chiami (tu)?
(pol.) Come si chiama (Lei)?
RESPONSE
Mi chiamo *(name)*.

INTRODUCING YOURSELF
(fam.) Permetti che mi presenti.
(pol.) Permette che mi presenti.
Allow me to introduce myself.

*(fam.)—familiar
pol.—polite

INTRODUCING OTHERS
(fam.) Ti presento *(name)*.
(pol.) Le presento *(name)*.
Let me introduce you to (name).
(fam.) Permetti che ti presenti *(name)*.
(pol.) Permette che Le presenti *(name)*.
Allow me to introduce you to (name).

REPLIES		
Piacere	...	*(fam.)* conoscerti.
(Molto) lieto *(m.)*/ lieta *(f.)**	di	*(pol.)* conoscerLa.
Felice		*(fam.)* fare la tua conoscenza. *(pol.)* fare la sua conoscenza.
A pleasure	*to*	*know you.*
Delighted/ Nice	*to*	*make your acquaintance.*
Happy		

*m. = masculine; f. = feminine

POSSIBLE REJOINDERS— FAMILIAR AND POLITE
Anche io.
Me too.
Il piacere è mio.
The pleasure is mine.

Note that these familiar and polite introductions use subtle differences in form. Study them carefully.

Note, as well, that to say *Delighted/Nice (to know you)* you say **lieto** if you are a male, but **lieta** if you are a female.

Practice Set 12

A. Claudio and Mario run into Claudia and Maria. Mario does not know either woman, so Claudio introduces them to him. Can you complete the dialogue?

Claudio: Claudia, Maria, ciao!

Claudia e Maria: Oh, ciao Claudio. Come va?

Claudio: Non c'è male, grazie. Ti (1)_____ Mario Persini.

Claudia: (2)_____ di conoscerti.

Maria: Molto (3)_____ di fare la tua conoscenza.

Mario: Il (4)_____ è mio.

Claudia: Mi (5)_____ Claudia Corelli.

Maria: E io *(and I)* mi (6)_____ Maria Silvetti.

After a while:

Mario: Arrivederci, Claudia e Maria, (7)_____ domani.

*Claudia
e Maria:* (8)_____ .

Claudio: Ci (9)_____ .

B. Professor Verdi runs into one of his students, Miss Dini, and her friend, Mr. Rossi. Can you complete the dialogue?

Dini: Buongiorno, professor Verdi. Come sta?

Verdi: Bene, grazie, e Lei?

Dini: Molto bene. (1)_____ che Le presenti il signor Rossi.

Rossi: Piacere di (2)_____ .

Dini: Anche (3)_____ .

After a while:

Verdi: ArrivederLa signorina Dini. ArrivederLa (4)_____ Rossi.

Dini e Rossi: ArrivederLa (5)_____ .

C. How would you say:

"What's your name?" …

  1. to a child?   _____

  2. to a stranger?   _____

"Let me introduce you to" …

  3. to a family member?   _____

  4. to your boss?   _____

"Allow me to introduce you to" …

  5. to a friend?   _____

  6. to Dr. Smith?   _____

"Delighted/Nice" …

  7. if you are a male?   _____

  8. if you are a female?   _____

D. Do the following:

 1. Introduce yourself.

_____

 2. Say what your name is.

_____

3. Tell Mr. Rossi that it is a pleasure to meet him.

_____

4. Tell Mrs. Dini that you are happy to make her acquaintance.

_____

5. Say that the pleasure is (all) yours.

_____

Essere e avere
To Be and to Have

The time has come to learn your first two Italian verbs: **essere** _to be_ and **avere** _to have_.

<table>
<tr><th colspan="2" style="text-align:center">ESSERE</th><th colspan="2" style="text-align:center">AVERE</th></tr>
<tr>
<td>Sono</td>
<td>Franco Marchi.
Marisa Dini.
il signor Dini.</td>
<td>Ho</td>
<td>un orologio.
una matita.</td>
</tr>
<tr>
<td>I am</td>
<td>Frank Marchi.
Marisa Dini.
Mr. Dini.</td>
<td>I have</td>
<td>a watch.
a pencil.</td>
</tr>
<tr>
<td>Sei</td>
<td>italiano (m.).
italiana (f.).</td>
<td>Hai</td>
<td>un orologio.
una matita.</td>
</tr>
<tr>
<td>You
(fam.)
are</td>
<td>Italian.</td>
<td>You
(fam.)
have</td>
<td>a watch.
a pencil.</td>
</tr>
</table>

<table>
<tr>
<td colspan="2" style="text-align:center">È</td>
<td>Franco Marchi.
Marisa Dini.</td>
<td colspan="2">Ha</td>
<td>un orologio.
una matita.</td>
</tr>
<tr>
<td>He
She</td>
<td>is</td>
<td>Frank Marchi.
Marisa Dini.</td>
<td>He
She</td>
<td>has</td>
<td>a watch.
a pencil.</td>
</tr>
<tr>
<td>You
(pol.) are</td>
<td></td>
<td>Frank Marchi.
Marisa Dini.</td>
<td colspan="2">You
(pol.) have</td>
<td>a watch.
a pencil.</td>
</tr>
</table>

<table>
<tr><td>Siamo</td><td>italiani.</td><td>Abbiamo</td><td>una matita.</td></tr>
<tr><td>We are</td><td>Italian(s).</td><td>We have</td><td>a pencil.</td></tr>
</table>

<table>
<tr><td>Siete</td><td>italiani.</td><td>Avete</td><td>un orologio.</td></tr>
<tr><td>You (pl.) are</td><td>Italian(s).</td><td>You (pl.) have</td><td>a watch.</td></tr>
</table>

Sono	italiani.
They are	*Italian(s).*

Hanno	una matita.
They have	*a pencil.*

You have just seen how to use these verbs according to the *subject* of the sentence, that is, the person performing the action. The different forms of a verb, according to the subject, make up a *conjugation*.

The subjects of a sentence are, logically enough, first person singular *(I)* and plural *(we);* second person singular and plural *(you);* and third person singular *(he, she, it)* and plural *(they).* In English and Italian, these subjects are known as *pronouns.* Notice that they must be used in English, but not in Italian. You will learn about Italian subject pronouns in the next chapter.

Since each form of the conjugation allows the speaker to speak about, or indicate, an action going on in the present, the conjugation is known as the *present indicative.*

All this information (without which you cannot use **essere** or **avere**) is best illustrated in this handy chart.

		THE PRESENT INDICATIVE OF	
	SUBJECT	**Essere**	**Avere**
S i n g u l a r	1st person	**sono** *I am*	**ho** *I have*
	2nd person	**sei** *you* (fam.) *are*	**hai** *you* (fam.) *have*
	3rd person	**è** *he/she/it is*	**ha** *he/she has*
		è *you* (pol.) *are*	**ha** *you* (pol.) *have*
P l u r a l	1st person	**siamo** *we are*	**abbiamo** *we have*
	2nd person	**siete** *you are*	**avete** *you have*
	3rd person	**sono** *they are*	**hanno** *they have*

Note the following:

- Remember not to pronounce the *h* in the forms **ho, hai, ha,** and **hanno** of **avere**.

- Note that, just as with Italian greetings and introductions, there are familiar and polite forms. When speaking in a familiar way, you use the second person singular forms **(sei/hai)**; and when speaking politely, you use the third person singular forms **(è/ha)**.

FAMILIAR (2nd person singular)	POLITE (3rd person singular)
Ciao, Maria, **sei** tu? *Hi, Mary, is it you?*	Buongiorno, signora Dini, **è** Lei? *Hello, Mrs. Dini, is it you?*
Marco, **hai** una matita? *Mark, do you have a pencil?*	Signor Rossi, **ha** una matita? *Mr. Rossi, do you have a pencil?*

• In the plural, there is a tendency in current Italian to use one form: the second person plural form (**siete/avete**):

FAMILIAR	POLITE
Maria, Marco, **siete** voi? *Mary, Mark, is it you?*	Signora Dini, signor Rossi, **siete** voi? *Mrs. Dini, Mr. Rossi, is it you?*
Maria, Marco, **avete** una matita? *Mary, Mark, do you* (both) *have a pencil?*	Signora Dini, signor Rossi, **avete** una matita? *Mrs. Dini, Mr. Rossi, do you* (both) *have a pencil?*

• More will be said about this later.

The third person singular forms also allow you to express the subject pronoun *it*.

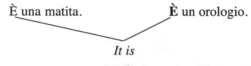

È una matita.   È un orologio.

It is

Although subject pronouns are not necessary in Italian, you may need to use them to avoid ambiguity. This will be discussed in Chapter 6.

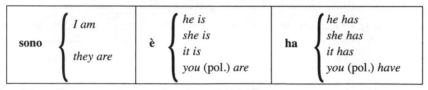

sono $\begin{cases} I\ am \\ they\ are \end{cases}$	**è** $\begin{cases} he\ is \\ she\ is \\ it\ is \\ you\ (pol.)\ are \end{cases}$	**ha** $\begin{cases} he\ has \\ she\ has \\ it\ has \\ you\ (pol.)\ have \end{cases}$

Often you will be able to figure out the meaning from the context.

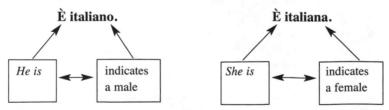

È italiano.   **È italiana.**

He is	indicates a male

She is	indicates a female

Now that you know how to conjugate these two verbs, you can form your first simple Italian sentences.

Subject   Verb   Predicate
 (completes your sentence)

Roberto	è	italiano.
Robert	*is*	*Italian.*

Maria	è	italiana.
Mary	*is*	*Italian.*

subject pronoun not needed in Italian →

Ho		una matita.
I	*have*	*a pencil.*

You can combine simple sentences, or their parts, with the following words:

e	*and*
o	*or*
ma	*but*

Combining two subjects

Roberto	**e**	Maria	sono	italiani.
Robert	*and*	*Mary*	*are*	*Italian(s).*

Combining two predicates

Il signor Dini	ha	una matita	**o**	un orologio?
Mr. Dini	*has*	*a pencil*	*or*	*a watch?*

Combining two sentences

La signora Rossi è italiana	**ma**	Gina è francese.
Mrs. Rossi is Italian	*but*	*Gina is French.*

The word **anche** *also/too* is useful, as you have seen.

Maria	è	italiana.
Mary	*is*	*Italian.*

Anche Claudia	è	italiana.
Claudia also	*is*	*Italian.*

Note the following useful expressions:

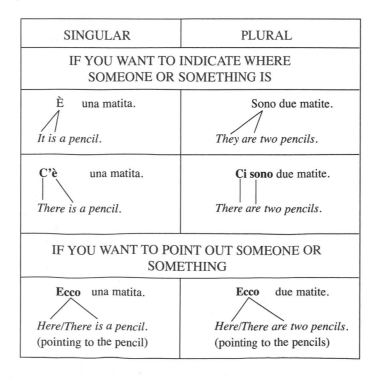

SINGULAR	PLURAL
IF YOU WANT TO INDICATE WHERE SOMEONE OR SOMETHING IS	
È una matita.	Sono due matite.
It is a pencil.	*They are two pencils.*
C'è una matita.	**Ci sono** due matite.
There is a pencil.	*There are two pencils.*
IF YOU WANT TO POINT OUT SOMEONE OR SOMETHING	
Ecco una matita.	**Ecco** due matite.
Here/There is a pencil. (pointing to the pencil)	*Here/There are two pencils.* (pointing to the pencils)

Recall that to ask how someone is you must use **Come stai?** (*familiar*) or **Come sta?** (*polite*). In this case, you use the verb **stare** instead of **essere**. As you will discover, **stare** is not a synonym for **essere**. It has many more meanings. Here is its conjugation:

PRESENT INDICATIVE OF **STARE**		
S i n g u l a r	1st person	**Sto** bene. *I am well.*
	2nd person	**Stai** bene, Maria? *Are you well, Mary?*
	3rd person	**Sta** bene, dottore? *Are you well, doctor?*
P l u r a l	1st person	**Stiamo** bene. *We are well.*
	2nd person	**State** bene? *Are you (both) well?*
	3rd person	**Stanno** bene. *They are well.*

Finally, the verb **avere** can be used in expressions that allow you to convey your feelings and states of mind. But be careful! They are translated with *to be* in English.

avere	fame	to be	*hungry*
	sete		*thirsty*
	sonno		*sleepy*
	fretta		*in a hurry*
	paura		*afraid*
	caldo		*warm/hot*
	freddo		*cold*
	ragione		*right*
	torto		*wrong*
	voglia di	*to feel like*	*(doing something)*

Examples:

Ho fame.   = *I am hungry* (lit., "I have hunger").

Marco ha paura.   = *Mark is afraid* (lit., "Mark has fear").

BE CAREFUL!	
IS	*AND*
è	**e**
(with accent mark)	(without accent mark)

Practice Set 13

A. Here's a chance for you to practice the verbs you have just learned (**essere, avere, stare**) in a "mechanical" way. It is, of course, necessary to become familiar with the forms themselves before being able to use them. Write the suggested forms.

ESSERE	AVERE	STARE
~~ho~~ sei	hai	stai
1. *you* (fam.) *are*	2. *you* (fam.) *have*	3. *you* (fam.) *are* (*well*, etc.)
sono	ho	sto
4. *I am*	5. *I have*	6. *I am* (*well*, etc.)
sono	hanno	stanno
7. *they are*	8. *they have*	9. *they are* (*well*, etc.)
siamo	abiamo	stiamo
10. *we are*	11. *we have*	12. *we are* (*well*, etc.)
siete	avete	state
13. *you* (pl.) *are*	14. *you* (pl.) *have*	15. *you* (pl.) *are* (*well*, etc.)
è	ha	sta
16. *he is*	17. *he has*	18. *he is* (*well*, etc.)
è	ha	sta
19. *she is*	20. *she has*	21. *she is* (*well*, etc.)
~~siete~~ è	ha	sta
22. *you* (pol.) *are*	23. *you* (pol.) *have*	24. *you* (pol.) *are* (*well*, etc.)

B. In the following short dialogues the verbs **essere** and **stare** are missing. Can you complete each dialogue with the appropriate verbs in their correct forms?

Buongiorno, dottor Marchi, come (1) __sta__ ?

Bene, grazie, e Lei?

Anche io (2) __sto__ bene, grazie.

Buonasera. Come si chiama?

Mi chiamo Franco Rinaldi.

(3) __è__ italiano (Lei)?

Sì (*yes*), (4) __sono__ italiano.

Salve, Marco, come (5) __stai__ ?

Così, così, e tu?

Non c'è male. Marco, (6) __sei__ francese?

Sì. Anche Maria (*his girlfriend*) (7) __sei__ francese.

Marco, Maria, come (8) __state__

(9) __stiamo__ molto bene, grazie.

Marco, Maria, (10) __siete__ italiani?

Sì, (11) __siamo__ italiani.

Anche Gino e Gina (*their friends*) (12) __sono__ italiani.

C. Now the verbs **essere** and **avere** are missing. Fill in each blank with the appropriate verb in its correct form.

Maria (1)_____ paura.

Maria (2)_____ italiana.

Giovanni e Paolo (3)_____ italiani.

Giovanni e Paolo (4)_____ fame e sete.

Maria, (5)_____ freddo? —Sì, (6)_____ freddo.

Maria, (7)_____ spagnola? —Sì, (8)_____ spagnola.

Marco, Gina, (9)_____ caldo? —Sì, (10)_____ caldo.

Marco, Gina, (11)_____ italiani? —Sì, (12)_____ italiani.

D. Finally, turn each of the following pairs of sentences into single ones using the suggested words. Do not forget to make any necessary changes.

> Example: Gino ha freddo.   Maria ha freddo.   (Use **e**.)
> *Gino is cold.*   *Mary is cold.*
>
> **Gino e Maria hanno freddo.**
> *Gino and Mary are cold.*

Note: When a subject consists of two or more nouns of differing gender, the masculine plural form of the adjective is used: **Marco e Maria sono italiani.** *Marco (the boy) and Maria (the girl) are Italian.* The form **italiani** is masculine (plural).

1. Il signor Dini è italiano. La signora Pace è italiana. (Use **e**.)

   _____

2. Marisa ha ragione. Alberto ha torto. (Use **ma**.)

   _____

3. Claudio ha paura. Claudio ha fretta. (Use **e**.)

   _____

4. Carla sta bene. Carla sta male. (Use **o**.)

   _____

5. La signorina Dini ha fame. Il signor Rossi ha fame. (Use both **e** and **anche**.)

   _____

Reading and Comprehension Activity for Chapter 3

Now it's time for you to test your reading skills. Read the following brief passage, then do the follow-up activity. Some of the words are glossed for you. You should be able to figure out the meaning of the others on your own.

Lettura

Il signor Rossi sta male. Ha mal di testa *perchè* ha fame e sete. Ha fretta. È italiano. Abita a Firenze. «Ecco la signora Verdi», *dice* il signor Rossi. «Buongiorno, signora Verdi, come va?» «Ah, signor Rossi, buongiorno. Sto bene.» Il signor Rossi e la signora Verdi *vanno* a un *bar insieme*.	*because* *says* *go, coffee bar* *together*

A. *Vero* (true) o *falso* (false)?

	vero	falso
1. Il signor Rossi sta bene.	☐	☐
2. Il signor Rossi e la signora Verdi vanno a un bar.	☐	☐
3. La signora Verdi sta bene.	☐	☐
4. Il signor Rossi non ha sete.	☐	☐
5. Il signor Rossi ha fame.	☐	☐
6. Il signor Rossi abita a Firenze.	☐	☐
7. La signora Verdi ha fretta.	☐	☐
8. Il signor Rossi ha mal di testa.	☐	☐

B. Now write your own little story about Ms. Balboni. In it, say that Ms. Balboni …

1. is feeling well.   2. is sleepy.   3. lives in Rome.   4. is Italian.   5. has a watch.

_____

_____

_____

_____

CHAPTER 4

Persone e cose
Persons and Things

In this chapter you will learn:

- how to ask basic questions
- how to talk about yourself
- how to name people and things

Dialogue and Comprehension Activity 4

Roberto, dove abiti?		
Daniela:	Roberto, dove abiti?	—*Robert, where do you live?*
Roberto:	Abito in centro, in via Nazionale, 33.	—*I live downtown, at 33 National Street.*
Daniela:	Perché abiti in città?	—*Why do you live in the city?*
Roberto:	Perché lavoro in centro.	—*Because I work downtown.*
Daniela:	Che fai adesso?	—*What are you doing now?*
Roberto:	Niente.	—*Nothing.*
Daniela:	Hai fame?	—*Are you hungry?*
Roberto:	Sì.	—*Yes.*
Daniela:	Andiamo a un ristorante?	—*Shall we go to a restaurant?*
Roberto:	Va bene.	—*OK.*

Match the answers in the right-hand column to the questions in the left-hand column.

1. Dove abita (*is living*) Roberto? _____

   a. Non fa niente.

2. Che fa (*is doing*) adesso? _____

   b. Roberto ha fame.

3. Chi (*who*) ha fame? _____

   c. Abita in via Nazionale, 33.

4. Dove vanno (*are going*) Daniela e Roberto? _____

   d. Perché lavora in centro.

5. Perché Roberto abita in città? _____

   e. Vanno a un ristorante.

Fare domande semplici
Asking Basic Questions

There are two basic kinds of questions.

    1. The kind that elicits a *yes* or *no* reply. These can be formed in one of two ways:

• Simply add the normal intonation for questions to your sentence.

Roberto è italiano? *Robert is Italian?*

Il signor Dini ha ragione? *Mr. Dini is right?*

• Put the subject of your sentence at the end, not forgetting to add the normal intonation for questions. This is the more common of the two types.

Subject

    | Roberto | è italiano.   *Robert is Italian.*

È italiano | Roberto | ?   *Is Robert Italian?*

Subject

    | Il signor Dini | ha ragione.   *Mr. Dini is right.*

Ha ragione | il signor Dini | ?   *Is Mr. Dini right?*

    2. The kind that elicits specific information. To form this type of question you need to know the following words:

dove	*where*	**chi**	*who*
perché	*why*	**quale**	*which*
che			
cosa	*what*	**come**	*how*
che cosa			

To answer a question that asks for specific information, simply tell the speaker what he/she wants to know.

To answer a question that requires a *yes* or *no* reply, do the following:

YES REPLY	*NO* REPLY
Simply start your reply with **Sì** *Yes:*	Start your reply with **No** *No,* and put **non** right before the verb:
Sì, Roberto è italiano.	**No,** Roberto **non** è italiano. *No, Robert is not Italian.*
Sì, il signor Dini ha ragione.	**No,** il signor Dini **non** ha ragione. *No, Mr. Dini is not right.*

Other possible *no* answers involve the following:

non... neanche; nemmeno *not even*
non... mai *never*
non... più *no more, no longer*
non... niente; nulla *nothing*
non... nessuno *no one, nobody*

Remember always to keep **non** before the verb when replying.

QUESTION	*NO* REPLY
È italiana **anche** Maria? *Is Mary also Italian?*	No, **non** è italiana **neanche** Maria. *No, not even Mary is Italian.*
Ha fame Maria? *Is Mary hungry?*	No, Maria **non** ha **mai** fame. *No, Mary is never hungry.*
Ha fretta Claudia? *Is Claudia in a hurry?*	No, Claudia **non** ha **più** fretta. *No, Claudia is no longer in a hurry.*

- With **dove, quale,** and **come** you can drop the final **-e** only before the verb form **è.** Then add an apostrophe to **dove** and **come,** but not to **quale.**

Dove è?	*or*	**Dov'è?**	*Where is it?*
Come è?	*or*	**Com'è?**	*How is it?*
Quale è?	*or*	**Qual è?**	*Which is it?*

Now, let's review all of the interrogative words discussed above.

QUESTION	POSSIBLE REPLY
Dov'è Maria? *Where is Mary?*	Ecco Maria. *Here is Mary.*
Come sta, signore? *How are you, sir?*	Non c'è male, grazie. *Not bad, thank you.*
Perché hai fretta? *Why are you in a hurry?*	Perché sono in ritardo. *Because I am late.*
Che è?/Cosa è?/Che cosa è? *What is it?*	È una matita. *It is a pencil.*
Chi sono? *Who are they?*	Sono Marco e Marisa. *They are Mark and Marisa.*
Qual è? *Which is it?*	È la matita. *It is the pencil.*

Notice that **perché** also means *because*.

Practice Set 14

A. Answer the following questions in complete sentences with either **Sì** or **No,** as suggested. Do not forget to make all logical changes.

Examples: È italiana Maria? (No)   Hai freddo? (Sì)
            Is Mary Italian?   *Are you* (fam.) *cold?*

            No, Maria non è italiana.   **Sì, ho freddo.**
            No, Mary is not Italian.   *Yes, I am cold.*

1. Hanno torto Giovanni e Maria? (Sì)

_____

2. Avete ragione? (Sì)

_____

3. Hai caldo? (No)

_____

4. Ha sonno Claudia? (No)

_____

5. Ha (*pol.*) sonno? (*Are you sleepy?*) (Sì)

_____

6. C'è una matita? (Sì) (*Is there a pencil?*)

_____

7. C'è una matita? (No) (Put **non** before **c'è.**)

_____

8. Ci sono due matite? (No) (Don't forget to put **non** before **ci sono.**)

_____

9. Gino e Gina sono spagnoli? (No)

_____

10. È un orologio? (Sì)

_____

B. Now read the following story about Maria and Mario and answer the questions (in complete sentences, of course).

Maria è italiana. Non sta bene. Sta male perché ha sonno. Anche Mario è italiano. Ha fame e sete. Sta molto bene.

1. Chi è Maria?

_____

2. È italiano anche Mario?

_____

3. Come sta Maria?

_____

4. Perché?

_____

5. E Mario come sta?

_____

6. Che cosa ha Mario?

_____

C. Can you figure out what questions would elicit the following replies?

Examples: No, non siamo italiani.   Sto bene, grazie.
            No, we are not Italian(s).   *I am well, thank you.*

            Siete italiani?   **Come sta** (pol.)?/**Come stai** (fam.)?
            Are you (pl.) *Italian(s)?*   *How are you?*

1. No, Mario non è spagnolo.

_____

2. È un orologio.

_____

3. È Claudia.

_____

4. Sto male perché ho fame.

_____

5. No, Claudia non ha mai fretta.

_____

6. Mi chiamo Giovanni.

_____

Parlare di sé
Talking About Oneself

Now it is time for you to talk about yourself—in Italian, of course.

Chi	è	(Lei) (*pol.*)?
	sei	(tu) (*fam.*)?
Who	*are*	*you?*

Sono Mi chiamo	Provide your name (in Italian if you know it).
I am *My name is*	

Sono	uno studente (*m.*)	d'italiano.
	una studentessa (*f.*)	
I am	*a student*	*of Italian.*

Sono	sposato (*m.*).	Non sono	sposato (*m.*).
	sposata (*f.*).		sposata (*f.*).
I am	*married.*	*I am not*	*married.*

Sono	italiano (*m.*)/italiana (*f.*).		*I am*	*Italian*
	americano (*m.*)/americana (*f.*).			*American*
	australiano (*m.*)/australiana (*f.*).			*Australian*
	spagnolo (*m.*)/spagnola (*f.*).			*Spanish*
	tedesco (*m.*)/tedesca (*f.*).			*German*
	inglese (*m./f.*).			*English*
	canadese (*m./f.*).			*Canadian*
	francese (*m./f.*).			*French*

Dove	abita (*pol.*)?
	abiti (*fam.*)?
Where	*do you live?*

Abito	in campagna	in via Nazionale, 33.
	in centro	
	in città	in corso Garibaldi, 46.
		in viale Rossini, 2.
	in periferia	
I live	*in the country*	*on 33 National Street.*
	downtown	
	in the city	*on 46 Garibaldi Avenue.*
	in the suburbs	*on 2 Rossini Street/Avenue.*
		(Notice that in Italian the number of the street or avenue comes last.)

Qual è	il	tuo (*fam.*)	nome?
		suo (*pol.*)	
What is	*your*		*name?*

TITOLO	NOME	COGNOME	INDIRIZZO
TITLE	FIRST NAME	SURNAME	ADDRESS
il signor *Mr.* la signora *Mrs.* *etc.*	Marco Gina	Dini Rossi	via Nazionale, 33 corso Garibaldi, 46

Practice Set 15

Answer the following questions about yourself in proper Italian.

1. Come si chiama?

   _____

2. È sposato/sposata?

   _____

3. Give your nationality (if you know it in Italian).

   _____

4. Dove abita?

   _____

5. Fill in the following:

TITOLO	NOME	COGNOME	INDIRIZZO*

* Address

Now you know who you are in Italian!

Denominare le cose: prima parte
Naming Things: Part I

From what you have learned so far, you already know quite a bit about naming people. Recall that it is the ending that allows you to distinguish between males and females.

Naming Things: Part I

NAMING PEOPLE	
-o (for males)	**-a** (for females)
Roberto Mario Carlo	Roberta Maria Carla

So from now on the **-o** ending will be called *masculine,* and the **-a** ending *feminine.* The names you learned in Chapter 1 are known as *proper nouns*. Other kinds of proper nouns include the names of continents, countries, cities, bodies of water, etc.

You have also seen how to name languages and their speakers. Notice that most languages end in **-o** and are classified as masculine. A speaker can, of course, be either masculine (if male) or feminine (if female).

NAMING LANGUAGES AND THEIR SPEAKERS			
LANGUAGES	SPEAKERS		
	Male	*Female*	
italiano	italiano	italiana	*Italian*
spagnolo	spagnolo	spagnola	*Spanish*
tedesco	tedesco	tedesca	*German*

You may have noticed, however, that some language names end in **-e,** and that these refer to both male and female speakers, that is, they are classified as both masculine and feminine.

LANGUAGES	SPEAKERS		
	Male	*Female*	
inglese	inglese	inglese	*English*
francese	francese	francese	*French*

Let's summarize! Naming in Italian is done with nouns that end in **-o, -a,** or **-e.** If they end in **-o** they are masculine; if they end in **-a** they are feminine; and if they end in **-e** they may be either.

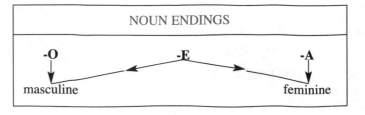

NOUN ENDINGS
-O   **-E**   **-A** masculine   feminine

Naming objects is just as easy. *Common* nouns also end in **-o, -a,** and **-e.** You will simply have to learn how they are classified in this case. You cannot "predict" it (more or less) as you could in the case of first names or of speakers of languages. Nouns referring to objects ending in **-e** are either masculine *or* feminine, but not both. To be sure which one it is, consult the vocabularies at the end of this book.

Now let's name some of the people and objects that make up our world at home, school, and work.

A CASA AT HOME					
COSA È?					
È	un	salotto.	È	una	stanza.
		bagno.			porta.
		tetto.			finestra.
		muro.			camera.
		soffitto.			sala da pranzo.
		piano.			cucina.
		pavimento.			scala.
		corridoio.			terrazza.
		armadio.			poltrona.
		comodino.			parete (f.).
		interruttore (m.).			sedia.
		divano.			tavola.
It is	a	living room.	It is	a/an	room.
		bathroom.			door.
		roof.			window.
		wall.			bedroom.
		ceiling.			dining room.
		floor (level).			kitchen.
		floor (ground).			staircase.
		corridor.			terrace/balcony.
		closet.			armchair.
		night table.			partition.
		switch.			chair.
		sofa.			eating table.

A CASA AT HOME					
CHI È?					
È	un	marito.	È	una	moglie (f.).
		figlio.			figlia.
		bambino.			bambina.
		padre (m.).			madre (f.).
		fratello.			sorella.
He is	a	husband.	She is	a	wife.
		son.			daughter.
		child.			child.
		father.			mother.
		brother.			sister.

A SCUOLA AT SCHOOL					
COSA È?					
È	un	libro.	È	una	matita.
		quaderno.			penna.
		tavolo.			lavagna.
		banco.			scrivania.
		gesso.			classe (f.).
		cancellino.			lezione (f.).
		esercizio.			
		esame (m.).			
		errore (m.).			
	uno	zaino.		un'	entrata.
		sbaglio.			uscita.
		scaffale (m.).			aula.

(This table continues on the next page)

A SCUOLA AT SCHOOL					
COSA È?					
It is	a/an	book.	It is	a/an	pencil.
		workbook.			pen.
		table.			chalkboard.
		(student) desk.			(writing) desk.
		(piece of) chalk.			class (of students).
		eraser.			lesson/class.
		exercise.			
		exam(ination).			
		error.			
		knapsack/school bag.			entrance.
		mistake.			exit.
		bookshelf.			classroom.

A SCUOLA AT SCHOOL					
CHI È?					
È	un	ragazzo.	È	una	ragazza.
		insegnante (m.).			studentessa.
		professore (m.).			professoressa.
		amico.			compagna.
		compagno.			
	uno	studente (m.).		un'	amica.
					insegnante (f.).
He is	a	boy.	She is	a	girl.
		teacher (m.).			student (f.).
		professor (m.).			professor (f.).
		friend.			school friend.
		school friend.			
		student (m.).			friend.
					teacher (f.).

AL LAVORO AT WORK					
COSA È?					
È	un	ufficio.	È	una	segreteria.
		ascensore (*m.*).			
	uno	studio.			
It is	*a/an*	*office.*	*It is*	*a*	*secretarial office.*
		elevator.			
		professional office.			

AL LAVORO AT WORK					
CHI È?					
È	un	uomo.	È	una	donna.
		impiegato.		un'	impiegata.
He is	*a/an*	*man.*	*She is*	*a/an*	*woman.*
		employee (m.).			*employee (f.).*

LA TECNOLOGIA TECHNOLOGY		
È	un	computer.
		cellulare *(m.)*.
		portatile *(m.)*.
		compact disc.
It's	*a*	*computer.*
		cell phone.
		laptop.
		compact disc.

By now you may have figured out how to say *a/an* in Italian. The following chart will help you summarize all you need to know.

A/AN	
WITH MASCULINE NOUNS	WITH FEMININE NOUNS
If the noun starts with **z,** or **s** + a consonant	If the noun starts with any consonant (including **z,** or **s** + a consonant)
uno — zaino [starts with **z**] / sbaglio scaffale studio [starts with **s** + consonant]	**una** — ragazza, studentessa, scrivania, classe, bambina, matita
If the noun starts with any other consonant or a vowel	If the noun starts with any vowel
un — ragazzo, salotto, libro, amico, esame	**un'** — amica, entrata, uscita, aula

Just remember that there is *no* apostrophe in the masculine.

a male friend	a female friend
un amico	**un'**amica

Just one more thing: Remember your titles? Well, these can also be used to name people.

MR.	*GENTLEMAN*
Buongiorno, signor Dini. *Hello, Mr. Dini.*	È un signore. *He is a gentleman.*
MRS.	*LADY/WOMAN*
Buonasera, signora Dini. *Hello, Mrs. Dini.*	È una signora. *She is a lady/woman.*
MISS/MS.	*YOUNG LADY*
ArrivederLa, signorina Dini. *Goodbye, Miss/Ms. Dini.*	È una signorina. *She is a young lady.*

Practice Set 16

A. Now it's your turn to name things. Answer in complete sentences.

Example: Cosa è?

È una porta.

Cosa è?

1. _____

2. _____

3. _____

4. _____

5. _____

6. _____

7. _____

8. _____

9. _____

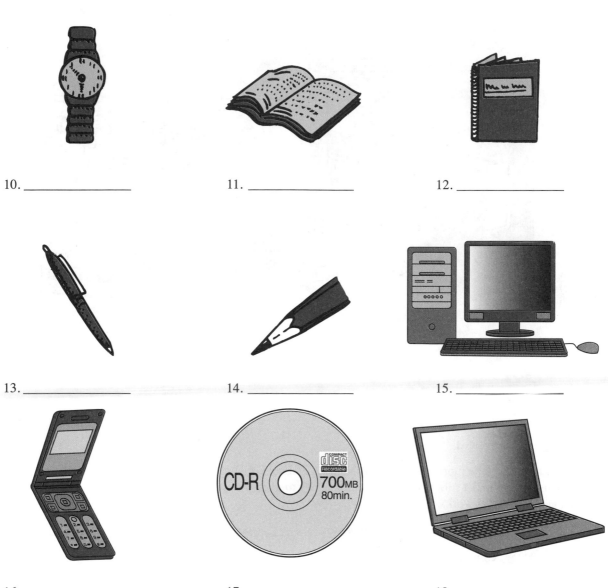

10. _____

11. _____

12. _____

13. _____

14. _____

15. _____

16. _____

17. _____

18. _____

B. Can you name the rooms in the house (indicated by numbers) and the parts (indicated by letters)? Use complete sentences.

1. _____   2. _____

3. _____   4. _____

5. _____

a. _____   b. _____

c. _____   d. _____

C. And now for some more important mechanical practice. Try putting the correct form of *a/an* in front of the following nouns. Just to make sure you keep on thinking, try to guess where the things described in each question belong (at home, at school, or at work).

1. _____ salotto, _____ pavimento, _____ corridoio _____ tetto, _____ armadio,

_____ comodino, _____ terrazza, _____ stanza, e _____ interruttore.

Dov'è? _____

2. _____ segreteria, _____ ufficio, _____ studio, e _____ ascensore.

Dov'è? _____

3. _____ banco, _____ gesso, _____ cancellino, _____ esercizio, _____ scriva-

nia, _____ zaino, _____ sbaglio, _____ scaffale, _____ classe, _____ lezione,

_____ aula, _____ uscita, e _____ entrata.

Dov'è? _____

D. Finally, can you complete the chart?

CORRESPONDING	
MALES	FEMALES
un marito	una moglie
un figlio	(1)
(2)	una bambina
un padre	(3)
(4)	una sorella
un amico	(5)
(6)	una compagna
un professore	(7)
(8)	un'insegnante
un ragazzo	(9)
un impiegato	(10)
(11)	una donna

Reading and Comprehension Activity for Chapter 4

Now it's time for you to test your reading skills. Read the following brief passage, then do the follow-up activity. Some of the words are glossed for you. You should be able to figure out the meaning of the others on your own.

Lettura

Il signor Dini e la signora Dini,	
marito e moglie, *abitano* in una casa	*live*
molto *bella*. Il signor Dini e la signora	*beautiful*
Dini abitano in *periferia*.	*suburbs*
Hanno un figlio e una figlia. Il	
ragazzo si chiama Roberto e la *ragazza*	*boy, girl*
si chiama Roberta. Roberto e Roberta	
vanno a scuola. Il signor Dini lavora in	
un ufficio. È un impiegato. Anche la	
signora Dini lavora in un ufficio. È	
un'impiegata.	

A. Answer the following questions with complete sentences.

1. Come si chiama l'uomo (il marito)?

   _____

2. Come si chiama la donna (la moglie)?

   _____

3. Come si chiama il figlio?

_____

4. Come si chiama la figlia?

_____

5. Dove abitano?

_____

6. Com'è la loro *(their)* casa?

_____

7. Dove vanno Roberto e Roberta?

_____

8. Dove lavora il signor Dini?

_____

9. Chi è il signor Dini?

_____

10. Dove lavora la signora Dini?

_____

11. Chi è la signora Dini?

_____

B. Now write your own little story about Mr. Rinaldi and Mrs. Vera-Rinaldi. In it, say that …

1. Mr. Rinaldi works in a school.   2. Mrs. Vera-Rinaldi works in a school too.   3. Mr. and Mrs. Rinaldi have a son and a daughter.   4. The daughter is a student.   5. The son is also a student.

_____

_____

_____

_____

_____

Putting It All Together (Chs. 3 and 4)

Practice Set 17

    A. You are being asked a series of questions by *la professoressa Marchi*. Go ahead and answer her. (*M* = Marchi; *Y* = You)

    M: Buongiorno. Come va?

    Y: 1. _____.

    M: Come si chiama?

    Y: 2. _____.

M: Dove abita, in campagna, in città...?

Y: 3. _____ .

M: Qual è il suo indirizzo (*What is your address*)?

Y: 4. _____ .

M: È sposato/sposata?

Y: 5. _____ .

M: È italiano/italiana?

Y: 6. _____ .

M: Grazie e buongiorno.

Y: 7. _____ .

B. There are missing parts in the following dialogue. Can you supply them? (*R* = il signor Rossi; *V* = la signora Verdi; *D* = la dottoressa Dini)

R: Ah, buonasera, dottoressa. Come va?

D: Buonasera, signor Rossi. Sto (1)_____ bene, e Lei?

R: Anche io (2)_____ .

D: Permette che Le (3)_____ la signora Verdi.

R: Molto (4)_____ di fare (5)_____ .

V: Il (6)_____ è mio.

R: Permette che (7)_____ presenti. (8)_____ Marco Rossi.

C. Can you put the following "thoughts" into Italian?

1. John is right, and he is never wrong.

   _____

2. I am no longer cold, sleepy, hungry, and thirsty.

   _____

3. Mary, are you afraid?

   _____

4. Is there a chair?

   _____

5. Yes, there are two chairs.

   _____

6. Where are they?

   _____

7. Here is a chair.

   _____

D. Finally, here is a challenging association game for you. Can you complete each of the following sequences logically?

Example: una moglie, un marito, una figlia, _____?_____

   un figlio (= family members)

1. un professore, una professoressa, un dottore, _____

2. un compagno, una compagna, un amico, _____

3. un'insegnante, un insegnante, un'impiegata, _____

4. una ragazza, un ragazzo, una donna, _____

Culture Capsule 2: Titles

When two Italians greet each other in a formal way, they always shake hands. Formal greeting also involves the use of a person's surname and title. For example, **Buongiorno, dottoressa Verdi, come sta?**

Italians tend to use more formal titles (referring to professions) than do Americans. The title of **dottore/dottoressa** is used not only with medical doctors, but also with any person who has a university degree. The title of **professore/professoressa** is used not only with university professors, but also with high-school and middle-school teachers.

Today, titles such as **avvocato** *lawyer* and **ingegnere** *engineer* are being used without regard to gender.

When referring to someone, rather than addressing him/her directly, the definite article must be used with titles. You will learn all about the definite article in the next chapter:

Indirectly	*Directly*
il signor Dini	"signor Dini"
la signorina Dini	"signorina Dini"
la signora Dini	"signora Dini"
l'avvocato Dini	"avvocato Dini"
l'ingegner Dini	"ingegner Dini"
il dottor Smith/la dottoressa Dini	"dottor Smith/dottoressa Dini"
il professor Smith/la professoressa Dini	"professor Smith/professoressa Dini"

Greet each person formally at the time indicated:

Example: il dottor Dini (in the morning)

   Buongiorno, dottor Dini.

1. la signora Santini

2. la signorina Bartoli

3. la signorina Merli

4. l'avvocato Giusti

5. il professor Mirri

6. la professoressa Giacchetti

7. la dottoressa Bruni

CHAPTER 5

Desidera?
May I Help You?

In this chapter you will learn:

- how to say things politely
- how to agree and disagree
- how to name people and things with the definite article; and then how to refer to them in the plural

Dialogue and Comprehension Activity 5

Desidera, signore?

Cliente: *(customer)*	Scusi, signorina.	— *Excuse me, miss (young lady).*
Commessa: *(female store clerk)*	Avanti. Desidera, signore?	— *Come in. May I help you?*
Cliente:	Lei vende orologi?	— *Do you sell watches?*
Commessa:	Sì, certo.	— *Yes, certainly (of course).*
Cliente:	Per favore, ho bisogno di un orologio per mia moglie.	— *Please, I need a watch for my wife.*
Commessa:	Abbiamo orologi molto belli, ma costano molto.	— *We have very beautiful watches, but they cost a lot.*
Cliente:	Non c'è problema. Quanto costa quello?	— *No problem. How much does that one cost?*
Commessa:	Quattrocento euro.	— *Four hundred euros.*
Cliente:	Va bene, lo prendo, grazie.	— *OK, I'll take it, thank you.*
Commessa:	Prego.	— *You're welcome.*

Now it's your turn to be a customer. Fill in the blanks.

You:	(1) _____ , signore.
Commesso:	Avanti, signore/signora/signorina. Desidera? *(male store clerk)*
You:	Sì, (2) _____ vende scarpe *(shoes)*?
Commessa:	Sì, certo.
You:	Per (3) _____ . Ho bisogno di scarpe per me *(me)*.
Commesso:	Abbiamo scarpe molto belle, ma costano molto.
You:	Non c'è (4) _____ . (5) _____ costano quelle?
Commesso:	Quattrocento euro.
You:	Va (6) _____ . Le *(them)* prendo, (7) _____ .
Comesso:	Prego.

Esprimersi cortesemente
Expressing Oneself Politely

You have already learned quite a few things about being polite. You have learned how greetings and introductions vary according to whether you are on a first-name basis with others (= familiar speech) or not (= polite speech).

Now let's see how *you* is rendered in Italian.

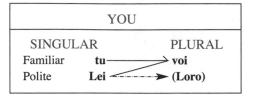

- In current Italian, the plural form of both **tu** and **Lei** is **voi** in most speech situations. But **Loro** as the plural of **Lei** is still used in very formal situations (for example, when being addressed by waiters, salesclerks, etc.).

- The polite forms may be capitalized, but this is not strictly necessary. In this book the polite forms will always be capitalized so that you can easily recognize them.

- Keep in mind, as you learned in the previous chapter, to use the correct forms of the verb.

> **tu** ⟶ use the 2nd person singular forms:
> **tu sei/tu hai**/etc.
> **Lei** ⟶ use the 3rd person singular forms:
> **Lei è/Lei ha**/etc.
> **voi** ⟶ use the 2nd person plural forms:
> **voi siete/voi avete**/etc.
> **Loro** ⟶ use the 3rd person plural forms:
> **Loro sono/Loro hanno**/etc.

Incidentally, when approached by a waiter, a salesclerk, etc., you might hear:

Desidera?	*May I help you* (sing.)?
Desiderano?	*May I help you* (pl.)?
	Literally, "Do you desire (something)?"

You might also hear the following expression:

Dica!	*May I help you?*
	Literally: "Tell me (what I can do for you)."

Now, here are some important polite expressions:

EXCUSE ME		
FAMILIAR	POLITE	
Scusa.	Scusi.	Used, as in English, to say that you are sorry (if, for example, you just bumped into someone), or simply to say *excuse me*.
Permesso.		Used to say *excuse me* when you do not want someone's attention (e.g., making your way through a crowd).
Prego/Permesso?		Used to get someone's attention: *May I come in?*

REPLYING	
Prego.	*Please do (come in).*
Avanti.	*Come in.*
S'accǫmodi. (*pol.*)/ Accǫmodati. (*fam.*)	*Make yourself comfortable.*

PLEASE AND THANK YOU	
Per favore/Per piacere.	*Please.*
Grazie.	*Thank you.*
Prego.	*You're welcome.*

As you have seen, the word **prego** sure comes in handy!

MISCELLANEOUS EXPRESSIONS		
FAMILIAR	POLITE	
Ti dispiace?	Le dispiace?	*Do you mind?*
Sei molto gentile.	È molto gentile.	*You are very nice.*
Non importa.		*It doesn't matter.*
Buon appetito!		Used before a meal; lit., *"Good appetite!"*
Salute!		Used before drinking: *To your health!*
Grazie, altrettanto!		Reply: *Thank you, and to you too!*

Salute! is also used after someone has sneezed. It corresponds to the common English exhortation "Bless you!"

Practice Set 18

A. Here are a few situations that require polite speech. Can you give the appropriate response in each case?

1. You are a salesclerk and see someone looking for something. What would you say? _____.

2. Now you see more than one person looking for something. What would you say? _____.

3. You want your friend's attention. How would you say "Excuse me"? _____.

4. You just bumped into a stranger. What polite response might you give? _____.

5. You are on a crowded bus and are trying to get to the back. On your way through you would say: _____. If someone doesn't hear you, then you might say: _____.

6. You knock on your boss's door and you might say: _____.

7. Your boss might answer with: _____.

8. You might say "Please" with: _____.

9. Someone has just bumped into you, and you say that it doesn't matter with: _____.

10. How would you say "You're welcome"? _____.

11. Someone has just sneezed. Politely, you say: _____.

12. You are about to start a meal. What could you say? _____.

13. You are about to take your first sip of a drink. You might say: _____.

14. For situations 12 and 13, someone might reply with: _____.

15. Complete the following as suggested.

Roberto: Maria, (a)_____?
         (*do you mind?*)

Maria: No. È un piacere.

Roberto (c)_____.
      (*You are very nice.*)

Maria: Grazie.

Signor Marchi: Signora Verdi,
      (b)_____?
      (*do you mind?*)

Signora Verdi: No. È un piacere.

Signor Marchi: (d)_____.
      (*You are very nice.*)

Signora Verdi: Grazie.

B. Now fill in the blanks with the right form of **essere, avere,** or **stare** as the case may be.

1. Giovanni, dove (a)_____tu? Signora Verdi, dove (b)_____, Lei?

   Giovanni, cosa (c)_____, tu? Signora Verdi, cosa (d)_____, Lei?
          (*have*)   (*have*)

   Giovanni, come (e)_____, tu? Signora Verdi, come (f)_____, Lei?

2. Gino, Gina, dove (a)_____, voi? Signor Marchi, signora Dini, dove

(b)_____, voi?

Gino, Gina, cosa (c)_____, voi? Signor Marchi, signora Dini, cosa (d)_____, voi.

Gino, Gina, come (e)_____, voi? Signor Marchi, signora Dini, come (f)_____, voi?

3. At a restaurant a waiter might ask you and your company how you are with:

Come _____ (Loro)?

Essere/non essere d'accordo
Agreeing and Disagreeing

AGREEING	DISAGREEING
Sì, è vero. *Yes, it's true.*	No, non è vero. *No, it's not true.*
Già/Ecco … *Uh huh …*	Ma va! *No way!* (Lit., "But go on!")
Capisco! *I see/I understand!*	Non capisco! *I don't see/I don't understand!*
Certo/certamente! *Certainly!*	No, ma almeno … *No, but at least …*
Va bene! *OK!*	Non va bene! *It's not OK!*
Non c'è problema! *No problem!*	Non lo so! *I don't know/I'm not sure!*
(Sono) d'accordo. *I agree.*	Non sono d'accordo. *I don't agree.*

Practice Set 19

Check the appropriate responses.

1. La professoressa è molto gentile.

Agreeing

☐ Sì, è vero.
☐ Non c'è problema!

Disagreeing

☐ Non capisco.
☐ No, non è vero.

2. È italiana, vero?

Agreeing

☐ Va bene.
☐ Certo!

Disagreeing

☐ Non lo so!
☐ Non va bene!

3. Sei d'accordo?

Agreeing   Disagreeing

☐ Sì, sono d'accordo.   ☐ No, non sono d'accordo.
☐ Sì, capisco!   ☐ Ma va!

4. È un professore brillante (*brilliant*)!

Agreeing   Disagreeing

☐ Va bene.   ☐ Ma va!
☐ Già.   ☐ No, ma almeno …

Denominare le cose: seconda parte
Naming Things: Part II

Let's now see how to name things with *the,* which, of course, allows you to name things in a specific way.

A/AN = NAMES SOMETHING NOT SPECIFIC	*THE* = NAMES SOMETHING SPECIFIC
È un libro. *It's a book.*	È il libro di Maria. *It's Mary's book* (Lit., "It is the book of Mary").

Let's see how the forms correspond. Review *a/an* if you need to, as well as the nouns introduced in the previous chapter.

	A/AN		*THE*					
È	uno	zaino?	Sì,	è	**lo**	zaino	di Maria.
		specchio (*mirror*)?				specchio	
È	un	amico?	Sì,	è	**l'**	amico	di Gino.
		esame?				esame	
È	un	libro?	Sì,	è	**il**	libro	di Pina.
		quaderno?				quaderno	
È	una	matita?	Sì,	è	**la**	matita	di Carlo.
		penna?				penna	
È	un'	amica?	Sì,	è	**l'**	amica	di Pino.
		insegnante?				insegnante	

Now let's summarize!

THE	
WITH MASCULINE NOUNS	**WITH FEMININE NOUNS**
If the noun starts with **z**, or **s** + a consonant	If the noun starts with any consonant (including **z** or **s** + a consonant)

lo   **z**aino
          specchio
	
	la **scr**ivania
	          studentessa
	          casa
	          finestra
	          matita
	          penna

If the noun starts with any other consonant	
 il **l**ibro **qu**aderno	
If the noun starts with any vowel **l'** **a**mico	If the noun starts with any vowel **l'** **a**mica

Notice that there is a separate masculine form for nouns starting with a vowel.

MASCULINE			FEMININE		
È	un	amico.	**È**	un'	amica.
	l'	amico di Pino.		l'	amica di Pina.

Now that you know how to name individual people and things, it's time to learn how to name more than one person or thing (= *plural* nouns). Note the changes in the noun endings and in the forms of *the*.

SINGULAR		PLURAL		
il	ragaz**zo** tavo**lo** pad**re**	**i**	ragaz**zi** tavo**li** pad**ri**	*the boys* *the tables* *the fathers*
lo	zaino studente	**gli**	zain**i** student**i**	*the school bags* *the students*
l'	ami**co** interruttore		ami**ci** interruttor**i**	*the friends* (m.) *the switches*
la	casa madre	**le**	cas**e** madr**i**	*the houses* *the mothers*
l'	entra**ta** uscita		entra**te** uscit**e**	*the entrances* *the exits*

Let's summarize!

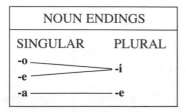

The tricky part is to remember that a noun ending in **-e** always changes to **-i,** regardless of whether it is masculine or feminine.

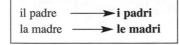

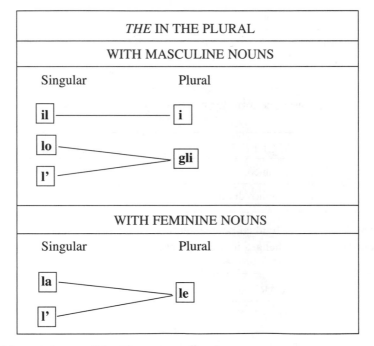

Once again you will have to be careful with nouns ending in **-e.**

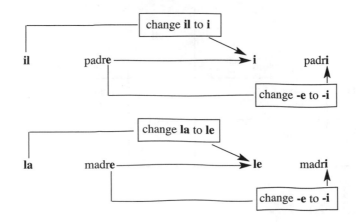

Of the nouns you have encountered so far in previous chapters, only **l'uomo** *the man* has an irregular plural form.

| **l'uomo** *the man* | **gli uomini** *the men* |

But the following nouns could give you some problems, so here are their plural forms for you.

SINGULAR		PLURAL	
lo zio	*the uncle*	gli zii	*the uncles*
la faccia	*the face*	le facce	*the faces*
l'orologio	*the watch/clock*	gli orologi	*the watches/clocks*
il tedesco	*the German (man)*	i tedeschi	*the German (men)*
la tedesca	*the German (woman)*	le tedesche	*the German (women)*
il corridoio	*the corridor*	i corridoi	*the corridors*
l'armadio	*the closet*	gli armadi	*the closets*
la sedia	*the chair*	le sedie	*the chairs*
la moglie	*the wife*	le mogli	*the wives*
il figlio	*the son*	i figli	*the sons*
l'esercizio	*the exercise*	gli esercizi	*the exercises*
lo sbaglio	*the mistake*	gli sbagli	*the mistakes*
la scrivania	*the (writing) desk*	le scrivanie	*the (writing) desks*
l'amico	*the friend* (m.)	gli amici	*the friends* (m.)
l'amica	*the friend* (f.)	le amiche	*the friends* (f.)
l'ufficio	*the office*	gli uffici	*the offices*
lo studio	*the professional office*	gli studi	*the professional offices*

You should also know that the Italian forms of *the* have some additional uses:

- They are used with titles, unless you are talking *directly* to the person.

Il signor Rossi sta bene.	Signor Rossi, sta bene Lei?
Mr. Rossi is well.	*Mr. Rossi, are you well?*
La dottoressa Dini è italiana.	Dottoressa Dini, è italiana Lei?
Dr. Dini is Italian.	*Dr. Dini, are you Italian?*

- They are used with countries. You determine which form to use in the normal fashion.

La Francia		è	una bella nazione.
France		*is*	*a beautiful nation.*
L'Italia	è		una bella nazione.
Italy	*is*		*a beautiful nation.*

• They are used with a general subject of a sentence, which is often not the case in English.

Subject

La pizza	è	un cibo.
Pizza	*is*	*a food.*

Gli italiani	sono	simpatici.
Italians	*are*	*nice.*

• They are also used with the names of languages.

L'italiano	è	molto facile.
Italian	*is*	*very easy.*

Giovanni	studia	il francese.
John	*studies*	*French.*

• You must always repeat both *a/an* and *the* in front of each noun in a sentence.

Il ragazzo	e	la ragazza	sono	simpatici.
The boy and girl			*are*	*nice.*

Ho	una penna	e	una matita.
I have	*a pen and pencil.*		

Practice Set 20

A. You will find the following things in Mary's purse:

una lettera *letter*	una chiave (*f.*) *key*
un pettine (*m.*) *comb*	un orologio *watch*
uno specchio *mirror*	una fotografia *photograph*
un portafoglio *wallet*	un'agenda *appointment book*

Someone asks you what each object is, and you answer that each object belongs to Mary.

Example: È una lettera?

Sì, è la lettera di Maria.

1. È un pettine? _____.

2. È uno specchio? _____.

3. È un portafoglio? _____.

4. È una chiave? _____.

5. È un orologio? _____.

6. È una fotografia? _____.

7. È un'agenda? _____.

B. Now for some important mechanical practice in naming specific people and things. Fill in the chart with the corresponding singular or plural forms where necessary. This exercise also gives you a chance to review some of the nouns you have encountered so far in this book.

SINGULAR	PLURAL	SINGULAR	PLURAL
1.	gli zii	19. la dottoressa	
2. l'uomo	*(Be careful!)*	20.	gli italiani
3. il guanto		21.	le italiane
4.	le scarpe	22. l'americano	
5. la schiena		23. l'americana	
6.	le scene	24.	gli australiani
7. la sciarpa		25.	le australiane
8.	le facce	26. lo spagnolo	
9. la birra		27. la spagnola	
10.	i gatti	28.	i tedeschi
11. la pizza		29.	le tedesche
12.	i signori	30. l'inglese (*m.*)	
13. il professore		31. l'inglese (*f.*)	
14.	i dottori	32.	i canadesi
15. l'avvocato		33.	le canadesi
16. la signora		34. il francese	
17.	le signorine	35. la francese	
18. la professoressa			

C. Do you remember the names of the objects and persons that make up your world at home, school, and work? Refer to the appropriate charts in Chapter 4 and list the nouns on a separate sheet of paper. Then refer to them in a specific way (both in the singular and plural).

  Example: salotto (found in the chart on page 49 "A casa")

    il salotto (*living room*) **i salotti** (*living rooms*)

You will find the answers in the answer key section at the end of this book.

D. Finally, supply the appropriate forms of *the* missing from the following sentences. In a few cases it is not needed. Good luck!

1. _____ professor Rossi non è francese.

2. Buongiorno, _____ professor Rossi, come va?

3. Ecco _____ signora Martini.

4. ArrivederLa, _____ signora Martini.

5. _____ pettine e _____ chiave sono di Maria.

6. Anche _____ specchio e _____ orologio sono di Maria.

7. _____ italiani e _____ francesi sono simpatici.

8. _____ studenti hanno una lezione.

9. _____ italiano è molto facile.

10. _____ Giovanni è italiano.

Reading and Comprehension Activity for Chapter 5

Now it's time for you to test your reading skills. Read the following brief passage, then do the follow-up activity. Some of the words are glossed for you. You should be able to figure out the meaning of the others on your own.

Lettura

L'amica di Claudia si chiama Renata. È una ragazza molto gentile. Claudia e Renata sono studentesse. *Vanno all'università*. Claudia ha due gatti e Renata ha un *cane*. Le scarpe di Claudia sono molto belle. E l'orologio di Renata è bello. Claudia e Renata sono due signorine molto *simpatiche*.	*they go to (the) university* *dog* *nice*

A. Each of the following sentences is false. Correct each one.

Example: L'amica di Claudia si chiama Roberta.
L'amica di Claudia si chiama Renata.

1. Renata è un ragazzo molto gentile.

    _____.

2. Claudia e Renata sono impiegate.

    _____.

3. Lavorano in un ufficio.

    _____.

4. Claudia ha un gatto.

    _____.

5. Renata ha due cani.

    _____.

6. Gli orologi di Claudia sono molto belli.

    _____.

7. Le scarpe di Renata sono molto belle.

_____.

8. Claudia e Renata sono due signorine molto antipatiche *(unpleasant)*.

_____.

B. Now write your own little story about Bruno and Bruna. In it, say that …

1. Bruno lives in Rome.   2. Bruna lives in Florence.   3. Bruno is a kind boy.   4. Bruna is a kind girl.   5. Bruno has a dog.   6. Bruna has two cats.

_____

_____

_____

_____

_____

_____

CHAPTER 6

Al bar!
At the (Coffee) Bar!

In this chapter you will learn:

- how to speak in the present (Part I)
- how to refer to people with pronouns
- how to order at an Italian bar

Dialogue and Comprehension Activity 6

<table>
<tr>
<td colspan="3" align="center">Claudia, che fai?</td>
</tr>
<tr>
<td>Pasquale è un giovane ridịcolo.</td>
<td>Lui pensa sempre alle ragazze!</td>
<td>Pasquale is a ridiculous young man. He always thinks about girls!</td>
</tr>
<tr>
<td>Pasquale:</td>
<td>(telefona a Claudia)
Claudia, che fai?</td>
<td>(he phones Claudia)
—Claudia what are you doing?</td>
</tr>
<tr>
<td>Claudia:</td>
<td>Pasquale, sei tu? Guardo la televisione. Ciao!</td>
<td>—Pat, is that you? I'm watching television. Bye!</td>
</tr>
<tr>
<td>Pasquale:</td>
<td>Hmm ... Forse Gina mi ama.

(telefona a Gina)
Ciao, Gina, che fai?</td>
<td>—Hmm ... Maybe Gina loves me.
(he phones Gina)
—Hi, Gina, what are you doing?</td>
</tr>
<tr>
<td>Gina:</td>
<td>Pasquale? Non faccio niente. Mangio un panino. Ciao!</td>
<td>—Pat? I'm not doing anything. I'm eating a sandwich. Bye!</td>
</tr>
<tr>
<td>Pasquale:</td>
<td>Hmm ... Forse Maria mi ama.

(telefona a Maria)
Ciao, Maria, che fai?</td>
<td>—Hmm ... Maybe Mary loves me.
(he phones Mary)
—Hi, Mary, what are you doing?</td>
</tr>
<tr>
<td>Maria:</td>
<td>Pasquale? Sei tu? Ciao!</td>
<td>—Pat? Is that you? Bye!</td>
</tr>
<tr>
<td>Pasquale:</td>
<td>Hmm ... Nessuno mi ascolta!</td>
<td>—Hmm ... No one listens to me!</td>
</tr>
</table>

The verb endings are missing from the following paraphrase of the above dialogue. Can you supply them?

Pasquale è un giovane ridicolo. Lui (1) pens_____ sempre alle ragazze! Lui (2) telefon_____ a Claudia. «Claudia, che fai?». «Pasquale, sei tu?». (3) «Guard_____ la televisione». «Ciao!» Pasquale pensa: «Forse Gina mi (4) am_____ ». Lui (5) telefon_____ a Gina. «Ciao, Gina, che fai?». «Non faccio niente». (6) _____ un panino». «Ciao!». Pasquale pensa: «Forse Maria mi (7) am_____ » Lui (8) telefon_____ a Maria. «Ciao, Maria, che fai?». «Pasquale?». «Sei tu?». «Ciao!!!». Pasquale pensa: «Nessuno mi (9) ascolt_____ !».

"Comunicare al presente": prima parte
Speaking in the Present: Part I

You have already learned how to speak in the present using **essere, avere,** and **stare.** The time has come to expand your knowledge in this area. Here is a list of common verbs for you. Notice that they all end in **-are.** For this reason, they are said to belong to the same conjugation. If you have forgotten about conjugating verbs, just go over the appropriate part in Chapter 3.

COMMON -ARE VERBS	
abitare *to live (somewhere)*	guardare *to look (at)/to watch*
amare *to love*	guidare *to drive*
arrivare *to arrive*	invitare *to invite*
ascoltare *to listen (to)*	imparare *to learn*
aspettare *to wait (for)*	insegnare *to teach*
ballare *to dance*	lavorare *to work*
cantare *to sing*	mangiare *to eat*
cercare *to look/search for*	pagare *to pay (for)*
cominciare *to begin/start*	parlare *to speak*
comprare *to buy*	pensare *to think*
desiderare *to want/wish*	portare *to bring/to carry*
dimenticare *to forget*	studiare *to study*
domandare *to ask*	suonare *to play (an instrument)*
entrare *to enter*	telefonare *to phone*
giocare *to play (a game/sport)*	

These are known as *regular* verbs because, unlike the three you encountered in the previous chapter, their conjugations follow a set and predictable pattern. Verbs like **essere, avere,** and **stare,** the conjugations of which must be learned by memory, are known as *irregular.* You will find a chart of all the irregular verbs used in this book at the back.

Practice Set 21

In this practice set, you will have a chance to become familiar with the conjugation pattern of **-are** verbs. It is this pattern that will allow you to use such verbs to express yourself in the present.

On the basis of each given model, provide the endings of the given verbs. Keep in mind what is happening. There will be a summary chart at the end of this exercise.

A. First person singular:

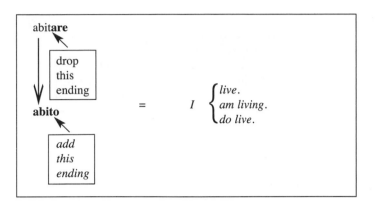

Continue with the following verbs:

1. amare: am _0_____   2. arrivare: arriv _0_____   3. ascoltare: ascolt _0_____

4. aspettare: aspett _0_____   5. ballare: ball _0_____

B. Second person singular:

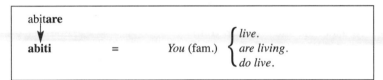

Continue.

1. cantare: cant _i_____   2. cercare: cerch _i_____   3. cominciare: cominc _i_____

4. comprare: compr _i_____

C. Third person singular:

abitare
abita   =   He/She/It/You (pol.) { lives/live. / is living/are living. / does live/do live.

Continue.

1. desiderare: desider _a_____   2. dimenticare: dimentic _a_____

3. domandare: domand _a_____   4. entrare: entr _a_____

D. First person plural:

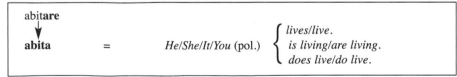

Continue.

   1. giocare: gioch _____   2. guardare: guard _____   3. guidare: guid _____

   4. invitare: invit _____   5. imparare: impar _____

E. Second person plural:

abi**tare**
↓
abi**tate**   =   *You* (pl.) { *live.*
                                are living.
                                do live.

Continue.

   1. insegnare: insegn _____   2. lavorare: lavor _____   3. mangiare: mangi _____

   4. pagare: pag _____   5. parlare: parl _____

F. Third person plural:

abi**tare**
↓
ạbitano   =   *They* { *live.*
                           are living.
                           do live.

Continue. In this case, be careful about where to put the stress when pronouncing the verb form. It does not fall on the ending! (Dots are placed under the stress to help you.)

   1. pensare: pẹns _____   2. portare: pọrt _____   3. studiare: stụdi _____

   4. suonare: suọn _____   5. telefonare: telẹfon _____

To help you remember the appropriate endings, the following chart displays them in the regular order—as you have just practiced them—from top to bottom (that is, first person singular, second person singular, etc.).

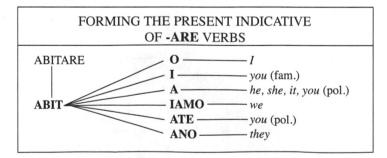

FORMING THE PRESENT INDICATIVE OF -**ARE** VERBS

ABITARE
ABIT-
O ———— *I*
I ———— *you* (fam.)
A ———— *he, she, it, you* (pol.)
IAMO ———— *we*
ATE ———— *you* (pol.)
ANO ———— *they*

Note that verbs ending in **-care** and **-gare** add an **h** in front of **-i** and **-iamo** as a reminder to keep the **k** sound (see Chapter 1).

cerchi	cerchiamo	paghi	paghiamo

Also note that verbs ending in **-ciare** and **-giare** do not repeat the **i** in front of another **i**.

cominci	cominciamo	mangi	mangiamo

• The verb **cominciare** has the alternate form **incominciare**.

As you saw in Practice Set 21, the present tense corresponds to three English tenses:

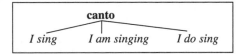

Don't forget that the third person singular allows you to be polite.

FAMILIAR	POLITE
Maria, dove abiti? Marco, che guardi?	Signora Dini, dove abita? Signor Marchi, che guarda?

You already know, of course, how to make a sentence negative.

AFFIRMATIVE	NEGATIVE
Il bambino guarda la TV. *The child is watching TV.*	Il bambino non guarda la TV. *The child is not watching TV.*

Note that some Italian verbs are not followed by a preposition, unlike their English equivalents.

- **ascoltare**   *to listen to*

Lo studente	ascolta	il professore.
The student	*is listening to*	*the professor.*

- **aspettare**   *to wait for*

La signora Martini	aspetta	Giovanni.
Mrs. Martini	*is waiting for*	*John.*

- **cercare**   *to look/search for*

L'uomo	cerca	l'uscita.
The man	*is looking for*	*the exit.*

- **guardare**   *to look at/to watch*

La studentessa	guarda	il libro.
The student	*is looking at*	*the book.*

- **pagare**   *to pay for*

Dino,	paghi	il conto?
Dino,	*are you paying for*	*the bill?*

On the other hand, there are some Italian verbs that require prepositions, whereas their English equivalents do not:

- **domandare** *to ask*

Marco	domanda	**a** Maria,	"Come stai?"
Mark	*asks*	*Mary,*	*"How are you?"*

- **entrare** *to enter*

La donna	entra	**in** classe.
The woman	*enters*	*the class.*

- **giocare** *to play (a game/sport)*

Gina e Gino	giocano	**a** tennis.
Gina and Gino	*play*	*tennis.*

- **telefonare** *to phone*

Mario	telefona	**a** Maria.
Mario	*is phoning*	*Mary.*

Finally, note the following:

- **Pensare** is followed by **a** before a noun:

  Penso **a** Maria. *I'm thinking of Mary.*

- **Pensare** is followed by **di** before a verb or before a noun if it is used to mean "to think of" in the sense of "to have an opinion of":

  Penso **di** guardare la TV. *I'm thinking of watching TV.*

  Che (cosa) pensi **di** Paolo? *What do you think of Paul?*

- Note how to express "to eat" more precisely according to time of day.

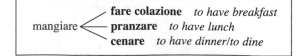

mangiare
- **fare colazione** *to have breakfast*
- **pranzare** *to have lunch*
- **cenare** *to have dinner/to dine*

- The verb **fare** is a very useful one indeed. It means *to do* or *to make*. Like **essere, avere,** and **stare** it is irregular. So learn it now for future use.

THE PRESENT INDICATIVE OF FARE		
PERSON	SINGULAR	PLURAL
1st	**faccio**	**facciamo**
2nd	**fai**	**fate**
3rd	**fa**	**fanno**

Practice Set 22

A. Complete the following two-line dialogues as suggested.

1. *Bruno:* Cosa fa Maria?

   Gina: __ascolta__ il professore.
         (She's listening to)

2. *Marco:* Maria, cosa fai?

   Maria: __aspetta__ l'amico di Paolo.
         (I'm waiting for)

3. *Il signor Giusti:* Signori, cosa fate?

   I signori: _____ l'uscita.
         (We are looking for)

4. *Il professor Martini:* Cosa fanno gli studenti, Pasquale?

   Pasquale: Gli studenti _____ la TV, professore.
         (watch)

5. *Roberto:* Chi paga il conto? Gino?

   Claudia: Non lo so! Gino non _____ mai.
         (pays)

6. *Gino:* Giorgio, Paolo, perché _____ a Claudia?
         (do you phone)

   Giorgio e Paolo: Perché _____ un'amica.
         (she is)

B. Now let's have some fun completing the following vignettes with the suggested verbs.

1. **cantare** e **suonare**

La donna _____ e
l'uomo _____ .

—Signora, cosa fa?

— _____ l'opera
(opera), signore.

2. **pensare**

| Pasquale _____ a Claudia. | Pasquale _____ anche a Gina. | —(to himself) Perché _____ a Maria? | Pasquale non _____ più. |

I pronomi
Pronouns

You have already learned the various ways of saying *you* in Chapter 5. Here are all the subject pronouns.

io	_____	*I*
tu	_____	*you* (fam.)
lui	_____	*he*
lei	_____	*she*
Lei	_____	*you* (pol.)
noi	_____	*we*
voi	_____	*you* (pl.)
loro	_____	*they*
Loro	_____	*you* (very formal/pl.)

As you have already discovered, these pronouns are not necessary in simple sentences, because the verb ending tells you the person being referred to.

Mang**io** la pizza. *I am eating pizza.*

indicates
I

*Mang**i** la pizza? Are you eating pizza?*

indicates
you

However, if more than one verb is used, it can get quite confusing without them:

Lui mangia la pizza, ma lei mangia gli spaghetti.
Io guardo la TV, e tu, cosa guardi?

You also need to use subject pronouns if you want to emphasize them.

> E tu, chi sei? *And who are you?*
> Io, signori, pago il conto! *I, gentlemen, am paying for the bill!*

You will also need them after **anche** and **neanche.**

> **Anche voi** studiate l'italiano?
> No, non studiamo l'italiano **neanche noi.**

Practice Set 23

The following minidialogues require pronouns. Can you supply them?

1. *Mario:* Gina, anche _____ studi l'italiano?

   Gina: Certo, anche _____ studio l'italiano.

2. *Carlo:* Che fanno Gino e Gina?

   Claudia: _____ lavora e _____ studia.

3. *Marco:* Anna, Roberto, siete _____?

   Anna e Roberto: Sì, siamo _____!

4. *Il professore:* E _____, signorina, dove abita?

   La signorina Dini: Abito in via Nazionale, professore.

5. *Riccardo:* Dove lavorano Piero e Piera?

   Angela: Piero e Piera? _____ non lavorano!

A un bar italiano!
At an Italian Bar!

At an Italian bar you can go alone or with friends just to have a coffee and a bite to eat. Let's see what is going on at the *Bar Roma*. New vocabulary items are underlined and then defined at the end of the dialogue. You should be able to figure out the rest.

(Barista = bartender; *Sig.* = signore, *Sig. a* = signora)

Barista: Prego, signora e signore, desiderano?

Sig. a Verdi: Un caffè espresso, per favore.

Barista: Corretto, lungo, ristretto o macchiato?

Sig. a Verdi: Corretto, grazie.

Barista: Con del cognac?

Sig. a Verdi: Sì, grazie.

Barista: E Lei, signore, un <u>tè</u>, un <u>aperitivo</u> …?

Sig. Verdi: No, un <u>cappuccino</u> e una <u>pasta</u>, per favore.

Barista: Una <u>brioche</u>?

Sig. Verdi: Sì, va bene. <u>Vorrei</u> anche un <u>panino</u> … no, un <u>tramezzino</u>.

Barista: <u>Al prosciutto?</u>

Sig. Verdi: Va bene.

The bartender prepares the order and then gives Mr. Verdi the check. Now you will learn how to express your anger (in Italian, of course).

Sig. Verdi: Scusi, ma il conto …

Barista: <u>C'è un problema</u>, signore?

Sig. Verdi: <u>Per</u> un caffè corretto, un cappuccino, una brioche, e un tramezzino … 100 <u>euro</u>?

Barista: <u>Pazienza</u>, signore! <u>Forse</u> c'è uno sbaglio.

Sig. Verdi: <u>Spero</u>!

Barista: Sì, signore, Lei ha ragione.

Sig. Verdi: <u>Meno male</u>!

---

espresso   *strong, black coffee*
corretto/lungo/ristretto/macchiato   *ways of preparing Italian coffee:* **corretto** *indicates the addition of a drop or two of an alcoholic beverage;* **lungo** *and* **ristretto** *indicate, respectively, less and more strong; and* **macchiato** *indicates coffee with a drop or two of milk.*
con del cognac   *with some cognac*
tè   *tea*
aperitivo   *aperitif*
cappuccino   *espresso coffee with frothed milk*
pasta   *pastry*
brioche   *(with French pronunciation) a type of pastry (similar to a Danish)*
vorrei   *I would like (an important expression to learn!)*
panino   *roll/bun*
tramezzino   *(flat) sandwich*
al prosciutto   *(of) ham*
C'è un problema?   *Is there a problem?*
per   *for*
Pazienza!   *Patience!*
forse   *maybe*
sperare   *to hope*
Meno male!   *Thank goodness!*

Practice Set 24

A. Choose the correct response according to the dialogue.

(**prende** = has something to eat or drink)

1. La signora Verdi prende . . .   un caffè lungo   ☐
                                       un caffè macchiato   ☐
                                       un caffè corretto   ☐
                                       un caffè ristretto   ☐

2. Il signor Verdi prende . . .   un aperitivo   ☐
                                    un cappuccino   ☐
                                    un tè   ☐
                                    un panino   ☐

3. E anche . . .   del cognac   ☐
                     una pasta e un panino   ☐
                     una brioche e un tramezzino   ☐
                     una brioche e un aperitivo   ☐

4. Chi ha ragione?   il barista   ☐
                       nessuno   ☐
                       la signora Verdi   ☐
                       il signor Verdi   ☐

B. Now it's your turn to order at an Italian **bar.** Go over the new words and expressions and then choose the appropriate ones to complete the dialogue.

Barista: Buongiorno, signore/signora, desidera?

You: (1)_____ un cappuccino, per (2)_____.
Barista: Una pasta?

You: No, grazie. (3)_____ un panino o un (4)_____ al prosciutto.
Barista: Ecco *(Here),* signore/signora.
You: Il conto, per favore?
(The *barista* gives you an unreasonable bill.)

You: Scusi, signore, ma c'è (5)_____!
Barista: Che cosa c'è?

You: Forse c'è uno (6)_____.
Barista: No, signore!

You: ??? (7)_____.

Reading and Comprehension Activity for Chapter 6

Now it's time for you to test your reading skills. Read the following brief passage, then do the follow-up activity. Some of the words are glossed for you. You should be able to figure out the meaning of the others on your own.

Lettura

Pasquale va al bar. Prende una coca-cola, un tramezzino al prosciutto e due paste. Lui ha molta fame! *Mentre* mangia, Maria entra *nel* bar. Lei *vede* Pasquale, ma Pasquale non vede Maria. Maria pensa: «Forse Pasquale non *mi vede*. Pasquale è un ragazzo ridicolo!». *Allora,* Maria *corre via dal bar!*	*while* *in the/sees* *see me* *So/runs out of the bar*

A. Answer the following questions with complete sentences.

1. Chi va al bar?

   _____.

2. Che cosa prende Pasquale?

   _____.

3. Che cosa ha Pasquale?

   _____.

4. Chi entra nel bar mentre Pasquale mangia?

   _____.

5. Chi vede Maria?

   _____.

6. Che cosa pensa Maria?

   _____.

7. Che cosa fa Maria?

   _____.

B. Now write your own little story about Pasquale. In it, say that Pasquale …

1. always *(sempre)* thinks of Claudia, Gina, and Mary.   2. always phones Mary.   3. is always hungry.   4. thinks to himself: "nobody listens to me!"   5. is a ridiculous man.

_____

_____

_____

_____

_____

Putting It All Together (Chs. 5 and 6)

Practice Set 25

A. Put the following dialogue lines in logical order.

1. —Prego. Avanti. Che c'è?
   —Grazie. Lei è molto gentile.
   —Permesso, signor Verdi?
   —Prego.
   —Ecco un caffè per Lei.

2. —Ah, capisco.
   —Non capisco.
   —Il professore è italiano, ma non insegna l'italiano.
   —Insegna lo spagnolo.

3. —No, ristretto.
   —Prego.
   —Grazie.
   —Corretto?
   —Sì, vorrei un espresso, per favore.
   —Desidera?

B. Situations! Choose the most appropriate response. (Review Chapters 3–6 if necessary.)

1. Someone says **Ciao** to you. You might respond with:

   ☐ Salve.
   ☐ Buonasera.

2. Someone says **Come va?** to you. You might respond with:

   ☐ Ci vediamo.
   ☐ Non c'è male, grazie.

3. If you're not feeling well, you might say:

   ☐ Anche io sto non c'è male.
   ☐ Non bene, purtroppo.

4. Someone says **Buongiorno, a domani** to you. You might respond with:

   ☐ ArrivederLa.
   ☐ Arrivederci.

5. Someone asks you **Come ti chiami?** You might respond with:

   ☐ Giovanni.
   ☐ Italiano.

6. To introduce yourself, you might say:

   ☐ Le presento.
   ☐ Permette che mi presenti.

7. To express delight upon meeting someone for the first time, you might say:

   ☐ Il piacere è mio.
   ☐ Lieto/Lieta di conoscerLa.

8. You point to several pens and say:

   ☐ Ci sono le penne.
   ☐ Ecco le penne.

9. Someone asks you how your friends are. You might say:

   ☐ Sono italiani.
   ☐ Stanno bene.

10. To ask where the *Bar Roma* is, you would say:

    ☐ Dov'è il Bar Roma?
    ☐ Qual è il Bar Roma?

11. To ask "Who is afraid?" you would say:

    ☐ Perché ha paura?
    ☐ Chi ha paura?

12. To ask your friend what he/she is doing, you would say:

    ☐ Che fai?
    ☐ Che hai?

13. To say "I'm not doing anything," you would say:

    ☐ Non faccio colazione.
    ☐ Non faccio niente.

14. Someone sneezes. You might say:

    ☐ Buon appetito!
    ☐ Salute!

15. You tell someone to make himself/herself comfortable. You would say:

    ☐ S'accomodi.
    ☐ Scusi.

16. Someone is speaking to you, and all you want to do is convey to him/her that you agree. You might comment with:

    ☐ Non c'è problema.
    ☐ Già…ecco…già.

17. You agree with someone. You might say:

    ☐ Sono d'accordo.
    ☐ Non lo so.

18. You express your relief with:

    ☐ Va bene.
    ☐ Meno male!

19. You show calm nerves when you say:

    ☐ Impossibile!
    ☐ Pazienza!

C. Here's a grammar crossword for you. It will give you a chance to review your nouns.

Orizzontali *(Across)*
1. *Portafogli* in the singular.
3. *Fotografia* in the plural.
7. *Lettera* in the plural.
8. *Chiave* in the plural.
9. *Espresso* in the plural.

Verticali *(Down)*
1. You use it to comb your hair.
2. You use it for telling time.
4. *Panino* in the plural.
5. *Specchio* in the plural.
6. *Pasta* in the plural.

Culture Capsule 3: Currency

The **euro** is used in Italy as the basic currency, as it is in many other European countries. It has replaced the **lira,** which was the previous unit of currency. One **euro** is designed to provide the same "buying power" as one dollar, although the exchange rates will vary. Do you know what the rate is right now?

The noun **euro** is invariable:

un euro	*one euro*
venti euro	*twenty euros*

Here are some "round" values that will come in handy:

1 euro	=	**un euro**
10 euro	=	**dieci euro**
100 euro	=	**cento euro**
1.000 euro	=	**mille euro**

Write out the following values in Italian. Then, give the exchange value by looking it up on the Internet.

1. 1 euro

_____

2. 10 euros

_____

3. 100 euros

_____

4. 1.000 euros

_____

Vocabulary Checkpoint #1 (Chs. 1–6)

After every six chapters, you will have the opportunity to check up on how much vocabulary you have mastered. The main words and expressions introduced in Chapters 1 through 6 are listed here. Check the ones you know well. As for those you don't recognize or are unsure of, review each chapter, or, as a last resort, look them up in the Italian-English vocabulary at the back of this book. Do not go on until you have done this. Jot down any vocabulary notes at this point. As you work through the next six chapters, you will see how valuable this checkpoint can be.

NOUNS

☐ l'agenda	☐ l'errore	☐ la penna
☐ l'amica	☐ l'esame	☐ la periferia
☐ l'amico	☐ l'esercizio	☐ il pettine
☐ l'americana		☐ il piano
☐ l'americano	☐ la faccia	☐ il piatto
☐ l'aperitivo	☐ la fame	☐ la pizza
☐ l'armadio	☐ la figlia	☐ la poltrona
☐ l'ascensore	☐ il figlio	☐ la porta
☐ l'aula	☐ la finestra	☐ il portone
☐ l'australiana	☐ la fotografia	☐ il portatile
☐ l'australiano	☐ il fratello	☐ il portafoglio
☐ l'avvocato	☐ il/la francese	☐ il problema
		☐ il prosciutto
☐ il babbo	☐ il gatto	☐ il professore
☐ il bagno	☐ il gesso	☐ la professoressa
☐ la bambina	☐ il guanto	
☐ il bambino		☐ il quaderno
☐ il banco	☐ l'impiegata	
☐ la birra	☐ l'impiegato	☐ la ragazza
☐ la brioche	☐ l'indirizzo	☐ il ragazzo
	☐ l'inglese	☐ la ragione
☐ il caffè	☐ l'insegnante	
☐ la camera	☐ l'interruttore	☐ la sala da pranzo
☐ la campagna	☐ l'italiana	☐ il salotto
☐ il/la canadese	☐ l'italiano	☐ lo sbaglio
☐ il cancellino		☐ lo scaffale
☐ il cappuccino	☐ la lavagna	☐ la scala
☐ la casa	☐ il lavoro	☐ la scarpa
☐ la causa	☐ la lettera	☐ la scena
☐ la chiave	☐ la lezione	☐ la schiena
☐ il cellulare	☐ il libro	☐ la sciarpa
☐ il centro		☐ la scrivania
☐ la città	☐ la madre	☐ la scuola
☐ la classe	☐ il marito	☐ la sedia
☐ il cognome	☐ la matita	☐ la segreteria
☐ la colazione	☐ la moglie	☐ la sete
☐ il comodino	☐ il muro	☐ la signora
☐ la compagna		☐ il signore
☐ il compagno	☐ il nome	☐ la signorina
☐ il corridoio		☐ il soffitto
☐ il corso	☐ l'orologio	☐ il sonno
☐ la cucina		☐ la sorella
	☐ il padre	☐ la spagnola
☐ il divano	☐ il panino	☐ lo spagnolo
☐ la donna	☐ la parete	☐ lo specchio
☐ il dottore	☐ la paura	☐ la stanza
☐ la dottoressa	☐ la pasta	☐ lo studente
	☐ il pavimento	☐ la studentessa
☐ l'entrata	☐ la pazienza	☐ lo studio

- ☐ la tavola
- ☐ il tavolo
- ☐ il tè
- ☐ la tedesca
- ☐ il tedesco
- ☐ la terrazza

- ☐ il tetto
- ☐ il tramezzino

- ☐ l'ufficio
- ☐ l'uomo
- ☐ l'uscita

- ☐ la via
- ☐ il viale

- ☐ lo zaino
- ☐ lo zio

VERBS

- ☐ abitare
- ☐ amare
- ☐ arrivare
- ☐ ascoltare
- ☐ aspettare
- ☐ avere

- ☐ ballare

- ☐ cantare
- ☐ cenare
- ☐ cercare
- ☐ cominciare
- ☐ comprare

- ☐ desiderare

- ☐ dimenticare
- ☐ domandare

- ☐ entrare
- ☐ essere

- ☐ fare

- ☐ giocare
- ☐ guardare
- ☐ guidare

- ☐ imparare
- ☐ insegnare
- ☐ invitare

- ☐ lavorare

- ☐ mangiare

- ☐ pagare
- ☐ parlare
- ☐ pensare
- ☐ portare
- ☐ pranzare

- ☐ sperare
- ☐ stare
- ☐ studiare
- ☐ suonare

- ☐ telefonare

OTHER WORDS AND EXPRESSIONS

- ☐ abbastanza bene
- ☐ Accomodati/S'accomodi
- ☐ almeno
- ☐ altrettanto
- ☐ anche
- ☐ Arrivederci/ArriverLa
- ☐ Avanti

- ☐ bene
- ☐ Buonanotte
- ☐ Buon appetito
- ☐ Buonasera
- ☐ Buongiorno
- ☐ Buon pomeriggio

- ☐ avere caldo/freddo/fretta/ paura/ragione/sete/sonno/ torto/voglia di
- ☐ in campagna
- ☐ Capisco/Non capisco
- ☐ a casa
- ☐ che
- ☐ chi
- ☐ in centro
- ☐ certamente/certo
- ☐ Ciao!
- ☐ in città
- ☐ come

- ☐ Come ti chiami?/Come si chiama?
- ☐ con
- ☐ corretto
- ☐ Così, così

- ☐ D'accordo
- ☐ ti dispiace/Le dispiace
- ☐ a domani
- ☐ dove

- ☐ e
- ☐ ecco

- ☐ forse

- ☐ gentile (Sei/È molto gentile)
- ☐ già
- ☐ grazie

- ☐ ieri

- ☐ al lavoro
- ☐ (molto) lieto/lieta (di conoscerLa/di fare la sua conoscenza)
- ☐ lungo

- ☐ ma
- ☐ macchiato
- ☐ mai
- ☐ male
- ☐ Ma va!
- ☐ Meno male!
- ☐ molto

- ☐ neanche
- ☐ nessuno
- ☐ niente
- ☐ Non c'è problema
- ☐ Non lo so
- ☐ nulla

- ☐ o

- ☐ Pazienza!
- ☐ peggio
- ☐ per
- ☐ perché
- ☐ per favore/per piacere
- ☐ in periferia
- ☐ Permesso?
- ☐ Il piacere è mio
- ☐ più
- ☐ poi

☐ prego
☐ a presto
☐ purtroppo

☐ quale
☐ quando

☐ ristretto
☐ rosso

☐ Salute!
☐ Salve!
☐ a scuola
☐ Scusa/Scusi

☐ Sono sposato/sposata

☐ Va bene
☐ vecchio
☐ è vero
☐ vorrei

Review Set 1

A. Give the male/female counterpart.

Example: Mario è l'amico di Gina./Claudia
            Claudia è l'amica di Gina.

1. Bill è americano./Suzy

   _____.

2. Franca è australiana./Marco

   _____.

3. Dina è una bambina./Dino

   _____.

4. Giorgio è canadese./Lucia

   _____.

5. Teresa è la compagna di Maria./Marcello

   _____.

6. Franco è un uomo simpatico./Franca

   _____.

7. Giorgio è un professore./Carla

   _____.

8. Bruno è il figlio del signor Verdi e della signora Verdi./Bruna

   _____.

9. Marco è il fratello di Pina./Graziella

   _____.

10. Jean è un uomo francese./Lorraine

   _____.

11. Tina è la moglie di Carlo./Carlo

   _____.

12. Pino è il padre di Nicola./Pina

   _____.

13. Pasquale è un ragazzo ridicolo./Pina

   _____.

14. Juan è spagnolo./Juanita

   _____.

15. Ludwig e Hans sono tedeschi./Sophie e Helga

   _____.

B. How do you say …

1. I would like _____

2. I live at 12 Florence Street _____

3. OK _____

4. I'm not married (female) _____

5. "Bless you!" _____

6. I would like a strong espresso _____

7. "Thank goodness!" _____

8. Pat is always sleepy _____

9. "I don't understand!" _____

C. Fill in the appropriate endings.

1. Io abit_____ a Firenze.   2. Maria cant_____ molto bene.   3. Tu non guard_____ mai la TV.
4. Noi lavor_____ in un ufficio in centro.   5. Anche voi studi_____ l'italiano?   6. Loro non
telefon_____ mai.

D. Put the following into the plural.

1. lo zaino_____   2. l'uomo_____   3. l'ufficio_____   4. il tedesco_____   5. lo
specchio_____   6. la sedia_____   7. lo sbaglio_____   8. il pettine_____   9. la
parete_____

CHAPTER 7

Dove andiamo?
Where Shall We Go?

In this chapter you will learn:
- how to ask for information
- more about speaking in the present
- how to refer to people and things that are near and far

Dialogue and Comprehension Activity 7

Al Bar Roma!

Barista:	Che cosa prendono?	—*What are you* (pl.) *having?*
Nora:	Io prendo un espresso.	—*I'll have an espresso.*
Giovanni:	Io prendo un cappuccino, grazie.	—*I'll have a cappuccino, thanks.*
Nora:	Dove andiamo dopo?	—*Where are we going afterwards?*
Giovanni:	Quando?	—*When?*
Nora:	Dopo il caffè.	—*After coffee.*
Giovanni:	Andiamo a casa di Dina. Tu conosci Dina?	—*Let's go to Dina's house. Do you know Dina?*
Nora:	No. Chi è?	—*No. Who is she?*
Giovanni:	È l'amica di Pietro.	—*She's Peter's friend.*
Nora:	Chi altro viene?	—*Who else is coming?*
Giovanni:	Vengono anche Rosa e Giuseppe.	—*Rose and Joseph are also coming.*
Nora:	Va bene.	—*OK.*

Answer each question with a complete sentence.

1. Dove sono Nora e Giovanni?

   _____.

2. Che cosa prende Nora?

   _____.

3. Che cosa prende Giovanni?

_____.

4. Dove vanno?

_____.

5. Quando vanno?

_____.

6. Nora conosce Dina?

_____.

7. Chi è Dina?

_____.

8. Chi altro viene a casa di Dina?

_____.

Chiedere informazioni
Asking for Information

You have already learned quite a lot about how to ask for information by using the basic "question" words presented in Chapter 4. Let's review them and add a few more to the list.

Dove?	Come?	Che? Cosa? Che cosa?	Chi?	Perché	Quale?	Quando?	Quanto?
Where?	*How?*	*What?*	*Who?*	*Why?*	*Which?*	*When?*	*How much?*

Two verbs that are useful in many situations involving the exchange of information are: **andare** *to go* and its opposite **venire** *to come*. Both are irregular.

	THE PRESENT INDICATIVE OF			
PERSON	**ANDARE**		**VENIRE**	
	Singular	Plural	Singular	Plural
1st	**vado**	**andiamo**	**vengo**	**veniamo**
2nd	**vai**	**andate**	**vieni**	**venite**
3rd	**va**	**vanno**	**viene**	**vengono**

To ask where something is located, you can also use the following:

Dove si trova l'ufficio? *(sing.)*	*Where is the office?*
Dove si trovano gli uffici? *(pl.)*	*Where are the offices?*

Practice Set 26

Now let's look at some common situations involving information exchanges.

A. How would you ask someone *where*...

    1. via Verdi is? _____

    2. the office is? _____

    3. Rome is? _____

    4. the exit is? _____

    5. he/she works *(politely)*? _____

> The most polite way of asking for directions
> is with:
>
> **Mi sa dire dov'è...?**
>
> *Can you tell me where... is?*

Use this speech formula in the following situations. Ask someone to tell you where...

    6. corso Garibaldi is _____

    7. the *Bar Roma* is _____

    8. viale Michelangelo is _____

> To ask someone where he/she is from, use:
>
> **Di dove sei** *(fam.)***?/Di dove è** (pol.)**?**
>
> **—Sono di Roma/di New York, ...**

B. How would you ask someone *how*...

    1. he/she is going *(fam.)* to Rome? _____ a Roma?

    2. he/she does something *(pol.)*? _____ questo?

> A frequently used expression is:
>
> **Come si fa per andare...?**
>
> *How does one go (get) to...?*

Use this speech formula to ask someone how to go (to)...

    3. Rome _____

    4. downtown _____

    5. the suburbs _____

    6. the countryside _____

    7. corso Garibaldi _____

C. How would you ask someone *what*…

1. he/she is doing (*fam.*)? _____

2. he/she is eating (*fam.*)? _____

3. he/she is studying (*pol.*)? _____

4. he/she is looking at (*fam.*)? _____

D. How would you ask *who*…

1. speaks Italian? _____

2. drives a FIAT (**una FIAT**)? _____

3. eats spaghetti? _____

4. is dancing? _____

E. How would you ask someone *why*…

1. he/she never phones (*fam.*)? _____

2. he/she does not eat pizza (*pol.*)? _____

3. he/she doesn't go to Italy (*fam.*)? _____

4. he/she doesn't also come (*pol.*)? _____

F. How would you ask *which*…

1. one it is? _____

2. book it is? _____

3. exit it is? _____

G. Ask someone *when*…

1. John is arriving _____

2. Mary and Claudia are going _____

3. Mr. Verdi is coming _____

costare *to cost*

H. Ask someone *how much*…

1. the cappuccino costs _____

2. the brioche and the bun cost _____

3. an espresso costs _____

"Comunicare al presente": seconda parte
Speaking in the Present: Part II

In Chapter 6 you learned how to speak in the present by conjugating verbs ending in **-are.** You will now learn about verbs ending in **-ere.** They are conjugated almost the same way, but they do have a few different endings.

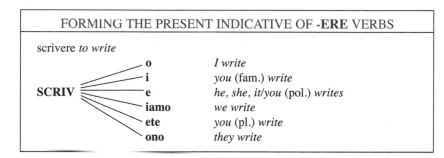

FORMING THE PRESENT INDICATIVE OF **-ERE** VERBS	
scrivere *to write*	
SCRIV + **o**	*I write*
i	*you* (fam.) *write*
e	*he, she, it/you* (pol.) *writes*
iamo	*we write*
ete	*you* (pl.) *write*
ono	*they write*

Here is a list of common **-ere** verbs:

COMMON **-ERE** VERBS	
chiedere *to ask*	perdere *to lose*
chiudere *to close*	prendere *to take*
conoscere *to know (someone);*	ricevere *to receive*
to be familiar with	ripetere *to repeat*
correre *to run*	rispondere *to answer*
credere *to believe*	scendere *to go down; to get off*
leggere *to read*	scrivere *to write*
mettere *to put*	spendere *to spend (money)*
	vedere *to see*
	vendere *to sell*
	vivere *to live*

Practice Set 27

Let's practice our endings, and learn a bit more about these verbs.

A. First person singular:

1. chiedere: (io) chied *o* _____   2. chiudere: (io) chiud *o* _____   3. conoscere: (io) conosc *o* _____

Note the following:

• **Chiedere** can mean both *to ask for* and *to ask someone*. In the latter case, it is followed by **a.**

Chiedo	l'indirizzo.
I'm asking for	*the address.*

Chiedo	**a** Maria.
I'm asking	*Mary.*

- **Conoscere** means *to know someone/to be familiar with*. **Sapere** means *to know something/to know how to* (do something). It is an irregular verb.

THE PRESENT INDICATIVE OF **SAPERE**		
Person	Singular	Plural
1st	**so**	**sappiamo**
2nd	**sai**	**sapete**
3rd	**sa**	**sanno**

- We will return to these two verbs in the next practice set.

B. Second person singular:

1. correre: (tu) corr _____ 2. credere: (tu) cred _____ 3. leggere: (tu) legg _____

- Note that an **h** is not required for **-ere** verbs:

tu paghi   but   tu leggi

C. Third person singular:

1. mettere: (lui/lei/Lei) mett e_____ 2. perdere: (lui/lei/Lei) perd e_____

3. prendere: (lui/lei/Lei) prend e_____

- Do you remember how to make a sentence negative?

Lui **non** prende **mai** il caffè.
He never has coffee.

D. First person plural:

1. ricevere: (noi) ricev ___iamo___ 2. ripetere: (noi) ripet ___iamo___

3. rispondere: (noi) rispond ___iamo___

- **Rispondere** is followed by **a.**

Noi rispondiamo	**a** Giovanni.
We answer	*John.*

E. Second person plural:

1. scendere: (voi) scend ___ete___ 2. scrivere: (voi) scriv ___ete___

3. spendere: (voi) spend ___ete___

F. Third person plural (Be careful where you put the stress!)

1. vedere: (loro) ved _____ 2. vendere: (loro) vend _____ 3. vivere: (loro) viv _____

- Do not forget that the Italian present corresponds to three English tenses.

scrivo		
I write	*I am writing*	*I do write*

- **Vivere** can be used as a synonym for **abitare.** In addition, it means *to live* in the biological and social sense.

> **Io vivo bene!** *I live well!*

Practice Set 28

Here is your chance to practice distinguishing between **conoscere** and **sapere.**

sapere	conoscere
to know how to *to know something*	*to know someone* *to be familiar with something/someone* *to meet someone for the first time*

Now go over the conjugation of **sapere** (previous page).

Can you figure out which form of **sapere** or **conoscere** belongs in each blank?

1. Giovanni, tu _conosci_ il dottor Rossi?

2. No, io non _sapero_ guidare.

3. Loro _conosco_ Roma molto bene.

4. Anche noi _sapiamo_ l'italiano.

5. Mario e Giovanni _conoscono_ il Bar Roma, ma non _sapono_ dove è.

6. Voi _sapete_ leggere l'italiano? _conoscete_ l'Italia?

Practice Set 29

Answer the following questions as suggested.

1. Chi scrive la lettera? Giovanni _scrive_ la lettera.

2. Chi chiude la porta? Tu _chiudi_ la porta.

3. Chi vive in Italia? Marco e Maria _vivono_ in Italia.

4. Chi mette il quaderno sul (*on the*) tavolo? Io _metto_ il quaderno sul tavolo.

5. Chi legge il libro? Voi _leggete_ il libro.

6. Chi prende un cappuccino? Giovanni e io _prendiamo_ un cappuccino.

   (**prendere** = *to have something to drink/eat*)

Cose e persone vicine e lontane
Things and People Near and Far

HERE AND THERE		
Dov'è?	È **qui.** _It's here._	È **lì/là.** _It's there._
Dove sono?	Sono **qui.** _They are here._	Sono **lì/là.** _They are there._

- You can use either **lì** or **là**, but if you are going to indicate two objects, then use **lì** for the object closer to you and **là** for the object farther away.

Maria mette il libro **lì** e la penna **là.**

Mary puts the book there and the pen over there.

NEAR AND FAR		
Dove abita la donna?	Abita **vicino.** _She lives near._	Abita **lontano.** _She lives far._

- When used as adjectives, **vicino** and **lontano** agree with the noun they modify in gender and number. This means changing the final vowel as shown:

	SINGULAR	PLURAL
Masculine	**-o**	**-i**
Feminine	**-a**	**-e**

Il ragazzo è vici**no.**   I ragazzi sono vici**ni.**

La ragazza è vici**na.**   Le ragazze sono vici**ne.**

THIS/THESE; THAT/THOSE

THIS

Questo	tavolo studente divano	è vicino.
Questa	casa porta finestra	è vicina.

THESE

Questi	tavoli studenti divani	sono vicini.
Queste	case porte finestre	sono vicine.

- Note that there is really one word for _this/these,_ and that its ending changes according to the noun it modifies.

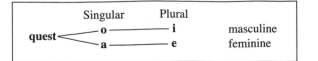

- This is the case even when the noun is implied, in which case **questo** is used as a pronoun.

Questo tavolo	è vicino.	*This table is near.*
Questo	è vicino.	*This one is near.*

Questi tavoli	sono vicini.	*These tables are near.*
Questi	sono vicini.	*These are near.*

Questa casa	è vicina.	*This house is near.*
Questa	è vicina.	*This one is near.*

Queste case	sono vicine.	*These houses are near.*
Queste	sono vicine.	*These are near.*

- You may use **quest'** in front of a singular noun beginning with a vowel.

questo amico	*or*	**quest'**amico
questa amica		**quest'**amica

THAT		
Quello	zio studente	
Quell'	amico uomo	è lontano.
Quel	tavolo divano	

THOSE		
Quegli	zii studenti amici uomini	
Quei	tavoli divani	sono lontani.

Quella	studentessa porta finestra	è lontana.
Quell'	amica entrata uscita	

Quelle	studentesse porte finestre amiche entrate uscite	sono lontane.

- *That/those* changes in ways similar to the definite article (see Chapter 5). So you must be aware of the initial sound of the noun (in addition to whether it is masculine or feminine)!

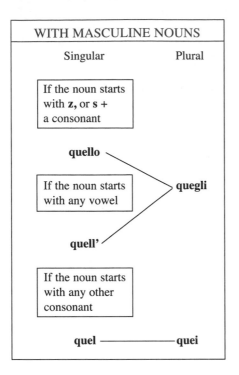

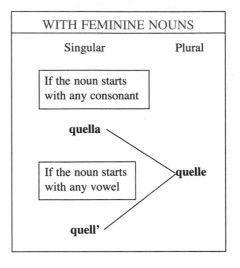

- When the noun is implied (= pronoun function), there are only four forms to learn!

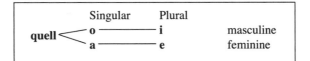

Examples:

Quello zio **Quell'** amico **Quel** tavolo	è lontano.	*That uncle/friend/table is far.*
Quello	è lontano.	*That one is far.*

Quegli zii **Quegli** amici **Quei** tavoli	sono lontani.	*Those uncles/friends/tables are far.*
Quelli	sono lontani.	*Those are far.*

Quella porta **Quell'**entrata	è lontana.	*That door/entrance is far.*
Quella	è lontana.	*That one is far.*

Quelle porte **Quelle** entrate	sono lontane.	*Those doors/entrances are far.*
Quelle	sono lontane.	*Those are far.*

Practice Set 30

A little practice will help you become familiar with the many ways of referring to things and people near and far.

A. You are the bartender at the *Bar Roma* and are serving two customers. Complete each statement by supplying the appropriate form of *this/that/these/those*. You will need to know the following additional vocabulary:

> lo zabaione   *a dessert made up of egg, sugar, and*
>   *liqueur*
> lo spumante   *sparkling wine*
> il gelato   *ice cream*
> la limonata   *lemonade*
> l'aranciata   *orange drink*

Referring to something nearby
(use *this/these*) …

1. Signore, _____
   tramezzino è per Lei.

3. Signore, _____
   caffè è per Lei.

5. Signore, _____
   cappuccino è per Lei.

7. Signore, _____
   espressi sono per Lei.

9. Signore, _____
   gelati sono per Lei.

11. Signore, _____
    spumanti sono per Lei.

13. Signore, _____
    limonata è per Lei.

15. Signore, _____
    brioche è per Lei.

17. Signore, _____
    paste sono per Lei.

19. Signore, _____
    limonate sono per Lei.

Referring to something farther away
(use *that/those*) …

2. Signore, _____
   panino è per Lei.

4. Signore, _____
   spumante è per Lei.

6. Signore, _____
   aperitivo è per Lei.

8. Signore, _____
   zabaioni sono per Lei.

10. Signore, _____
    aperitivi sono per Lei.

12. Signore, _____
    tramezzini sono per Lei.

14. Signore, _____
    pasta è per Lei.

16. Signore, _____
    aranciata è per Lei.

18. Signore, _____
    limonate sono per Lei.

20. Signore, _____
    aranciate sono per Lei.

B. A customer now asks you (the waiter) where certain things are. Point to one and say that "this one" is "here" and then point to the other and say "that one" is "there."

Example: Dove sono i cappuccini?
            Questo è qui e quello è là.

You continue.

Dove sono le paste?

1. _Questo_ è qui, e 2. _quello_ è là.

Dove sono gli aperitivi?

3. _____ è qui, e 4. _____ è là.

Now there are *two* of each near each person.

Example: Dove sono gli espressi?
            Questi sono qui, e quelli sono là.

You continue.

Dove sono le aranciate?

5. _____ sono qui, e 6. _____ sono là.

Dove sono i gelati?

7. _____ sono qui, e 8. _____ sono là.

Reading and Comprehension Activity for Chapter 7

Now it's time for you to test your reading skills. Read the following brief passage, then do the follow-up activity. Some of the words are glossed for you. You should be able to figure out the meaning of the others on your own.

Lettura

Giovanni e Nora sono a casa di Dina. Anche Rosa e Giuseppe sono lì. Dina chiede a Nora quale pasta *vuole*.	*she wants*
«Vuoi questa pasta o quella?». Ma Nora non ha fame e non vuole niente. Giovanni, Giuseppe e Rosa, *invece*, hanno fame e sete, ma non sanno *che cosa prendere*.	*instead* *what to have*
Mentre parlano, arriva Giorgio. Giorgio è il fratello di Rosa. Anche lui prende *qualcosa* da mangiare e *da bere*. *A un certo momento*, gli amici *decidono* di andare *insieme al cinema*.	*something, to drink* *at a certain moment* *decide, together to the movies*

A. Answer each question with a complete sentence.

1. Chi è a casa di Dina?

   Giovanni Nora Rosa e Giuseppe sono là sc.

2. Che cosa chiede Dina a Nora?

   Lei chiede quale pasta vuole.

3. Che cosa prende Nora?

Lei ~~non~~ prende niente .

4. Sanno che cosa prendere gli altri *(others)*?

Giorgio prende qualcosa de mangiere e da bere.

5. Chi arriva mentre parlano?

Giorgio

6. Chi è Giorgio?

lui e il fratello di rosa .

7. Che cosa prende?

lui prende qualcosa de mangiere de bere

8. A un certo momento dove decidono di andare gli amici?

decidono di andare al cinema. .

B. Now write your own little story about Nora and John. In it, say that …

1. John always has a cappuccino at the *Bar Roma*.   2. Nora always has an espresso at the *Bar Roma*.   3. Dina is John's friend.   4. Nora doesn't know what to have at Dina's house.   5. John always has something to eat and drink at Dina's house.   6. Nora and John always go to the movies together.

Giovanni prende sempre un cappucino de Bar Roma.
Nora prende sempre un'espresso de Bar Rma
Dina e l'amici de Giovanni
Nora non sane che cosa prende a casa di Dina
Giovanni prende sempre qualcosa de mangiere e
Nora e Giovanni vanno sempre   de bere.
isieme al cinene.   a casa di Dine

CHAPTER 8

All'aeroporto!
At the Airport!

In this chapter you will learn:

- how to describe people and things
- the days of the week, the seasons, and the months of the year
- how to get around at an airport

Dialogue and Comprehension Activity 8

Come sei antipatico!

Roberta:	Ciao, Roberto, che fai?	—*Hi, Robert, what are you doing?*
Roberto:	Oggi non faccio niente perché fa cattivo tempo.	—*Today I'm doing nothing because it's a bad day (out).*
Roberta:	Come sei antipatico! Non vedi che è una bella giornata?	—*How unpleasant you are! Don't you see that it's a beautiful day?*
Roberto:	Tira vento!	—*It's windy!*
Roberta:	Come sei noioso! È una giornata di primavera chiara e bella. Generalmente piove a aprile.	—*How boring you are! It's a clear and beautiful spring day. Usually it rains in April.*
Roberto:	Scusa, Roberta ma ho fretta!	—*Excuse me, Roberta, but I'm in a hurry!*
Roberta:	Perché?	—*Why?*
Roberto:	Devo andare all'aeroporto. Arrivano mia zia e mio zio. Ciao!	—*I have to go to the airport. My aunt and uncle are arriving. Bye!*
Roberta:	Sei veramente maleducato, Roberto!	—*You are really rude, Robert!*

A. *Vero o falso?*

	vero	falso
1. Roberto non fa niente oggi.	☐	☐
2. Fa cattivo tempo.	☐	☐
3. Roberto è simpatico.	☐	☐
4. È una bella giornata ma tira vento.	☐	☐
5. È una giornata di primavera.	☐	☐
6. Generalmente non piove mai a aprile.	☐	☐

	vero	falso
7. Roberto ha fretta.	☐	☐
8. Roberto deve andare al cinema con *(with)* gli amici.	☐	☐
9. Roberto è veramente maleducato.	☐	☐

Come descrivere le cose e le persone
How to Describe People and Things

It is now time to learn how to describe people and things. Here is a list of useful descriptive words (= *adjectives*):

DESCRIBING PEOPLE
IN TERMS OF OPPOSITES

alto *tall*	basso *short*
felice *happy*	triste *sad*
simpatico *nice*	antipatico *unpleasant*
buono *good*	cattivo *bad*
bello *beautiful/handsome*	brutto *ugly*
grande *big/large*	piccolo *small/little*
giovane *young*	vecchio *old*
biondo *blond*	bruno *brown-haired*
intelligente *intelligent*	stupido *stupid*
elegante *elegant*	inelegante *inelegant*

Practice Set 31

In this practice set you will learn how to describe people, and how to make adjectives agree in gender and number with the nouns they modify.

A. Whatever Roberta is, Roberto is the opposite.

Example: Roberto è bas**so**, ma Roberta è alt**a**.

Roberto è trist**e**, ma Roberta è felic**e**.

Notice that if the adjective ends in **-o,** you must change it to **-a** if it refers to Roberta or, of course, to any feminine noun. If it ends in **-e,** no such change is required. Now you continue.

1. Roberto è antipatico, ma Roberta è _____.

2. Roberto è cattivo, ma Roberta è _____.

3. Roberto è brutto, ma Roberta è _____.

4. Roberto è grande, ma Roberta è _____.

5. Roberto è vecchio, ma Roberta è _____.

6. Roberto è bruno, ma Roberta è _____.

7. Roberto è stupido, ma Roberta è _____.

8. Roberto è inelegante, ma Roberta è _____.

B. In the Rossi family whatever the brothers are, the sisters are the opposite:

Example: I fratelli sono bassi, ma le sorelle sono alte.

I fratelli sono tristi, ma le sorelle sono felici.

As you might recall, in the plural you change **-o** and **-e** to **-i,** and **-a** to **-e.** Continue.

1. I fratelli sono cattivi, ma le sorelle sono _____.

2. I fratelli sono brutti, ma le sorelle sono _____.

3. I fratelli sono grandi, ma le sorelle sono _____.

4. I fratelli sono vecchi, ma le sorelle sono _____.

5. I fratelli sono ineleganti, ma le sorelle sono _____.

Let's summarize.

ADJECTIVES ENDING IN **-O**			ADJECTIVES ENDING IN **-E**		
Singular/Plural			Singular/Plural		
alt ⟨ o	i	Masculine	**felic** ⟨ e	i	Masculine
a	e	Feminine	e	i	Feminine

In the sentences above, the adjective is part of the predicate (after the verb *to be*). But it can also be next to the noun. In contrast to English, in Italian the adjective normally *follows* the noun.

Quegli uomini **alti** sono italiani. *Those tall men are Italian.*

Conosco una professoressa **simpatica**. *I know a nice professor.*

Practice Set 32

The adjectives **buono** and **bello** can come before or after the noun they modify. You have already seen how they change after the noun. If, however, they are put before, then they change in the following ways.

BUONO			
BEFORE THE NOUN		AFTER THE NOUN	
SINGULAR	PLURAL	SINGULAR	PLURAL
MASCULINE NOUNS			
Beginning with **z,** or **s** + consonant **buono** ⟍ Beginning with any other sound **buon** ⟋	**buoni**	**buono** ——————— **buoni**	

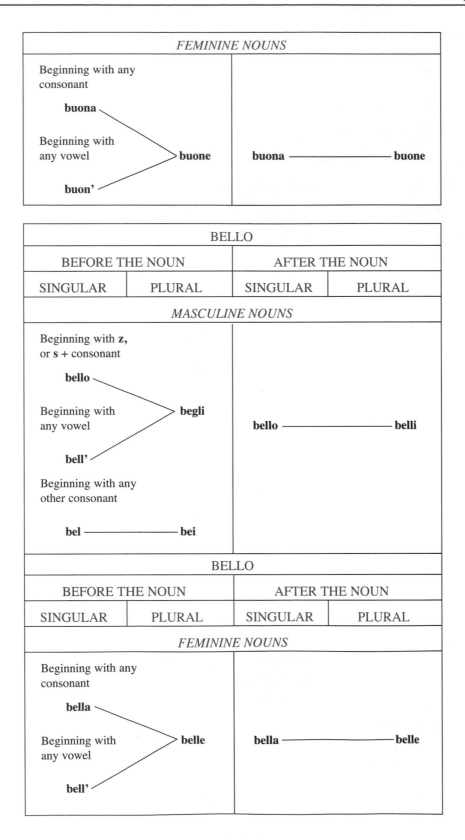

In the following sentences, put the adjective before the noun and make all the necessary changes.

Example: l'amica bella   **la bell'amica**

| in front of a vowel | in front of a consonant |

quello zio buono   **quel buono zio**

| in front of z | in front of any other consonant |

1. Giovanni è un amico buono. _____.

2. Gino compra un tramezzino buono. _____.

3. Marco ha un'amica buona in Italia. _____.

4. La signora Verdi è una donna buona. _____.

5. Carlo non ha amici buoni. _____.

6. Carla non ha amiche buone. _____.

7. Quella donna bella vive in Italia. _____.

8. Quella casa ha un'entrata bella. _____.

9. Chi è quel ragazzo bello? _____

10. Chi è quello studente bello? _____

11. Lui è l'amico bello di Paola. _____.

12. Quelle donne belle vivono in Italia. _____.

13. Chi sono quei ragazzi belli? _____.

14. Chi sono quegli studenti belli? _____.

> Although **buono** generally has the same meaning as in English *good*, in the case of *good at something*, **bravo** is used instead.
>
> Lui è un **bravo** dottore. *He is a good doctor.*
> Lei è una **brava** professoressa. *She is a good professor.*

Practice Set 33

Now it's time to practice describing things. The following adjectives will come in handy.

DESCRIBING THINGS IN TERMS OF OPPOSITES	
facile *easy*	difficile *difficult (hard)*
semplice *simple*	complicato *complicated*
interessante *interesting*	noioso *boring*
lungo *long*	corto *short*
giusto *correct*	sbagliato *mistaken/wrong*
caro *expensive/dear*	economico *economical/cheap*
moderno *modern*	antico *ancient/old*
aperto *open*	chiuso *closed*

You take Pina's role and say just the opposite of what Pino says.

Example: *Pino:* L'italiano è facile.

Pina: **No, l'italiano è difficile.**

1. *Pino:* Questo esercizio è semplice.

   Pina: No, questo esercizio è _____.

2. *Pino:* Quei libri sono interessanti.

   Pina: No, quei libri sono _____.

3. *Pino:* Via Nazionale è una via corta.

   Pina: No, via Nazionale è una via _____.

4. *Pino:* Questi esercizi sono sbagliati.

   Pina: No, questi esercizi sono _____.

5. *Pino:* Queste paste sono economiche.

   Pina: No, queste paste sono _____.

6. *Pino:* Quella è una casa moderna.

   Pina: No, quella è una casa _____.

7. *Pino:* Le porte sono chiuse.

   Pina: No, le porte sono _____.

Practice Set 34

Here is one more opportunity to practice describing things. For this exercise you will need to know some colors.

grigio *gray*	verde *green*
azzurro *blue*	bianco *white*
giallo *yellow*	nero *black*
rosso *red*	chiaro *light/clear*
scuro *dark*	celeste *light blue*
blu *dark blue*	arancione *orange*
marrone *brown*	rosa *pink*
viola *violet/purple*	

Note the following:

• There are three words for the various shades of blue.

blue — **azzurro** (mid) *blue*
— **celeste** *light/sky blue*
— **blu** *dark blue*

• The adjectives **blu, arancione, marrone, rosa,** and **viola** are invariable. In other words, you never have to worry about changing their endings!

È una **penna gialla.** *But* È una **penna blu.**

Le **scarpe** sono **nere.** *But* Le **scarpe** sono **viola.**

I **libri** sono **rossi.** *But* I **libri** sono **marrone.**
etc.

You are at a clothing store and the clerk asks you if you wish to buy a certain color of an item. You respond instead with the suggested color. Have fun shopping!

IL VESTIARIO
CLOTHING

la maglia

la camicia

il vestito

le scarpe

la gonna

il cappello

i pantaloni

i calzini

l'impermeabile

la cintura

le calze

il fazzoletto

la borsa

la giacca

i guanti

la cravatta

la camicetta

l'ombrello

il cappotto

Example: *Commesso (clerk):* Desidera una maglia grigia?

You: (azzurro) No, azzur**ra**, per favore.

- Don't forget to make your endings agree! The reason your answer is **azzurra** is because the color describes **maglia,** which is feminine singular.

1. *Commesso:* Desidera una camicia bianca?

   You: (grigio) _____

2. *Commesso:* Desidera un vestito nero?

   You: (giallo) _____

3. *Commesso:* Desidera le scarpe rosse?

   You: (verde) _____

4. *Commesso:* Desidera una gonna blu?

   You: (marrone) _____

5. *Commesso:* Desidera un cappello grigio?

   You: (viola) _____

6. *Commesso:* Desidera i pantaloni neri?

   You: (celeste) _____

7. *Commesso:* Desidera i calzini scuri?

   You: (chiaro) _____

8. *Commesso:* Desidera un impermeabile viola?

   You: (verde) _____

9. *Commesso:* Desidera una cintura nera?

   You: (blu) _____

10. *Commesso:* Desidera le calze chiare?

    You: (scuro) _____

11. *Commesso:* Desidera un fazzoletto rosa?

    You: (arancione) _____

12. *Commesso:* Desidera una giacca verde?

    You: (grigio) _____

13. *Commesso:* Desidera una borsa celeste?

    You: (viola) _____

14. *Commesso:* Desidera una borsa marrone?

   You: (azzurro) _____

15. *Commesso:* Desidera i guanti bianchi?

   You: (marrone) _____

16. *Commesso:* Desidera una cravatta rosa?

   You: (giallo) _____

17. *Commesso:* Desidera una camicetta verde?

   You: (bianco) _____

18. *Commesso:* Desidera un cappotto grigio?

   You: (blu) _____

Giorni, stagioni, mesi
Days, Seasons, Months

I GIORNI DELLA SETTIMANA	
THE DAYS OF THE WEEK	
lunedì *Monday*	venerdì *Friday*
martedì *Tuesday*	sabato *Saturday*
mercoledì *Wednesday*	domenica *Sunday*
giovedì *Thursday*	

LE STAGIONI	
THE SEASONS	
la primavera *spring*	l'autunno *fall*
l'estate (*f.*) *summer*	l'inverno *winter*
I MESI DELL'ANNO	
THE MONTHS OF THE YEAR	
gennaio *January*	luglio *July*
febbraio *February*	agosto *August*
marzo *March*	settembre *September*
aprile *April*	ottobre *October*
maggio *May*	novembre *November*
giugno *June*	dicembre *December*

Practice Set 35

A. Can you figure out which day comes before or after?

> prima (di)   *before*
> dopo   *after*

Che giorno è?

1. il giorno prima di lunedì _____   2. il giorno dopo domenica _____   3. il giorno prima di

sabato _____   4. il giorno dopo lunedì _____   5. il giorno prima di domenica _____

6. il giorno dopo martedì _____   7. il giorno prima di venerdì _____

B. To say *on Mondays, on Tuesdays,* etc., just use the definite article: **la domenica, il lunedì, il martedì,** and
so on.

> sempre   *always*
> spesso   *often/frequently*
> invece   *instead*
> (non) … mai   *never*

• These normally go right after the verb they modify (= adverbs).

Now, say that …

1. on Mondays you always study Italian. _____

2. on Tuesdays you often have lunch at the *Bar Roma*. _____

3. on Wednesdays you often phone Mary. _____

4. on Thursdays, instead, you always phone Gino. _____

5. on Fridays you never go downtown. _____

6. on Saturdays you often come to the suburbs. _____

7. on Sundays you always eat pizza. _____

C.

> la settimana scorsa   *last week*
> la settimana prossima   *next week*
> ieri   *yesterday*
> oggi   *today*
> domani   *tomorrow*

Now say that …

1. today you are going to the countryside. _____

2. yesterday was (**era**) Monday. _____

3. last week was (**era**) January. _____

4. tomorrow is Sunday. _____

5. next week is spring. _____

D. Once again, you must figure out what comes before or after.

Che mese/stagione è?

1. il mese prima di dicembre _____   2. il mese dopo marzo _____   3. il mese prima di agos-

to _____   4. il mese dopo gennaio _____   5. il mese prima di febbraio _____

6. il mese prima di aprile _____   7. il mese dopo novembre _____   8. il mese dopo agosto

_____   9. il mese prima di settembre _____   10. il mese dopo settembre _____

11. il mese prima di giugno _____   12. il mese dopo maggio _____   13. la stagione prima di

autunno _____   14. la stagione dopo l'autunno _____   15. la stagione dopo l'estate

_____   16. la stagione dopo l'inverno _____

Practice Set 36

It's time to talk about the weather—in Italian, of course.

Che tempo fa?
How's the weather?

	caldo.
	freddo.
Fa	molto caldo/freddo.
	bel tempo.
	brutto/cattivo tempo.

	hot/warm.
	cold.
It's	*very hot/cold.*
	beautiful.
	ugly/bad.

Che tempo fa?
How's the weather?

	mite.
	nuvoloso.
È	sereno.
	variabile.

	mild.
	cloudy.
It's	*clear.*
	variable.

OTHER USEFUL WORDS AND EXPRESSIONS	
C'è il sole. *It's sunny.*	C'è la nebbia. *It's foggy.*
Tira vento. *It's windy.*	Piove. *It's raining.*
Nevica. *It's snowing.*	(piovere *to rain*)
(nevicare *to snow*)	la pioggia *rain*
la neve *snow*	Tuona. *It's thundering.*
Lampeggia. *It's lightning.*	(tuonare *to thunder*)

A. Match an appropriate weather expression with each picture.

1. _____   2. _____   3. _____

4. _____   5. _____   6. _____

7. _____   8. _____   9. _____

B. The vowels are missing from the following weather expressions. Can you supply them?

Che tempo fa?

1. È m_____t_____.   2. È n_____v_____l_____s_____.

3. È s_____r_____n_____.   4. Fa m_____lt_____

fr_____dd_____.   5. C'_____ il s_____l_____.

6. C'_____la n_____bb_____a.   7. T_____r_____

v_____nt_____.

All'aeroporto!
At the Airport!

To find out what to say when you are at an airport, just read the following dialogue. New vocabulary items are underlined and then defined at the end of the dialogue. You should be able to figure out the rest.

Il sig. Dini: Scusi, signore, desidero fare il biglietto per New York di andata e ritorno.
Impiegato: Ha una prenotazione, signore?
Dini: No.
Impiegato: Non importa. C'è un posto sul (*on*) volo 333. Vicino al finestrino o al corridoio?
Dini: Al finestrino, grazie.
Impiegato: Bagaglio?
Dini: Una valigia.
Impiegato: Il passaporto, per favore.
Dini: Ecco. È in orario, l'aereo?
Impiegato: No.
Dini: È in ritardo?
Impiegato: No, è in anticipo. Ecco la carta d'imbarco, signore. L'uscita è là e buon viaggio!

On board …

Il comandante: Signore e signori, siete pregati di allacciare le cinture di sicurezza.
Dini: Perché?
L'assistente di volo: Perché il decollo è previsto tra un minuto.
Il comandante: L'atterraggio a New York è previsto tra otto ore.
Dini: Scusi, signorina, ma ho fame!
L'assistente di volo: Pazienza, signore! (to herself: Mamma mia! Questo signore è proprio maleducato!)

fare il biglietto	*to buy a (travel) ticket*
di andata e ritorno	*return ticket*
prenotazione	*reservation*
posto	*place*
volo	*flight*
finestrino	*window*
corridoio	*corridor*
bagaglio	*baggage*
valigia	*suitcase*
passaporto	*passport*
in orario/ritardo/anticipo	*on time/late/early*
aereo	*airplane*
carta d'imbarco	*boarding pass*
uscita	*gate*
buon viaggio	*have a nice trip*
comandante (m)	*captain/pilot*
assistente di volo	*flight attendant*
siete pregati	*you are requested*
allacciare	*to fasten*
cintura di sicurezza	*safety belt*
decollo	*take-off*
è previsto tra	*is expected in*
minuto	*minute*
atterraggio	*landing*
ora	*hour*
Mamma mia!	*an exhortation; literally, "My mother!"*
proprio	*really*
maleducato	*rude*

Practice Set 37

A. Go over the dialogue and then complete the following statements.

1. Il signor Dini desidera _____ per New York.

2. Non ha una _____.

3. Prende un posto vicino al _____.

4. Per bagaglio ha una _____.

5. L'aereo è in _____.

6. Il decollo è previsto tra _____.

7. Il signore Dini ha _____.

B. You are buying a ticket at an airport and are addressed as follows. How would you answer?

1. Ha una prenotazione?

  ☐ Sì.
  ☐ Non importa.

2. Che cosa desidera?

  ☐ Niente.
  ☐ Fare il biglietto.

3. Quale posto desidera?

  ☐ In orario.
  ☐ Vicino al finestrino.

4. Ecco la carta d'imbarco.

  ☐ Grazie.
  ☐ Perché?

Reading and Comprehension Activity for Chapter 8

Now it's time for you to test your reading skills. Read the following brief passage, then do the follow-up activity. Some of the words are glossed for you. You should be able to figure out the meaning of the others on your own.

Lettura

Ecco Roberto all'aeroporto. Lui aspetta lo zio e la zia *che* arrivano da San Francisco. È una bella giornata. Tira vento ma c'è il sole e fa caldo.	*who*
Mentre aspetta, Roberto vede una vecchia amica, Carla. Carla è una ragazza bella, intelligente e molto elegante. Ha sempre un vestiario *eccezionale*. Lui ama Carla, ma lei non ama lui. Roberto vede Carla e va vicino a lei. Comincia a parlare. Carla ascolta con pazienza. Il *tempo passa*.	*exceptional* *time passes*
A un certo momento Roberto *dice:* «Mamma mia! Non vedo gli zii! Dove sono?»	*says*

A. Answer the following questions with complete sentences.

1. Dov'è Roberto?

_____ .

2. Che fa lì?

_____.

3. Che tempo fa?

_____.

4. Chi vede Roberto?

_____.

5. Com'è Carla?

_____.

6. Che fa Roberto quando vede Carla?

_____.

7. Chi dice «Non vedo gli zii»?

_____.

B. Now write your own little story about Roberto. In it, say that Roberto …

1. is unpleasant, boring, and rude.   2. is always in a hurry.   3. is at the airport.   4. is waiting for his aunt and uncle arriving from San Francisco.   5. loves Carla but she does not love him.   6. sees Carla and goes near her.   7. begins to talk.

_____

_____

_____

_____

_____

_____

_____

Putting It All Together (Chs. 7 and 8)

Practice Set 38

A. There are twenty-one verbs in the following word-search puzzle. Can you find them?

```
v a d o m n v i e n i m n k s a p p i a m o
c r e d i a m o n l m e t t o n o m o p l c
h p e r d o m n n e r i p e t e t e m n l o
i r i s p o n d o g s c e n d e v b n m l r
e e s c r i v o d g s p e n d i e v e d o r
d n s t o v v i v e g h i v e n d o n o o e
o d p r e n d i b r i c e v i a m o m l o t
z c h i u d i m n c o n o s c e n h g n m e
```

B. Answer with the appropriate form of *that one* or *those,* as in the model.

Example: Questo libro?

No, quello.

1. Questa maglia? _____

2. Questa camicia? _____

3. Questo vestito? _____

4. Queste scarpe? _____

5. Questi pantaloni? _____

6. Questi calzini? _____

7. Questo impermeabile? _____

8. Queste calze? _____

9. Questa cravatta? _____

10. Questi guanti? _____

C. Can you give the opposite of each word? Be sure to keep it in the same gender and number; for example, if the clue is **alta**, then the correct form of its opposite is **bassa**.

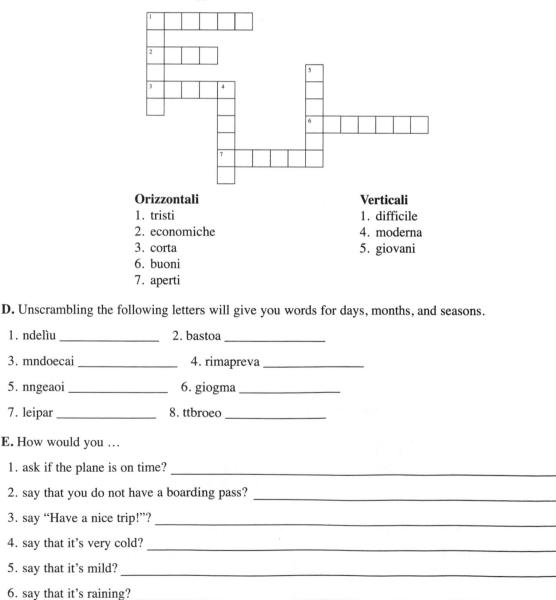

Orizzontali
1. tristi
2. economiche
3. corta
6. buoni
7. aperti

Verticali
1. difficile
4. moderna
5. giovani

D. Unscrambling the following letters will give you words for days, months, and seasons.

1. ndelìu _____   2. bastoa _____

3. mndoecai _____   4. rimapreva _____

5. nngeaoi _____   6. giogma _____

7. leipar _____   8. ttbroeo _____

E. How would you …

1. ask if the plane is on time? _____

2. say that you do not have a boarding pass? _____

3. say "Have a nice trip!"? _____

4. say that it's very cold? _____

5. say that it's mild? _____

6. say that it's raining? _____

7. say that it's snowing? _____

8. say that it's sunny and windy? _____

Culture Capsule 4: Holidays

There are four main Italian holidays:

il Natale   *Christmas* (25 dicembre)
il Capo d'Anno   *New Year's* (1 gennaio)
la Pasqua   *Easter* (varies)
il ferragosto   *a holiday falling on the Assumption*
     (15 agosto)

During the Christmas season most homes and churches have a **presepio** (Nativity scene). Many Italians bake a Christmas bread called **il panettone**, which contains raisins and candied fruit. Italian children receive gifts from **la Befana**, a kindly old lady, on the eve of Epiphany, January 6.

Easter is preceded by **il carnevale** throughout Italy. Most carnivals today are small and are held in towns and cities, setting up attractions in streets and parking lots. The Mardi Gras in New Orleans is a famous American carnival of this type.

Give the Italian for each of the following. If you are using this book in a classroom situation, look up each feast with a partner and then describe it.

1. Christmas

_____

2. New Year's

_____

3. Easter

_____

4. the holiday that falls on the Assumption

_____

5. Nativity scene

_____

6. Christmas bread

_____

7. Carnival

_____

8. the lady who comes on the eve of the Epiphany

_____

CHAPTER 9

Uno, due, tre …
One, Two, Three …

In this chapter you will learn:

- how to count
- how to express notions of quantity
- how to tell time

Dialogue and Comprehension Activity 9

Che ora è?

Pina:	Marco, che ora è?	—*Mark, what time is it?*
Marco:	Sono le cinque e quaranta.	—*It's 5:40.*
Pina:	Che data è?	—*What date is it?*
Marco:	È il quindici settembre. Ma perché chiedi tutte queste cose?	—*It's September 15. But why are you asking all these things?*
Pina:	Perché penso di avere una lezione di matematica tra qualche minuto che comincia oggi.	—*Because I think I have a mathematics class in a few minutes which begins today.*
Marco:	Vai a lezione ora?	—*Are you going to (your) class now?*
Pina:	Sì, certo. Non ho tempo di stare con te, purtroppo!	—*Yes, of course. I don't have time to stay with you, unfortunately!*
Marco:	Capisco. A domani.	—*I understand. See you tomorrow.*
Pina:	Ciao.	—*Bye.*

Can you complete the following paraphrase of the dialogue?

Pina vuole *(wants to)* sapere che (1)_____ è. Sono le cinque (2)_____ quaranta. Oggi è il (3)_____ settembre. Pina oggi (4)_____ una lezione di matematica che comincia tra (5)_____ minuto. Pina non ha (6)_____ di stare con Marco purtroppo.

Contiamo!
Let's Count!

1–20	
1 uno	11 undici
2 due	12 dodici
3 tre	13 tredici
4 quattro	14 quattordici
5 cinque	15 quindici
6 sei	16 sedici
7 sette	17 diciassette
8 otto	18 diciotto
9 nove	19 diciannove
10 dieci	20 venti

Practice Set 39

A. Here is some easy, but important, practice. Just write out the numbers given in words.

1. _____   2. _____
      (2)   (12)

3. _____   4. _____
      (4)   (14)

5. _____   6. _____
      (6)   (16)

7. _____   8. _____
      (8)   (18)

9. _____   10. _____
      (20)   (1)

11. _____   12. _____
      (11)   (3)

13. _____   14. _____
      (5)   (15)

15. _____   16. _____
      (7)   (17)

17. _____   18. _____
      (9)   (19)

19. _____
      (10)

B. Now here's how to form all the other numbers.

20–29:

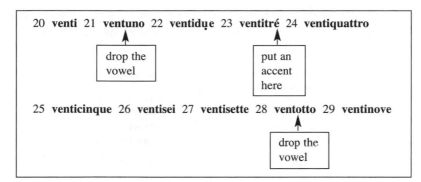

Get it? Simply add on the numbers from one to nine to the category—in this case **venti**. Drop the final vowel in front of the two numbers that start with a vowel—**uno** and **otto.** And with the number that ends in **tre**—**ventitré**—put an accent on the final vowel.

Now continue, following this pattern.

30–39

1. ____**trenta**____   2. _____
   (30)   (31)

3. _____   4. _____
   (32)   (33)

5. _____   6. _____
   (34)   (35)

7. _____   8. _____
   (36)   (37)

9. _____   10. _____
   (38)   (39)

From now on, only certain numbers will be chosen for you to write out. The formation pattern remains the same.

40 **quaranta**	80 **ottanta**
50 **cinquanta**	90 **novanta**
60 **sessanta**	100 **cento**
70 **settanta**	

11. _____   12. _____
    (41)   (44)

13. _____   14. _____
    (48)   (52)

15. _____   16. _____
    (55)   (63)

17. _____   18. _____
    (67)   (72)

19. _____   20. _____
    (78)   (83)

21. _____   22. _____
    (86)   (91)

C. Now try your hand at some higher numbers. Here are some key words. You will be able to figure out the rest. You may write each number as one word, or break it up into "numerically" appropriate parts.

8,921 = **ottomilanovecentoventuno** or, more logically, **ottomila novecento ventuno**			
100	**cento**	2,000	**duemila**
200	**duecento**	3,000	**tremila**
300	**trecento**	4,000	**quattromila**
1,000	**mille**	1,000,000	**un milione**
		2,000,000	**due milioni**

1. _____
      (236)

2. _____
      (356)

3. _____
      (488)

4. _____
      (599)

5. _____
      (601)

6. _____
      (733)

7. _____
      (1,089)

8. _____
      (21,890)

9. _____
      (345,890)

10. _____
      (1,234,567)

11. _____
      (23,567,543)

12. _____
      (234,764,528)

13. _____
      (999,999,999)

D. One good use you can put numbers to is in telling dates. Observe the model formula and then continue.

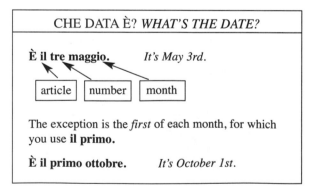

CHE DATA È? *WHAT'S THE DATE?*

È il tre maggio.   *It's May 3rd.*

article | number | month

The exception is the *first* of each month, for which you use **il primo.**

È il primo ottobre.   *It's October 1st.*

Che data è?

1. _____
    (January 2nd)

2. _____
    (February 1st)

3. _____
    (March 11th) (Be careful with the form of the article!)

4. _____
   (May 30th)

5. _____
   (April 8th)

6. _____
   (June 21st)

7. _____
   (July 15th)

8. _____
   (August 28th)

9. _____
   (September 18th)

10. _____
    (October 16th)

11. _____
    (November 25th)

12. _____
    (December 1st)

You can also ask just for the day of the month with:

> **Quanti ne abbiamo oggi?** *(lit., "How many (days) do we have today?")*
> **Ne abbiamo tre.** *It's the third.*

13. _____
    (It's the ninth)

E. Finally, let's learn how to form the ordinal numbers.

1st	**primo**	6th	**sesto**
2nd	**secondo**	7th	**settimo**
3rd	**terzo**	8th	**ottavo**
4th	**quarto**	9th	**nono**
5th	**quinto**	10th	**decimo**

From this point on it's easy.

Take the corresponding cardinal number: (11) —————→	**undici**
Drop the final vowel: —————→	**undic**
Add **-esimo**: —————→	**undicesimo** = *eleventh*

The ordinal numbers are adjectives and, therefore, agree with the noun like all other adjectives (see Chapter 8):

È il **secondo libro.**   Sono i **sesti libri.**

È l'**undicesima scena.**   Sono le **prime scene.**

Answer with the suggested ordinal number:

    Example: Che mese è? (twelfth)

           È il dodicesimo mese.

  1. Che giorno è? (7th) _____

  2. Che stagione (*f.*) è? (4th) _____

  3. Che studentesse sono? (1st) _____ della classe (*of the class*).

  4. Che studenti sono? (2nd) _____ della classe.

Now continue as in the model.

    Che giorno è?

    Example: il tre maggio

           È il terzo giorno di maggio.

Che giorno è?

  5. il quattro aprile _____

  6. il sei giugno _____

  7. il nove dicembre _____

  8. il cinque luglio _____

  9. l'otto agosto _____

10. il dieci ottobre _____

11. il trenta marzo _____

12. l'undici gennaio _____

13. il quindici settembre _____

14. il venti novembre _____

15. il ventotto marzo _____

16. il ventitré agosto (in the case of **-tré,** remove the accent mark but *retain* the vowel, so that you will end up with

    two **e**'s) _____

primo *first*	**ụltimo** *last*	**zero** *zero*

How do you say the following?

17. It's the first of July. _____

18. It's the last day of March. _____

19. Zero is also a number (**numero**). _____

Nozioni di quantità
Notions of Quantity

To say *some* as the plural of *a/an*, simply use **di** plus the appropriate form of the definite article in a contracted form. You will learn more about contractions in the next chapter.

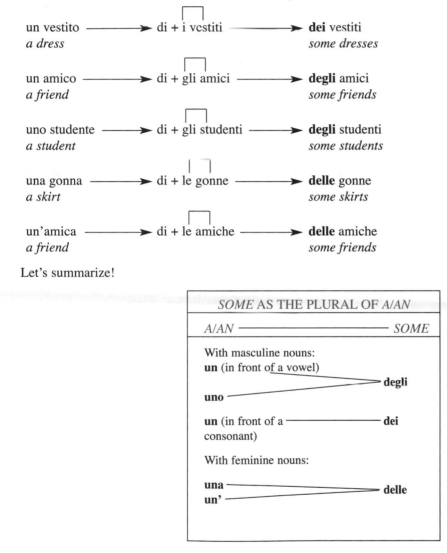

un vestito   ⟶   di + i vestiti   ⟶   **dei** vestiti
a dress   *some dresses*

un amico   ⟶   di + gli amici   ⟶   **degli** amici
a friend   *some friends*

uno studente   ⟶   di + gli studenti   ⟶   **degli** studenti
a student   *some students*

una gonna   ⟶   di + le gonne   ⟶   **delle** gonne
a skirt   *some skirts*

un'amica   ⟶   di + le amiche   ⟶   **delle** amiche
a friend   *some friends*

Let's summarize!

SOME AS THE PLURAL OF *A/AN*	
A/AN ——————————————— *SOME*	
With masculine nouns: **un** (in front of a vowel) **uno**	**degli**
un (in front of a consonant)	**dei**
With feminine nouns: **una** **un'**	**delle**

Practice Set 40

You are at a store buying lots of clothes for yourself, because you have just won a lottery prize. When the clerk asks you if you want a certain type of item, you decide to get several of each in the same color.

Example: Desidera una camicia? (rosso)

Sì, vorrei delle camicie rosse.

1. Desidera un cappotto? (verde) _____

2. Desidera un ombrello? (nero) _____

3. Desidera una camicetta? (rosso) _____

4. Desidera una cravatta? (giallo) _____

5. Desidera una borsa? (marrone) _____

6. Desidera un fazzoletto? (viola) _____

7. Desidera un impermeabile? (azzurro) _____

8. Desidera un cappello? (grigio) _____

9. Desidera una gonna? (rosso) _____

10. Desidera una maglia? (arancione) _____

Practice Set 41

When you do not want something, you say "I do not want *any*." To say *not ... any* in Italian, use:

• non ... **nessuno** + a singular noun

• Treat **nessuno** as if it were composed of **ness + uno**; then change the forms to **uno** in the usual way. Note that the noun is always singular in this formula.

MASCULINE	FEMININE
ness< **un** vestito / **uno** sbaglio	**ness**< **una** gonna / **un**'amica

At the *Bar Roma,* which is your favorite place, the **barista** knows that you usually have more than one item (a few coffees, a few pastries, etc.) before leaving. So, he asks you if you would like some items (in advance). This time however, you do not want any of the items mentioned. Don't forget to make your nouns singular!

Example: Desidera dei cappuccini?

No, non desidero nessun cappuccino.

1. Desidera degli espressi? _____

2. Desidera delle paste? _____

3. Desidera degli zabaioni? _____

4. Desidera dei gelati? _____

5. Desidera delle aranciate? _____

6. Desidera degli aperitivi? _____

7. Desidera dei tramezzini? _____

8. Desidera degli spumanti? _____

Practice Set 42

To say *several* or *a few* use:

MASCULINE	FEMININE
alcuni libri	**alcune** penne

Someone asks you if you have something, and you answer that you have *several* or *a few*.

Example: Hai delle matite?

Sì, ho alcune matite.

1. Hai delle lettere? _____

2. Hai dei pettini? _____

3. Hai degli specchi? _____

4. Hai dei portafogli? _____

5. Hai delle fotografie? _____

6. Hai delle valige? _____

7. Hai dei biglietti? _____

8. Hai dei guanti? _____

Practice Set 43

An alternate form for *some* and *several/a few* is **qualche**. But this is a tricky form! Like *not … any*, it must be followed by a *singular* noun, even though the meaning is plural.

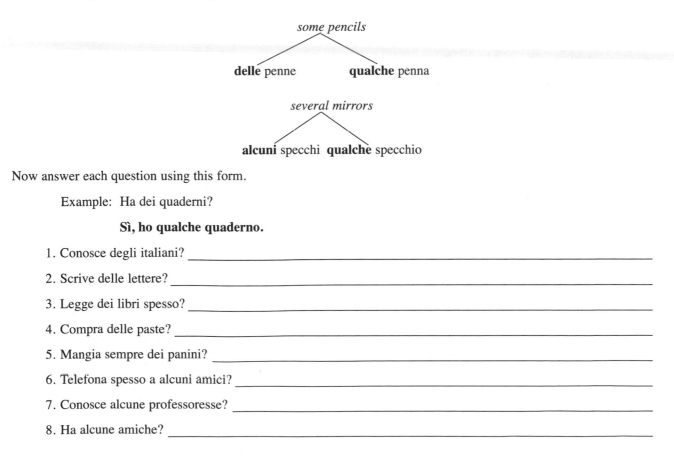

Now answer each question using this form.

Example: Ha dei quaderni?

Sì, ho qualche quaderno.

1. Conosce degli italiani? _____

2. Scrive delle lettere? _____

3. Legge dei libri spesso? _____

4. Compra delle paste? _____

5. Mangia sempre dei panini? _____

6. Telefona spesso a alcuni amici? _____

7. Conosce alcune professoresse? _____

8. Ha alcune amiche? _____

Practice Set 44

Some nouns normally have only a singular form.

l'ạcqua	*water*	il pane	*bread*
lo zụcchero	*sugar*	il latte	*milk*
la carne	*meat*	il vino	*wine*

If a noun cannot be preceded by *a/an* (a water? a sugar?), then it cannot be pluralized. But you can of course, say *some water, some sugar,* etc. In Italian, as you have discovered, you use **di** + the appropriate form of the definite article (in contracted form). In this case, a synonym is **un po' di** (literally, "a bit of").

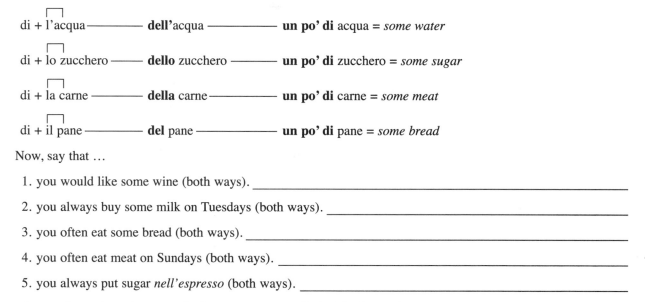

di + l'acqua ————— **dell'**acqua ————— **un po' di** acqua = *some water*

di + lo zucchero ——— **dello** zucchero ——— **un po' di** zucchero = *some sugar*

di + la carne ——— **della** carne——— **un po' di** carne = *some meat*

di + il pane ——— **del** pane ——— **un po' di** pane = *some bread*

Now, say that …

1. you would like some wine (both ways). _____

2. you always buy some milk on Tuesdays (both ways). _____

3. you often eat some bread (both ways). _____

4. you often eat meat on Sundays (both ways). _____

5. you always put sugar *nell'espresso* (both ways). _____

6. you always have (use *prendere*) some water **con il vino** (both ways). _____

There is no negative form in this case.

AFFIRMATIVE	NEGATIVE
Prendo del vino.	Non prendo (mai) vino./ Non prendo (mai) il vino.

So now say that …

7. you never buy milk on Tuesdays. _____

8. you do not eat meat. _____

9. you never put sugar *nell'espresso*. _____

10. you never have water *con il vino*. _____

Practice Set 45

Now it's time to review all the expressions of quantity you have learned so far.

Four people, Gino, Gina, Pino, and Pina are all at the *Bar Roma*. Each responds in a particular way.

Example: Desiderano?

Gino· Sì, **delle paste,** per favore.

Gina: Anche io **alcune paste,** grazie.

Pino: Anche io **qualche pasta,** prego.

Pina: Io, invece, non desidero **nessuna** pasta.
Vorrei **del** vino.

Continue, filling in the missing parts.

1. Desiderano?

Gino: Sì, dei tramezzini, per favore.

Gina: _____

Pino: _____

Pina: _____ Vorrei _____ acqua.

2. Desiderano?

Gino: _____

Gina: Anche io alcuni panini, grazie.

Pino: _____

Pina: _____ Vorrei _____ latte.

3. Desiderano?

Gino: _____

Gina: _____

Pino: _____

Pina: Io, invece, non desidero nessun aperitivo. Vorrei _____ vino.

4. Desiderano?

Gino: _____

Gina: _____

Pino: Anche io, qualche cappuccino, prego.

Pina: _____ Vorrei _____ pane.

Practice Set 46

Another important expression of quantity is *how much/many*. You have already learned that **quanto** means *how much*.

> **Quanto** costa il caffè? *How much is the coffee?*
> **Quanto** costano le scarpe? *How much are the shoes?*

As you can see, this form does not change when used in this way. However, if you make it an adjective by putting it next to a noun, then it behaves like a regular adjective.

> Quanto latte compri? *How much milk do you buy?*
> Quanti panini mangi? *How many buns do you eat?*
> Quanta carne mangi? *How much meat do you eat?*
> Quante paste mangi? *How many pastries do you eat?*

Similarly, **quale** *which*, when modifying a noun, behaves like a normal adjective.

> Quale libro leggi? *Which book are you reading?*
> Quali libri leggi? *Which books do you read?*
> Quale donna conosci? *Which woman do you know?*
> Quali donne conosci? *Which women do you know?*

Ask your friend the following.

1. _____ giacca compri?   2. _____ scarpe compri?   3. _____ amici hai?
   (Which)   *(How many)*   *(How many)*

4. _____ errori fai?   5. _____ italiani conosci?   6. _____ italiani conosci?
   (Which)   *(How many)*   *(Which)*

7. _____ orologio compri?   8. _____ pane mangi?   9. _____ carne mangi?
   (Which)   *(How much)*   *(How much)*

HOW OLD ARE YOU?	
Quanti anni hai? *(fam.)* **Quanti anni ha?** *(pol.)* (Lit., "How many years do you have?")	**Ho 30 anni.** (Lit., "I have 30 years.")

Supply the missing words.

10. Giovanni, _____ anni _____? Ho _____ anni.
    (22)

11. Signora Marchi, _____ anni _____? Ho _____ anni.
    (39)

12. Professor Giusti, _____ anni _____? Ho _____ anni.
    (46)

Practice Set 47

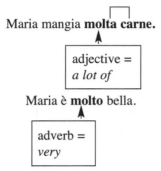

When **molto** is used as an adjective it behaves like a normal adjective and agrees with the noun it modifies. But when it means *very* and is, therefore, used as an adverb, there is no agreement.

Maria mangia **molta carne.**

adjective =
a lot of

Maria è **molto** bella.

adverb =
very

The same pattern applies to the following:

tanto	*much/a lot*	**poco**	*little/few*
	(synonym for	**troppo**	*too much/too*
	molto)	**parecchio**	*quite a bit/lot*

Always check if a noun follows.

Maria compra **troppi vestiti.** Maria è **troppo** gentile.

noun   adjective

Now try to put the appropriate word in each blank.

1. Questo vestito costa _____ .
    (little)

2. Quelle paste sono _____ buone.
    (very)

3. Io mangio spesso _____ pizza.
    (too much)

4. L'italiano è _____ facile.
    (very)

5. Giovanni lavora _____ .
    (too much)

- Be careful with the expressions you learned in Chapter 2. Although in English they are translated with adjectives, in Italian they contain nouns.

Ho molta fame.   = *I am very hungry.*

Lit., *I have much hunger.*

6. Maria ha _____ sete.
    (very)

7. Io ho _____ caldo.
    (very)

8. Anche loro hanno _____ fretta.
    (very)

| abbastanza *enough/quite* | **quasi** *almost* |

- These two are always invariable.

9. Il professor Verdi è _____ alto e _____ simpatico.
                                    (very)   *(quite)*

10. Gina ha _____ venti anni.
                  (almost)

11. Lui mangia sempre _____ pizza, e ha _____ sempre fame.
                              (enough)   *(almost)*

- Finally, the word **tutto** can refer to both people and things:

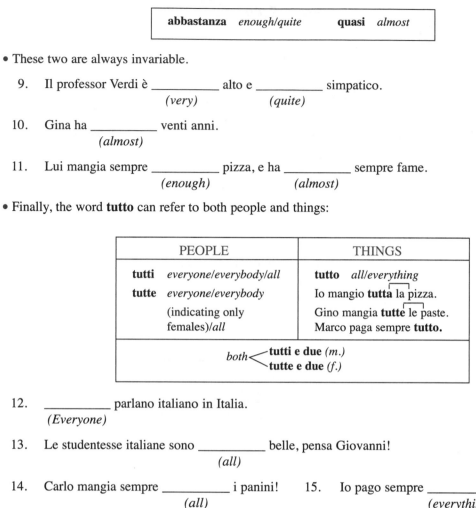

PEOPLE	THINGS
tutti *everyone/everybody/all* **tutte** *everyone/everybody* (indicating only females)/*all*	**tutto** *all/everything* Io mangio **tutta** la pizza. Gino mangia **tutte** le paste. Marco paga sempre **tutto.**
both — **tutti e due** *(m.)* **tutte e due** *(f.)*	

12. _____ parlano italiano in Italia.
        (Everyone)

13. Le studentesse italiane sono _____ belle, pensa Giovanni!
                                        (all)

14. Carlo mangia sempre _____ i panini!   15. Io pago sempre _____ .
                              (all)   *(everything)*

16. _____ quei ragazzi sono italiani.   17. _____ quelle studentesse sono francesi.
        (Both)   *(Both)*

18. Chi compra _____ quello?
                      (all)

Practice Set 48

Compro **del** pane. *I'm buying some bread.*

Ne compro. *I'm buying some.*

Mangiamo sempre **degli** spaghetti. *We always eat some spaghetti.*

Ne mangiamo sempre. *We always eat some.*

Vorrei **alcune penne.** *I would like several pens.*

Ne vorrei alcune. *I would like several (of them).*

Vorrei otto **matite.** *I would like eight pencils.*

Ne vorrei otto. *I would like eight (of them).*

Compro sempre **molti vestiti.** *I always buy a lot of dresses.*

Ne compro sempre molti. *I always buy a lot (of them).*

Get it? That little word **ne,** placed just before the verb, allows you to replace any expression of quantity. Look carefully at the models above; then try replacing the italicized phrases.

Example: Giovanni mangia sempre *delle paste.*

Giovanni ne mangia sempre.

1. Non conosco *molti italiani.* _____
(Make sure that **ne** is right before the verb.)

2. Oggi scrivo *delle lettere.* _____

3. Domani scrivo *tre lettere.* _____

4. Tutti i mesi leggo *alcuni libri.* _____

5. Desidero *due cappuccini,* grazie. _____

6. Quanti *cappuccini* desidera? _____

7. Spendo sempre *troppi soldi.* _____

8. Chi desidera *del latte?* _____

9. Io prendo *un po' di zucchero.* _____

Che ora è?
What Time Is It?

The numbers can be used to tell time. Let's start with the hours.

Che ora è?	Che ore sono?
Use either expression. The first one has a singular form; the second a plural form.	

LE ORE *The Hours*

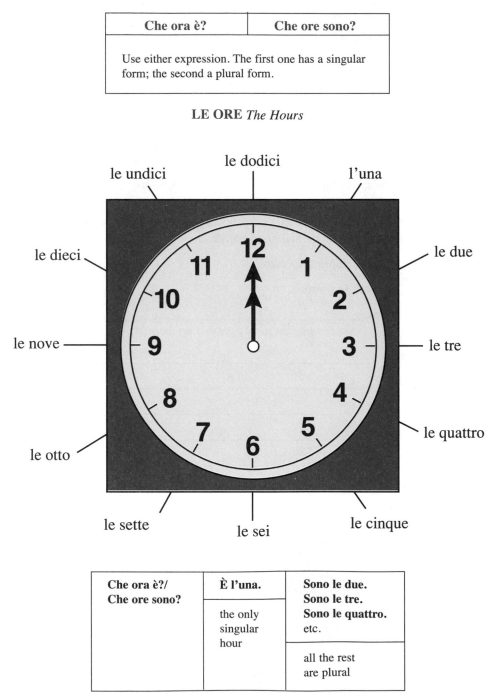

Che ora è?/ Che ore sono?	È l'una.	Sono le due. Sono le tre. Sono le quattro. etc.
	the only singular hour	all the rest are plural

Practice Set 49

Answer as suggested (in words, of course).

Che ora è?

1.   12:00 _____

2.   6:00 _____

3.   1:00 _____

4.   5:00 _____

5.   11:00 _____

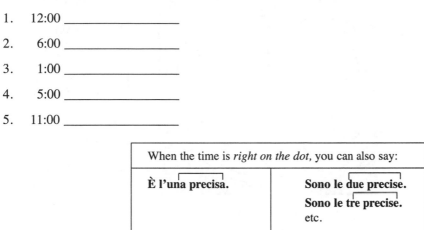

When the time is *right on the dot,* you can also say:	
È l'una precisa.	Sono le due precise. Sono le tre precise. etc.

Continue, adding **precisa/precise.**

6.   1:00 _____

7.   3:00 _____

8.   10:00 _____

9.   9:00 _____

A synonym is **in punto,** which translates *on the dot* literally.

Continue, adding **in punto.**

10.   8:00 _____

11.   7:00 _____

12.   4:00 _____

13.   1:00 _____

14.   2:00 _____

Officially, the above hours are used for A.M. time. For P.M. (afternoon/evening) time, the hours continue.

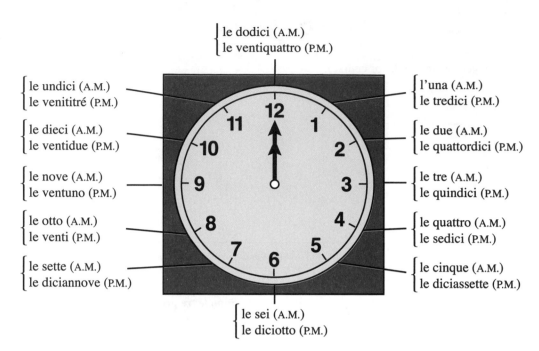

le dodici (A.M.)
le ventiquattro (P.M.)

le undici (A.M.)
le venititré (P.M.)

le dieci (A.M.)
le ventidue (P.M.)

le nove (A.M.)
le ventuno (P.M.)

le otto (A.M.)
le venti (P.M.)

le sette (A.M.)
le diciannove (P.M.)

l'una (A.M.)
le tredici (P.M.)

le due (A.M.)
le quattordici (P.M.)

le tre (A.M.)
le quindici (P.M.)

le quattro (A.M.)
le sedici (P.M.)

le cinque (A.M.)
le diciassette (P.M.)

le sei (A.M.)
le diciotto (P.M.)

Now continue, using the 24-hour-clock (official time).

15.   8:00 (A.M.) _____

16.   1:00 (P.M.) _____

17.   3:00 (A.M.) _____

18.   9:00 (P.M.) _____

19.   5:00 (P.M.) _____

20.   11:00 (P.M.) _____

> le dodici = **mezzogiorno** = *noon/midday*
> le ventiquattro = **mezzanotte** = *midnight*

Continue, using *noon* and *midnight* where applicable.

21.   8:00 (P.M.) _____

22.   midnight _____

23.   noon _____

24.   6:00 (P.M.) _____

> If you prefer not to use the 24-hour-clock, then these expressions will come in handy.
>
> | **la mattina/il mattino** *the morning* | { **di mattina**
 della mattina
 del mattino | *in the morning* |
> |---|---|---|
> | **il pomeriggio**
   the afternoon | { **di pomeriggio**
 del pomeriggio | *in the afternoon* |
> | **la sera** *the evening* | { **di sera**
 della sera | *in the evening* |
> | **la notte** *the night* | { **di notte**
 della notte | *of (in) the night* |

Continue, using an equivalent expression.

25. Sono le diciotto. _____

26. Sono le undici. _____

27. Sono le quattro. _____

28. È l'una. _____

29. Sono le tredici. _____

30. Sono le ventitré. _____

31. Sono le dieci. _____

32. Sono le venti. _____

> **I MINUTI** *The minutes*

All you have to do is add on the minutes to the hour using **e.**

> | 3:12 | le tre **e dodici** |
> |---|---|
> | 4:28 | le quattro **e ventotto** |
> | 10:48 | le dieci **e quarantotto** |
> | | etc. |

Give the times shown, using any appropriate expression.

Che ora è?

A.M. (Use official time.)

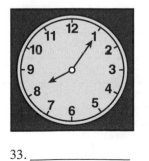 

33. _____   34. _____   35. _____   36. _____

37. _____   38. _____   39. _____   40. _____

P.M. (Use official time.)

41. _____   42. _____   43. _____   44. _____

45. _____   46. _____   47. _____   48. _____

When the minute hand is within ten to fifteen minutes before the next hour, you can also say:

> 3:52 = le tre e cinquantadue = **le quattro meno otto**
> (lit., four o'clock minus
> eight minutes)
> 6:58 = le sei e cinquantotto = **le sette meno due**

Now give the equivalents of the following times.

49. le nove e quarantasette = _____

50. le venti e cinquantacinque = _____

51. l'una e cinquantanove = _____

52. le sedici e cinquanta = _____

53. le cinque e quarantasei = _____

You can also use the following equivalents:

For every half-hour = **mezzo** or **mezza**
3:30 = le tre e trenta = **le tre e mezzo/mezza** 8:30 = le otto e trenta = **le otto e mezzo/mezza**
For every quarter-hour = **un quarto**
3:15 = le tre e quindici = **le tre e un quarto** 8:15 = le otto e quindici = **le otto e un quarto** 8:45 = le otto e quarantacinque = **le nove meno quindici =** **le nove meno un quarto**

Now use the above expressions with the following times.

54.   1:15 (A.M.) _____

55.   8:30 (P.M.) _____

56.   6:15 (A.M.) _____

57.   10:30 (P.M.) _____

58.   1:45 (A.M.) _____

59.   1:45 (P.M.) _____

Practice Set 50

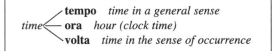

time	**tempo**	*time in a general sense*
	ora	*hour (clock time)*
	volta	*time in the sense of occurrence*

Examples: Non ho tempo di studiare. *I have no time to study.*

Che ora è? *What time is it?*

Mangio tre volte tutti i giorni. *I eat three times every day.*

Complete each sentence with the appropriate word for "time."

1.   La domenica telefono sempre tre _____ a Maria.

2.   Che _____ sono?

3.   Non hanno mai _____ di fare niente.

4.   È _____ di andare *(It's time to go)*.

5.   Al *Bar Roma* prendo l'espresso tutte le _____.

6.   Il _____ vola *(Time flies)*.

Practice Set 51

Here is a useful list of expressions. You have already encountered some of them.

adesso/ora *now*	ieri *yesterday*
oggi *today*	domani *tomorrow*
sempre *always*	spesso *often*
di solito *usually*	qualche volta *once in a while*
(non)… mai *never*	stasera *this evening*
stamani *this morning*	subito *right away/immediately*
alla settimana *a week* (as in *once a week*)	al mese *a month* (as in *once a month*)
all'anno *a year* (as in *once a year*)	dopodomani *the day after tomorrow*
ogni *every/each*	ieri l'altro *the day before yesterday*
prima *before/first*	quasi (mai) *almost (never)*
poi *then* (in the sense of *later*)	dopo *after*
presto *early*	allora *then* (in the sense of *at that time*)
già *already*	tardi *late*
	appena *just/barely*

Now put an appropriate word or expression in the blanks.

1. _____ chiudo la porta e _____ la finestra.
   (First)   *(then)*

2. _____ vado a ballare il sabato.
   (Once in a while)

3. Che cosa fai _____? Niente. Non faccio _____ niente.
   (now)   *(never)*

4. Sai a che ora arriva Gino? È _____ tardi.
   (already)

5. Sono _____ le due e mezzo!
   (barely)

6. _____ lunedì, ho la lezione d'italiano.
   (Every)

7. _____ vado in centro, e _____ studio l'italiano.
   (This morning)   *(this evening)*

8. Telefona _____ a Claudia, almeno due volte _____.
   (always)   *(a week)*

9. Andiamo in Italia _____.
   (the day after tomorrow)

10. Quante paste mangi? _____ due!
    (Just)

11. Sono _____ le tre!
    (already)

12. La mattina vado a lavorare _____, e la sera vengo a casa _____.
    (early)   *(late)*

13. Sono _____ le quattro e mezzo.
    (almost)

14. _____ sabato, _____ vado in centro.
    (Each)   *(usually)*

15. Quando arrivano, _____ andiamo tutti al bar.
              (then)

16. Due volte _____ loro vanno in Italia.
        (a year)

17. _____ era *(it was)* mercoledì.
   (The day before yesterday)

18. È _____. Sono _____ le sei.
    (early)   *(barely)*

Practice Set 52

The following words not only allow you to express time relationships, but they also allow you to expand your ability to form complex sentences.

appena	*as soon as*	mentre	*while*
(Recall that this has more than one meaning.)		durante	*during*

This is Giovanni's love note to Maria, who lives far away in Rome. Use the words provided above to complete the note.

Cara Maria,

penso sempre a te *(you)*, (1) _____ la notte e anche (2) _____ lavoro. Sei bella, intelligente, simpatica! Vengo a Roma (3) _____ l'estate prossima. Ciao. P. S. (4) _____ arrivo, ti bacerò *(I'll kiss you)*.

Giovanni

Practice Set 53

The present tense in Italian also allows you to express the English tense *I have been living, I have been working,* etc. This usage of the present is always followed by the preposition **da.**

Abito a Roma	**da**	gennaio.
		otto mesi.
I have been living in Rome	*since*	*January.*
	for	*eight months.*

Lui lavora	**da**	stamani.
		cinque ore.

He has been working	*since*	*this morning.*
	for	*five hours.*

In other words, the preposition **da,** when used in this specific way, means both *since* and *for.*

The Italian present tense also allows you to express the English tense *I will be going, I will be coming,* etc. And in this case it is normally followed by **tra/fra.**

Vado a Roma	**tra** un mese.
I will be going to Rome	*in a month.*

Vengono in Italia	**fra** due anni.
They will be coming to Italy	*in two years.*

Now say that …

1. you have been working since yesterday._____

2. John will be arriving in ten minutes._____

3. you have been reading for three hours._____

4. you have been running for twenty minutes._____

5. you will be going to the *Bar Roma* in an hour. _____

Reading and Comprehension Activity for Chapter 9

Now it's time for you to test your reading skills. Read the following brief passage, then do the follow-up activity. Some of the words are glossed for you. You should be able to figure out the meaning of the others on your own.

Lettura

Pina è alla lezione di matematica.	
Oggi la professoressa *insegna* dei	*teaches*
concetti molto difficili. Ma Pina è	*concepts*
molto intelligente e molto brava in	
matematica. Ecco un problema che lei	
risolve senza nessuna *difficoltà:*	*solves/with/*
	difficulty
«Quale numero viene dopo	
250, 350, 450, … ?».«550» *risponde* Pina.	*answers*

A. Check the appropriate response.

1. Pina è . . .

   A☐a una lezione.
   B☐al bar.

2. La lezione è . . .

   A☐intelligente.
   B☐difficile.

3. I concetti che la professoressa insegna . . .

   A☐sono difficili.
   B☐sono facili.

4. Pina è brava . . .

   A☐in italiano.
   B☐in matematica.

5. Risolve il problema . . .

   A☐senza difficoltà.
   B☐con difficoltà.

B. Now write your own little story about Pina. In it, say that Pina . . .

1. has a math class.   2. has no time to stay with Mark.   3. is very intelligent and good in math.   4. solves the problem with no difficulty.

_____

_____

_____

_____

CHAPTER 10

Dal medico!
At the Doctor's!

In this chapter you will learn:

- more about speaking in the present tense
- how to use prepositions
- how to express your aches and pains to a doctor

Dialogue and Comprehension Activity 10

<table>
<tr><td colspan="3" align="center">Dottoressa, non sto bene!</td></tr>
<tr><td>Elena:</td><td>Dottoressa, non sto bene!</td><td>—Doctor, I'm not well!</td></tr>
<tr><td>La dott.a
Di Stefano:</td><td>Che cosa c'è di male?</td><td>—What's wrong?</td></tr>
<tr><td>Elena:</td><td>Soffro molto, dottoressa.</td><td>—I'm suffering a lot, doctor.</td></tr>
<tr><td>Di Stefano:</td><td>Come si sente?</td><td>—How do you feel?</td></tr>
<tr><td>Elena:</td><td>Ho mal di gola e mal di testa.</td><td>—I have a sore throat and a headache.</td></tr>
<tr><td>Di Stefano:</td><td>Ha la febbre?</td><td>—Do you have a fever?</td></tr>
<tr><td>Elena:</td><td>Penso di sì.</td><td>—I think so.</td></tr>
<tr><td>Di Stefano:</td><td>Lei ha probabilmente un raffreddore.</td><td>—You probably have a cold.</td></tr>
<tr><td>Elena:</td><td>Che cosa devo fare?</td><td>—What should I do?</td></tr>
<tr><td>Di Stefano:</td><td>Riposare, dormire di più, e prendere un'aspirina.</td><td>—Relax, sleep more, and take an aspirin.</td></tr>
<tr><td>Elena:</td><td>Grazie dottoressa.</td><td>—Thank you doctor.</td></tr>
</table>

The following words are missing from the paraphrase of the above dialogue. Can you put them in their appropriate spaces?

testa, aspirina, sta, gola, febbre, raffreddore, soffre, dottoressa, dormire

Elena non (1)_____ bene. Lei (2)_____ molto. Ha mal di (3)_____ e di (4)_____. Ha anche la (5)_____. La (6)_____ Di Stefano dice che Elena ha probabilmente un (7)_____. La dottoressa Di Stefano dice a Elena che deve riposare, (8)_____ di più e prendere un' (9)_____.

"Comunicare al presente": terza parte
Speaking in the Present: Part III

It's time to finish conjugating verbs in the present tense. The last type of Italian verb ends in **-ire**. Within this category, the verbs are conjugated in one of *two* ways:

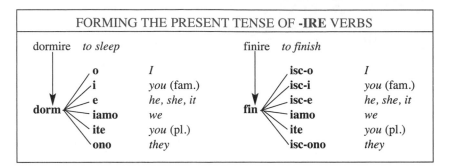

Both sets of endings are the same, except that verbs conjugated like **finire** add **-isc-** in front of the first three endings and the last one. This means that you will simply have to learn how a specific **-ire** verb is conjugated. The ones using **-isc-** are identified for you in the vocabularies at the end of this book.

Here is a list of common **-ire** verbs:

COMMON **-IRE** VERBS	
CONJUGATED LIKE **DORMIRE**	CONJUGATED LIKE **FINIRE** (-ISC-)
aprire *to open* partire *to leave, depart* coprire *to cover* dormire *to sleep* offrire *to offer* servire *to serve* sentire *to hear* soffrire *to suffer*	capire *to understand* finire *to finish* preferire *to prefer* colpire *to strike, hit* costruire *to build, construct* pulire *to clean* sparire *to disappear*

Practice Set 54

Let's practice those endings. Don't forget that the Italian present tense is equivalent to three English tenses.

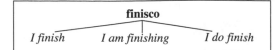

Moreover, together with the preposition **da**, it allows you to express actions like *I have been sleeping* …

Gino dorme da stamani. *Gino has been sleeping since this morning.*

A. First person singular:

1. aprire: (io) apr _____   2. capire: (io) cap _____   3. partire: (io) part _____

4. finire: (io) fin _____

B. Second person singular:

1. coprire: (tu) copr _____   2. preferire: (tu) prefer _____   3. dormire: (tu) dorm _____

C. Third person singular:

1. offrire: (lui/lei/Lei) offr _____   2. colpire: (lui/lei/Lei) colp _____

D. First person plural:

1. servire: (noi) serv _____   2. costruire: (noi) costru _____

E. Second person plural:

1. sentire: (voi) sent _____   2. pulire: (voi) pul _____

F. Third person plural:

1. soffrire: (loro) soffr _____   2. sparire: (loro) spar _____

Practice Set 55

It's time to review the present tense of all the regular verbs. Here is a helpful chart of the appropriate endings.

		-are	-ere	-ire
S i n g u l a r	Person			
	1st	-o	-o	-(isc)o
	2nd	-i	-i	-(isc)i
	3rd	-a	-e	-(isc)e
P l u r a l	1st	-iamo	-iamo	-iamo
	2nd	-ate	-ete	-ite
	3rd	-ano	-ono	-(isc)ono

Now let's practice the present tense by going over some of the situations presented in previous chapters. In each of the following brief dialogues, the verbs—listed separately for you—are missing. Can you put them in the appropriate slots in their correct forms?

A. -are verbs:

Greeting People

pensare, cominciare, andare

Il dott. Perni: Buonasera signora, come va?

La sig. a Corti: Non c'è male, dottore. Cosa (1)_____ Lei di questo tempo cattivo?

Il dott. Perni: È proprio molto brutto. Signora, perché non (2)_____ a prendere un caffè al Bar Roma?

La sig. a Corti: Sì, va bene, ma più tardi perché adesso (3)_____ a lavorare.

Il dott. Perni: Allora alle quattro, va bene?

La sig. a Corti: Molto bene. A più tardi.

Introducing People

aspettare, abitare, chiamare

Gino: Ciao. Permetti che mi presenti. Io mi (4)_____ Gino. E tu?

Gina: Gina.

Gino: Felice di conoscerti. Dove (5)_____ (tu)?

Gina: In via Rossini, 33.

Gino: Sei sposata?

Gina: Tu sei impertinente (*impertinent*)!

Gino: Prendiamo un caffè?

Gina: No, (6)_____ Giorgio da due ore! Ciao!

At Home, School, and Work

cominciare, studiare, sperare, mangiare

Il padre: Paolo, dove sei?

Paolo: Sono in camera. (7)_____ per l'esame di domani.

Il padre: Ma adesso tutti noi (8)_____.

Paolo: Va bene. Vengo anche io.

La madre: Giorgio, che ore sono?

Il padre: Mamma mia, è molto tardi! Oggi, tutti (9)_____ a lavorare presto. E tu?

La madre: Anche io (10)_____ di andare a lavorare presto. Ciao, caro!

Il padre: A stasera.

B. -ere verbs:

Buying

vedere, chiedere, vendere

Commesso: Desidera, signora?

Signora: Sì, grazie. Vorrei alcune cose (*things*), per favore. Lei (1)_____ i vestiti?

Commesso: Sì, certo. Abbiamo questo vestito qui. È molto bello.

Signora: Sì, (2)_____. Quanto costa?

Commesso: 350 euro. Tutti (3)_____ questo vestito.

Signora: Sì, è proprio bello. Ne prendo due!

Commesso: Molto bene.

Agreeing and Disagreeing

vendere, leggere, vivere

Marco: Salve, Renato, che fai?

Renato: Niente. (4)_____ un libro italiano.

Marco: Ma va! Da quando? (*Since when?*)

Renato: Sì, sì. Da due settimane. E tu, (5)_____ ancora (*still*) in campagna?

Marco: Sì, ma fra un mese, io e Lucia (6)_____ la casa, e torniamo in città. La città è più interessante.

Renato: Sono d'accordo.

Al Bar Roma

prendere, conoscere

Pino: Oh, salve Maria, come stai?

Maria: Così, così. E tu?

Pino: Non c'è male. Tu (7)_____ Elena?

Maria: Sì, da molti anni. Come va, Elena?

Elena: Bene. Cosa (8)_____ tutti noi?

Pino: Io, un caffè.

Maria: Io, un cappuccino.

Elena: E io, un aperitivo.

C. -ire verbs:

In Class

preferire, capire, finire

La prof. ssa: Ragazze e ragazzi, (1)_____ la lezione?

Classe: No, professoressa!

La prof. ssa: Marco, tu cosa pensi?

Marco: Io, professoressa, (2)_____ un'altra (*another*) lezione.

La prof. ssa: Va bene, ma adesso (3)_____ la prima lezione.

At the Airport

capire, partire, preferire

Impiegato: Desidera?

Sig.: Sì, un biglietto per Venezia.

Impiegato: L'aereo (4)_____ alle 14. Va bene?

Sig.: Scusi, non (5)_____.

Impiegato: L'aereo per Venezia parte alle 14.

Sig.: Va bene.

Impiegato: Quale posto (6)_____?

Sig.: Al finestrino.

Impiegato: Ecco la carta d'imbarco e buon viaggio!

At the Airport (continued)

capire (2 times), **preferire**

Gino: Ciao, Gina, dove vai?

Gina: In America.

Gino: Ah sì (7)_____ l'inglese?

Gina: Un po'. Ma (8)_____ l'italiano.

Gino: Lo so, ma non tutti (9)_____ l'italiano!

Gina: Sì, lo so. Ah, è ora di partire. Ciao, Gino!

Practice Set 56

Here are a few more irregular verbs that you will find very useful:

Person	THE PRESENT INDICATIVE OF					
	dare *to give*		**dire** *to say*		**bere** *to drink*	
	Singular	*Plural*	*Singular*	*Plural*	*Singular*	*Plural*
1st	do	diamo	dico	diciamo	bevo	beviamo
2nd	dai	date	dici	dite	bevi	bevete
3rd	dà	danno	dice	dicono	beve	bevono
	uscire *to go out*		**salire** *to go up*		**tenere** *to hold*	
1st	esco	usciamo	salgo	saliamo	tengo	teniamo
2nd	esci	uscite	sali	salite	tieni	tenete
3rd	esce	escono	sale	salgono	tiene	tengono

If you have forgotten **avere, essere, stare, fare, andare, venire,** and **sapere,** then go over them again.

A. Now let's practice these verbs. Say the opposite of each statement.

   Example: Io entro. (*I'm entering.*)

      Io, invece, esco. (*I, instead, am going out.*)

1. Loro scendono. Loro, invece, _____.

2. Noi non beviamo. Voi, invece, _____ sempre.

3. Noi prendiamo. Loro, invece, _____.

4. Io ascolto. Tu, invece, _____ sempre tutto a tutti!

5. Io bevo il vino. Lui, invece, _____ il latte.

6. Tu scendi. Io, invece, _____.

7. Voi non date mai. Lui, invece, _____ sempre.

8. Lui entra. Tu, invece, _____.

9. Mario viene in periferia. Claudia, invece, _____ in centro.

B. Here is a simple fill-in exercise for you. Give the appropriate forms.

1. Io do sempre un caffè a Maria. —Anche noi _____ spesso un caffè a Gianni.

2. Noi diciamo sempre tutto. —Ma anche io _____ sempre tutto.

3. Tu esci ogni sera, no? —Sì, _____ quasi ogni sera.

4. Vengono tutti stasera? —No, _____ solo (*only*) Paolo.

5. Sai chi è quel signore? —No, non _____ chi è.

Preposizioni
Prepositions

a	*to, at*	di	*of*
da	*from*	su	*on*
in	*in, to*	per	*for*
con	*with*	fra/tra	*between, among*
dentro	*inside, within*	fuori	*outside*
sopra	*above*	sotto	*below*
davanti	*in front*	dietro	*behind*

The prepositions **a, di, da, su,** and **in** contract with the definite article when they occur right before it.

Il barista dà una brioche **alla** signora.

a + la

	IL	I	LO	L'	GLI	LA	LE
a	al	ai	allo	all'	agli	alla	alle
di	del	dei	dello	dell'	degli	della	delle
da	dal	dai	dallo	dall'	dagli	dalla	dalle
su	sul	sui	sullo	sull'	sugli	sulla	sulle
in	nel	nei	nello	nell'	negli	nella	nelle

Let's look at some important uses of these prepositions, many of which you have already encountered.

Practice Set 57

Here's how to say *in* and *to* with a country and with a city.

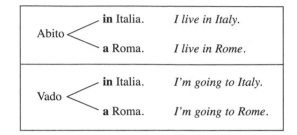

To say *from* you use **da,** of course, but always in contracted form with a country.

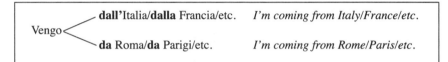

For other uses, **a** and **in** contract in the normal fashion.

> Il barista dà il caffè **alla** signora. *The bartender gives the coffee to the lady.*
> Io non metto mai lo zucchero **nel** cappuccino. *I never put sugar in the cappuccino.*

Recall that **da** also translates as *since/for* in sentences such as:

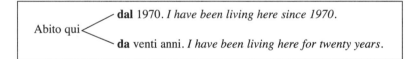

Note that with a year the article **il** is used.

> *1970 =* **il** 1970   *1972 =* **il** 1972

Da also comes in handy in expressions such as *at/to the doctor's, at/to Mary's,* and so on.

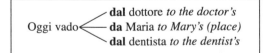

Di is useful for expressing possession.

```
┌─────────────────────────────────────────────────┐
│            Di chi è? Whose is it?                 │
│  ┌─────────────────────────────────────────────┐ │
│  │ È di Giovanni.        It is John's.          │ │
│  │ È dello studente.     It's the student's.    │ │
│  │ È della ragazza.      It's the girl's.       │ │
│  └─────────────────────────────────────────────┘ │
│                                                   │
│       Questo è   │ il libro │ dello studente.     │
│                                                   │
│        This    is  the student's   book.          │
└─────────────────────────────────────────────────┘
```

Before starting this practice set, here is a list of countries and cities. Note that countries require the definite article, except after **in.**

COUNTRIES		CITIES	
l'Italia	*Italy*	Roma	*Rome*
la Francia	*France*	Firenze	*Florence*
la Spagna	*Spain*	Venezia	*Venice*
l'Inghilterra	*England*	Napoli	*Naples*
la Germania	*Germany*	Parigi	*Paris*
il Belgio	*Belgium*	Madrid	*Madrid*
il Canada	*Canada*	Londra	*London*
		Berlino	*Berlin*
		Bruxelles	*Brussels*
		Ottawa	*Ottawa*

With the U. S., **gli Stati Uniti,** you always use the article: **negli Stati Uniti** *in/to the U. S.*

Now put **a, in, di, da,** or **su** in the blanks. Be careful to use contracted forms when required.

1. Di chi è questa fotografia? —È _____ signora Verdi.

2. Dove metti questo libro? — _____ tavolo.

3. Dove andate quest'estate? —Andiamo _____ Germania, _____ Berlino.

4. Da dove vieni? —Vengo _____ casa di Roberto.

5. Dove vai? —Vado _____ dottore.

6. A chi dai questo biglietto? — _____ sorella di Roberta.

7. Dove metti la chiave? — _____ borsa.

8. Dove vanno? —Vanno _____ Francia, _____ Parigi.

9. Da dove vengono? —Vengono _____ Inghilterra, _____ Londra.

10. Dove abitano? —Abitano _____ Canada, _____ Ottawa.

11. E la signora Smith dove abita? — _____ Stati Uniti.

12. Da quanto tempo abiti qui? —Abito qui _____ due anni.

13. Da quando abiti qui? —Abito qui _____ 1980.

14. Dove vai in Spagna? — _____ Madrid.

Practice Set 58

The remaining prepositions do not contract. The exception is **con**, in which case contraction is optional.

---

con + il = col   **con + l' = coll'**
Parlo **con il** professore. = Parlo **col** professore.
Parlo **con l'**amico di Gino. = Parlo **coll'** amico di Gino.

Recall that **fra/tra,** in addition to meaning *between, among,* means *in* when used in temporal expressions.

Vado in Italia **fra** un mese. *I'll be going to Italy in a month.*

Andiamo a Firenze **tra** poco. *We'll be going to Florence in
a little while.*

Now fill in the blanks with **con, per, fra/tra, dentro, fuori, sopra, sotto, davanti,** or **dietro.**

1. Quando vai in Italia? — _____ due settimane.

2. Con chi vai in Italia? — _____ signor Dini.

3. Dove vai? —Parto _____ la Francia _____ un mese.

4. Dov'è l'agenda? —È _____ la borsa.

5. Dov'è Marco? —È _____ la porta.
   (behind)

6. Dov'è Gina? — _____ alla casa di Roberto.
   (in front of)

7. Dov'è Dino? — È sempre _____ di casa.
   (outside)

8. Dov'è il quadro *(painting)?* — È _____ la lavagna.
   (above)

9. Dov'è il quaderno? — È _____ la scrivania.
   (below)

10. Quando arrivano? — _____ alcuni minuti.

11. Per chi è questo? — È _____ l'amica di Giorgio.

12. Con chi parli? — _____ amica di Roberto.

Practice Set 59

In some phrases, the preposition occurs without the article.

---

a casa = *at home/home*
in ufficio = *to/at the office*

Some phrases can have both forms:

But when the noun is plural, or has a modifier, or both, then the article must be used.

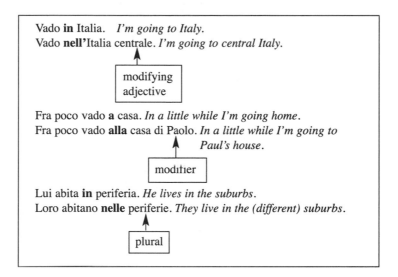

Now decide whether to put a simple preposition, or a contracted one, in the blanks.

centrale *central*	meridionale *southern*
settentrionale *northern*	orientale *eastern*
occidentale *western*	

1. Vai in Italia? —Sì, _____ Italia meridionale.

2. Dove abiti? —Abito _____ Francia, _____ Francia settentrionale.

3. Dove vai? — _____ Stati Uniti.

4. Da dove vieni? —Vengo _____ Italia.

5. Dove andate? —Andiamo _____ casa.

6. Dove lavori oggi? — _____ ufficio.

7. Dov'è Roberto? —E _____ casa di Maurizio.

8. Dove sono (loro)? —Sono _____ Spagna occidentale.

9. Abita in Belgio quella donna? —Sì, _____ Belgio orientale.

Dal medico!
At the Doctor's!

To find out how to relate your aches and pains to a doctor, just read the following dialogue. New vocabulary items are underlined and then defined at the end of the dialogue. You should be able to figure out the rest.

(*V* = il signor Vispi; *P* = il dottor Pinni)

V: Buongiorno dottore.

P: Buongiorno, signor Vispi. Come sta?

V: Mi sento male, dottore.

P: Peccato! Cosa ha?

V: Ho mal di gola, e mal di testa molto forte.

P: Mi dispiace. Altro?

V: Sì, mi fa male lo stomaco.

P: Ha la febbre?

V: Solo un po'. Solamente a quaranta (= 40°C).

P: Lei dice soltanto? Lei ha senz'altro l'influenza! Ecco la ricetta.

V: Ho bisogno di un altro appuntamento?

P: Sì, tra due giorni. ArrivederLa.

V: ArrivederLa, dottore.

Mi sento   *I feel*
Peccato!   *Too bad!*
mal di   *to hurt (avere mal di) /ache*
gola   *throat*
testa   *head*
forte   *strong*
Mi dispiace.   *I feel sorry/It's too bad*
Altro?   *Anything else?*
mi fa male *hurts*   (e.g. Mi fa male la testa. *My head hurts.*)
stomaco   *stomach*
febbre *(f.)*   *fever*
solo/solamente/soltanto   *only*
senz'altro   *without doubt*
influenza   *flu*
ricetta   *prescription*
bisogno   *need* (Ho bisogno di   *I need*) (avere bisogno di)
appuntamento   *appointment*
altro   *another/other*

Practice Set 60

Check the appropriate response.

1. Come sta il signor Vispi?

    ☐ Si sente male.
    ☐ Si sente bene.

2. Come si dice *(How do you say)* "too bad" in Italian?

    ☐ Mi dispiace.
    ☐ Altro.

3. Il signor Vispi ha . . .

    ☐ solamente mal di gola.
    ☐ mal di gola e un forte mal di testa.

4. Il signor Vispi . . .

    ☐ ha la febbre a 40.
    ☐ non ha bisogno di un altro appuntamento.

5. Il signor Vispi ha, senz'altro . . .

    ☐ poco tempo.
    ☐ l'influenza.

6. Quando ha un appuntamento?

    ☐ Tra due settimane.
    ☐ Tra due giorni.

Practice Set 61

You will have to learn to name some parts of the human body before working through this practice set.

IL CORPO UMANO

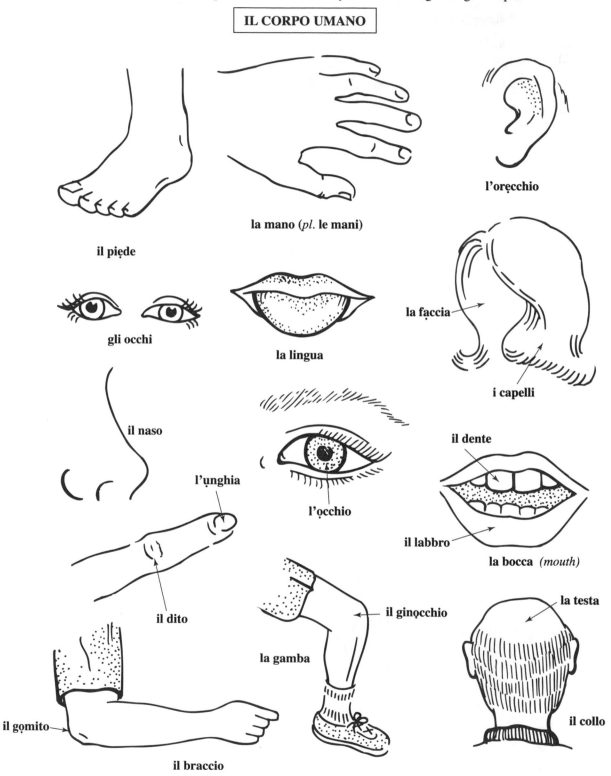

l'orẹcchio

la mano (*pl.* le mani)

il pięde

gli occhi

la lingua

la fạccia

i capelli

il naso

l'ụnghia

l'ọcchio

il dente

il labbro

la bocca *(mouth)*

il dito

il ginọcchio

la gamba

la testa

il gọmito

il braccio

il collo

Using the expression **Ho mal di …** say that …

1. your feet hurt _____

2. your head hurts _____

3. your teeth hurt _____

4. your throat hurts _____

5. your stomach hurts _____

Using the expression **Mi fa male** + the appropriate definite article form, say that …

6. your hand hurts _____

7. your ear hurts _____

8. your tongue hurts _____

9. your nose hurts _____

10. your eye hurts _____

11. your lip hurts _____

12. your finger hurts _____

13. your leg hurts _____

14. your neck hurts _____

15. your knee hurts _____

16. your head hurts _____

17. your elbow hurts _____

18. your arm hurts _____

• If the noun is plural, **fare** also must be plural:

Mi **fanno** male gli occhi.

Mi **fanno** male le mani.

• Finally, here are some common ailments.

la malattia	*disease*
il raffreddore	*(a) cold*
la tosse	*cough*
la polmonite	*pneumonia*
l'influenza	*flu*

Now say that ...

19. you have a disease that is not dangerous *(pericolosa)*   20. you have a bad (strong) cold   21. your feet hurt
22. your legs hurt   23. you have a cough   24. you have the flu   25. you probably have pneumonia   26. your
teeth hurt   27. your eyes hurt

_____

_____

_____

_____

_____

_____

_____

_____

Reading and Comprehension Activity for Chapter 10

Now it's time for you to test your reading skills. Read the following brief passage, then do the follow-up activity. Some of the words are glossed for you. You should be able to figure out the meaning of the others on your own.

Lettura

Elena *torna* dal medico. Non sta	*returns*
ancora bene. Ha mal di stomaco e	*still*
un forte mal di testa. La dottoressa	
visita Elena. Questa volta Elena	*examines*
ha un'*indigestione*. Elena deve	*indigestion*
prendere una *medicina digestiva*.	*digestive*
	medication

A. Answer the following questions with complete sentences.

1. Dove torna Elena?

_____.

2. Che cosa ha?

_____.

3. Che fa la dottoressa?

_____.

4. Che ha Elena questa volta?

_____.

5. Che cosa deve prendere?

_____.

B. Now write your own little story about Elena. In it, say that Elena …

1. is not well.   2. has a sore throat and a stomachache.   3. has the flu.   4. needs to relax and sleep more.

_____

_____

_____

_____

Putting It All Together (Chs. 9 and 10)

Practice Set 62

A. Let's review those numbers! In the following numerical sequences, can you figure out which number comes next? Spell out your answers.

        Example: 2, 4, 6, …

              otto (the next even number)

1. 3, 6, 9, _____   2. 19, 18, 17, _____

3. 20, 30, 40, _____   4. 222, 333, 444, _____

5. 1,001, 2,002, 3,003, _____   6. 222,333, 333,444, 444,555 _____

7. 999,999, 9,999,999, 99,999,999, _____

B. The **-uno** in **ventuno, trentuno,** etc., is treated just like the article *a/an* when it occurs before a noun: **Ho trentun anni**; **Ho quarantun' amiche**, etc. Now try to solve the following math problem.

        Giovanni ha trentun anni. Maria ne ha due di meno. Gino ne ha diciotto più
        di Maria. Quanti anni ha Gino?

        Gino ha _____ anni.

C. Fractions are easy!

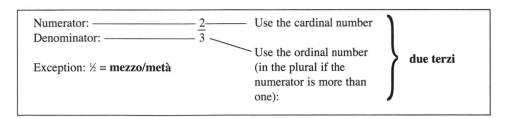

Now write out each fraction in words.

   1. 3/8 _____

   2. 4/25 _____

   3. 12/38 _____

   4. 1/3 _____

   5. 1/9 _____

   6. 5/11 _____

D. Che data è?

1. January 1 _____

2. February 14 _____

3. March 12 _____

4. May 3 _____

5. April 4 _____

6. October 1 _____

E. Answer the following as in the model.

      Examples: Ha dei libri?   Ha della carne?

        Sì, ne ho alcuni.   Sì, ne ho un po'.

1. Ha delle scarpe? _____

2. Ha degli orologi? _____

3. Ha dello zucchero? _____

4. Ha dell'acqua? _____

5. Ha dei panini? _____

6. Ha del pane? _____

F. Now answer in the negative.

      Example: Ha dei vestiti?

        No, non ho nessun vestito.

1. Ha delle scarpe? _____

2. Ha degli zaini? _____

3. Ha degli amici? _____

4. Ha delle amiche? _____

5. Ha dei guanti? _____

G. Answer each question using **qualche,** as in the model.

      Example: Ha dei biglietti?

        Sì, ho **qualche** biglietto.

1. Conosce degli studenti? _____

2. Legge dei libri? _____

3. Compra delle paste? _____

4. Desidera delle matite? _____

H. Match each expression with its meaning.

1. _____ molti anni   a. a lot of time
2. _____ molto bello   b. a little meat
3. _____ tanto tempo   c. too difficult
4. _____ poca carne   d. several men
5. _____ troppo difficile   e. very handsome
6. _____ parecchi uomini   f. enough time
7. _____ abbastanza tempo   g. many years
8. _____ l'ultima scena   h. almost midnight
9. _____ quasi mezzanotte   i. all the pastries
10. _____ tutte le paste   j. both
11. _____ tutti e due   k. tomorrow afternoon
12. _____ domani pomeriggio l. last evening
13. _____ ieri sera   m. during the morning
14. _____ durante la mattina n. the last scene
15. _____ dopo la notte   o. twice
16. _____ due volte   p. It's time
17. _____ È ora   q. after the night
18. _____ Il tempo vola   r. he's arriving early
19. _____ non adesso   s. right after
20. _____ quasi sempre   t. sooner or later
21. _____ di solito   u. three times a year
22. _____ tre volte all'anno v. each time
23. _____ ogni volta   w. usually
24. _____ arriva presto   x. almost always
25. _____ prima o poi   y. not now
26. _____ subito dopo   z. Time flies

I. Che ore sono? (Use official time.)

A.M.

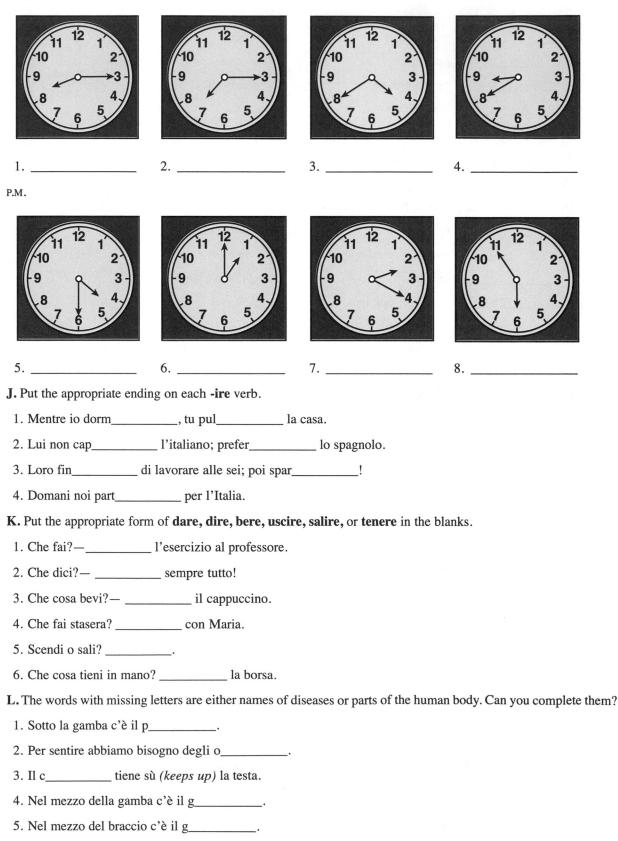

1. _____   2. _____   3. _____   4. _____

P.M.

5. _____   6. _____   7. _____   8. _____

J. Put the appropriate ending on each **-ire** verb.

1. Mentre io dorm_____, tu pul_____ la casa.

2. Lui non cap_____ l'italiano; prefer_____ lo spagnolo.

3. Loro fin_____ di lavorare alle sei; poi spar_____!

4. Domani noi part_____ per l'Italia.

K. Put the appropriate form of **dare, dire, bere, uscire, salire,** or **tenere** in the blanks.

1. Che fai?—_____ l'esercizio al professore.

2. Che dici?— _____ sempre tutto!

3. Che cosa bevi?— _____ il cappuccino.

4. Che fai stasera? _____ con Maria.

5. Scendi o sali? _____.

6. Che cosa tieni in mano? _____ la borsa.

L. The words with missing letters are either names of diseases or parts of the human body. Can you complete them?

1. Sotto la gamba c'è il p_____.

2. Per sentire abbiamo bisogno degli o_____.

3. Il c_____ tiene sù (keeps up) la testa.

4. Nel mezzo della gamba c'è il g_____.

5. Nel mezzo del braccio c'è il g_____.

6. L'unghia è una parte *(part)* del d_____.

7. Per vedere abbiamo bisogno degli o_____.

8. I d_____ sono nella bocca.

9. Con il r_____ di solito c'è la t_____.

10. La p_____ e l'i_____ sono malattie serie *(serious)*.

Culture Capsule 5: Italian Time

Every Culture Capsule from now on is written in Italian with English glosses.

In Italia è molto *comune* usare l'ora «ufficiale» *(come si dice)*. Per esempio, le cinque del pomeriggio sono «le diciassette», e le otto di sera sono «le venti».	*common* *as it is called*
Alla televisione, alla radio, negli *orari* del treno, ecc. *si usa* solo questo *stile*. Ma si usa anche nella *conversazione* normale insieme allo stile usato in America:	*timetables* *one uses, style* *conversation*
3 P.M. = le quindici = le tre del pomeriggio 10 P.M. = le ventidue = le dieci di sera	

Give the more common version of the indicated times.

       Example: le quattro del pomeriggio
               le sedici

1. l'una del pomeriggio

_____

2. le sette di sera

_____

3. le undici di sera

_____

4. le sei di sera

_____

5. le nove di sera

_____

CHAPTER 11

Pronto! Chi parla?
Hello! Who's Speaking?

In this chapter you will learn:

- how to order/request people to do things
- how to speak on the phone
- how to ask for directions

Dialogue and Comprehension Activity 11

<table>
<tr><td colspan="3" align="center">Come? Non mi conosci?</td></tr>
<tr><td>Lorenzo:</td><td>Pronto, chi parla?</td><td>—Hello, who's speaking?</td></tr>
<tr><td>Rosa:</td><td>Come? Non mi conosci?</td><td>—What? Don't you recognize me?</td></tr>
<tr><td>Lorenzo:</td><td>Forse. Parla più forte!</td><td>—Maybe. Speak louder!</td></tr>
<tr><td>Rosa:</td><td>Indovina chi sono! Per venire a casa mia, va' al primo semaforo vicino a casa tua, gira a sinistra, continua per un isolato. Io abito lì.</td><td>—Guess who I am! To get (come) to my house, go to the first set of traffic lights near your house, turn left, continue for one block. I live there.</td></tr>
<tr><td>Lorenzo:</td><td>Hmm ... forse sto parlando con Maria?</td><td>—Hmm ... maybe I'm speaking with Mary?</td></tr>
<tr><td>Rosa:</td><td>No, lei è un'amica.</td><td>—No, she's a (my) friend.</td></tr>
<tr><td>Lorenzo:</td><td>Adesso so chi sei. Sei Rosa, vero?</td><td>—Now I know who you are. You're Rose, right?</td></tr>
<tr><td>Rosa:</td><td>Sì. È tanto tempo che non ci vediamo. Vieni al Bar Roma fra qualche minuto. Viene anche Maria.</td><td>—Yes. It's been a long time since we've seen each other. Come to the Bar Roma in a few minutes. Mary is coming too.</td></tr>
<tr><td>Lorenzo:</td><td>Va bene. Ci vediamo lì. Ciao.</td><td>—OK. I'll see you there. Bye.</td></tr>
<tr><td>Rosa:</td><td>A presto.</td><td>—See you soon.</td></tr>
</table>

Answer the following questions with complete sentences.

1. Chi risponde al telefono?

   _____.

2. Chi deve parlare più forte?

   _____.

3. Come deve fare Lorenzo per andare a casa di Rosa?

   _____.

4. Chi è Maria?

   _____.

5. Dove deve andare Lorenzo tra qualche minuto?

   _____.

Comandare
Ordering

To make a request or to order someone to do something, you must learn to use the *imperative* forms of a verb. Let's look at the following chart.

FAMILIAR COMMANDS					
-ARE		**-ERE**		**-IRE**	
Singular	Plural	Singular	Plural	Singular	Plural
Parla! *Speak!*	Parlate! *Speak!*	Scrivi! *Write!*	Scrivete! *Write!*	Apri! *Open!* Finisci! *Finish!*	Aprite! *Open!* Finite! *Finish!*
	Parliamo! *Let's speak!*		Scriviamo! *Let's write!*	Apriamo! *Let's open!*	Finiamo! *Let's finish!*
POLITE COMMANDS					
Parli! *Speak!*		Scriva! *Write!*		Apra! *Open!*	Finisca! *Finish!*

There is a plural polite command form, but for most situations you will not need it. You can always use the familiar forms in the plural.

This summary chart will come in handy.

IMPERATIVE ENDINGS				
Verb type	YOU			LET'S … !
	Singular		Plural	
	Familiar	Polite		
-are	**-a**	**-i**	**-ate**	**-iamo**
-ere	**-i**	**-a**	**-ete**	**-iamo**
-ire	**-(isc)i**	**-(isc)a**	**-ite**	**-iamo**

These endings are added on after you drop the **-are, -ere,** and **-ire** endings of the infinitives—just like you did for the present indicative.

Note as well that the **-ire** verbs that require an **-isc-** in the formation of the present, also require it in the imperative.

If the verb ends in **-ciare** or **-giare**, do not write a "double **-i**"; for example, **cominciare: Comincia! Cominci! Cominciate! Cominciamo!** and **mangiare: Mangia! Mangi! Mangiate! Mangiamo!**

If the verb ends in **-care** or **-gare**, add "**h**" before **-i** to indicate a hard consonant sound; for example, **cercare: Cerca! Cerchi! Cercate! Cerchiamo!** and **pagare: Paga! Paghi! Pagate! Paghiamo!**

Practice Set 63

It's time to practice ordering in Italian using verbs you already know.

A. -are verbs

Tell Giovanni to …

1. listen. _____

2. wait for Mary. _____

3. dance with Gina. _____

Tell both Maria and Claudia to …

4. sing. _____

5. look for the pen. _____

6. begin the lesson. _____

Tell *la signora* Dini to …

7. enter. _____

8. watch TV. _____

9. eat the sandwich. _____

Together with your friend say …

10. Let's pay! _____

11. Let's dine! _____

12. Let's phone the girl. _____

B. -ere verbs:

Tell Angela to …

  1. ask what time it is. _____

  2. close the door. _____

  3. read. _____

Tell both Dina and Dino to …

  4. put the purse on the desk. _____

  5. have a coffee. _____

  6. answer. _____

Tell *il signor* Smith to …

  7. write. _____

  8. sell the house. _____

  9. run. _____

Together with your friend say …

10. Let's spend the money! _____

11. Let's close the window! _____

C. -ire verbs:

Tell your friend to …

  1. open the door. _____

  2. finish the pastry. _____

  3. serve the tea. _____

Tell your two friends to …

  4. sleep. _____

  5. clean the bedroom. _____

  6. finish the bun. _____

Tell *la signorina* Giusti to …

  7. please open the window. _____

  8. finish the tea right away. _____

Together with *il signor* Rossi say …

  9. Let's depart! _____

10. Let's finish! _____

Practice Set 64

IMPERATIVE OF IRREGULAR VERBS			
	YOU		LET'S ...
	Singular	Plural	
	Familiar	Polite	
fare	fa'	faccia	fate	facciamo
avere	abbi	abbia	abbiate	abbiamo
essere	sii	sia	siate	siamo
stare	sta'	stia	state	stiamo
andare	va'	vada	andate	andiamo
venire	vieni	venga	venite	veniamo
dare	da'	dia	date	diamo
dire	di'	dica	dite	diciamo
bere	bevi	beva	bevete	beviamo
uscire	esci	esca	uscite	usciamo
salire	sali	salga	salite	saliamo
tenere	tieni	tenga	tenete	teniamo

Give the corresponding familiar and polite command (as the case may be), as well as all plural commands.

Familiar	Polite	Plural
1. Gino, fa' questo!	Signora, _____ questo!	Ragazzi, _____ questo!
2. Dina, _____ tutto!	Signorina, dica tutto!	Dina, Marco, _____ tutto!
3. Fabio, da' il tè a Maria!	Signore, _____ il tè alla signorina!	Ragazzi, _____ il tè a loro!
4. Marco, vieni qui!	Signora, _____ qui!	Pino, Pina, _____ qui!
5. Zio, _____ il vino!	Professore, beva il vino, per favore!	Signori, _____ il vino!
6. Dina, _____ con Paola!	Signora, esca con lei!	Dina, Dino, _____ con loro!
7. Mario, sono sopra. Vieni su! (up)	Dottore, sono sopra. _____ su!	Ragazzi, siamo sopra. _____ su!

8. Gino, sei tu? Sali!   Dottoressa, è Lei? _____!   Gino, Gina, siete voi? _____!

9. Anna, _____ la borsa!   Signora, tenga la borsa!   Ragazze, _____ la borsa!

10. Gianni, va' via! (*go away!*)   Signore, _____ via!   Ragazzi, _____ via!

11. Maria, sta' zitta! (*keep quiet!*)   Signore, _____ zitto!   Dino, Dina, _____ zitti!

12. Gino, _____ bravo!   Signorina, sia brava!   Amici, _____ bravi!

13. Anna, abbi pazienza!   Professore, _____ pazienza!   Signor, _____ pazienza!

EXPRESSIONS TO REMEMBER	
Familiar	Polite
Go away!	
Va' via!	**Vada via!**
Keep quiet!	
Sta' **zitto** (*m.*) **zitta** (*f.*)	**Stia** **zitto** (*m.*) **zitta** (*f.*)

Practice Set 65

It's time to learn about the negative form of imperatives. As with the present indicative, simply put **non** before the verb. However, in the familiar singular you must use the infinitive.

		YOU			
		AFFIRMATIVE		NEGATIVE	
		Singular	Plural	Singular	Plural
Familiar		Parla! Scrivi! Apri! Finisci!	Parlate! Scrivete! Aprite! Finite!	Non **parlare**! Non **scrivere**! Non **aprire**! Non **finire**!	Non parlate! Non scrivete! Non aprite! Non finite!
Polite		Parli! Scriva! Apra! Finisca!	(Parlate!) (Scrivete!) (Aprite!) (Finite!)	Non parli! Non scriva! Non apra! Non finisca!	(Non parlate!) (Non scrivete!) (Non aprite!) (Non finite!)

Get it? You must make just one change, as shown in the above chart. Now, when Gina gives a command, you give the corresponding negative command.

1. *Gina:* Mario, ascolta!

   You: _____ !

2. *Gina:* Professore, ascolti!

   You: _____ !

3. *Gina:* Maria, chiudi la porta!

   You: _____ !

4. *Gina:* Signora, apra la finestra!

   You: _____ !

5. *Gina:* Gino, finisci il caffè!

   You: _____ !

6. *Gina:* Bambino, vieni qui!

   You: _____ !

7. *Gina:* Claudia, sta' zitta!

   You: _____ !

8. *Gina:* Ragazzi, uscite!

   You: _____ !

9. *Gina:* Mario, va' via!

   You: _____ !

Al telefono!
On the Phone!

MAKING A PHONE CALL		
Pronto.	Con chi parlo?	
	C'è	il signor Dini/la signorina Marchi/etc.?
		Marco/Maria/etc.?
Hello.	*With whom am I speaking?*	
	Is	*Mr. Dini/Miss Marchi/etc. there?*
		Mark/Mary/etc. there?

ANSWERING AND ENDING A PHONE CALL		
Pronto.	Chi parla?/Chi è?	Sì, sono …
Hello.	*Who's speaking?/Who is it?*	*Yes, this is …*
Buongiorno/Buonasera/Ciao *(See Chapter 3.)*		
Good-bye.		

When speaking on the phone, you often say things like, *I am watching TV; I am reading a book;* and so on. Although you can certainly use the present tense to express this kind of action, there is an Italian tense that allows you to express it exactly. Here's how to form it.

stare	parl**are**	stare	scriv**ere**	stare	fin**ire**
↓	↓	↓	↓	↓	↓
Sto	parl**ando.**	Sto	scriv**endo.**	Sto	fin**endo.**
Stai	parl**ando.**	Stai	scriv**endo.**	Stai	fin**endo.**
Sta	parl**ando.**	Sta	scriv**endo.**	Sta	fin**endo.**
Stiamo	parl**ando.**	Stiamo	scriv**endo.**	Stiamo	fin**endo.**
State	parl**ando.**	State	scriv**endo.**	State	fin**endo.**
Stanno	parl**ando.**	Stanno	scriv**endo.**	Stanno	fin**endo.**
I am speaking/you are speaking/etc.		*I am writing/you are writing/etc.*		*I am finishing/you are finishing/etc.*	

Get it? To form the "present progressive," use the present tense of **stare** and the gerund of the verb. You already know how to conjugate **stare.** To form the gerund of regular verbs, drop the infinitive ending and then add **–ando** to first conjugation verbs and **–endo** to both second and third conjugation verbs:

parlare: **parlando** *speaking*
scrivere: **scrivendo** *writing*
finire: **finendo** *finishing*

Below are the gerunds of some irregular verbs:

fare	**facendo**	*doing/making*
dare	**dando**	*giving*
dire	**dicendo**	*saying/telling*
bere	**bevendo**	*drinking*

Practice Set 66

A. In the following telephone conversation between Dino and Dina, certain key words and expressions are missing. Can you supply them?

Dino: (1)_____. Con chi parlo?

Dina: Come? Non sai chi sono?

Dino: Penso di sì. Sei Gina, no?

Dina: No, (2)_____ Dina!

Dino: Ah, sì! Come stai?

Dina: Senti, Dino. (3)_____ studiando e non ho tempo. Ciao!

Dino: Ciao!

B. Now try your hand at completing the following conversation.

La sig. a Pirri: Pronto. (1)_____ il dottor Mirri?

Il dottor Mirri: Sì, (2)_____ io.

P: Ah, dottore. Mi sento proprio male!

M: Che c'è, signora?

P: Penso di avere la polmonite!

M: Venga subito!

P: A presto, dottore.

C: In the following telephone conversation, your friend asks you if you are doing a number of things. Answer as in the model.

> Example: Leggi?
>> Sì, **sto leggendo.**

Friend: Pronto. Che fai?

You: Pronto. Niente di particolare (*particular*).

Friend: Guardi la TV?

You: Sì, (1)_____la TV.

Friend: Mangi?

You: Sì, purtroppo, (2)_____ tutta la pizza di ieri!

Friend: Pulisci la casa?

You: Sì, (3)_____ la casa da ieri.

Friend: Sei veramente occupato (*busy*)! Ciao!

You: Ciao!

Chiedere direzioni
Asking for Directions

Useful verbs	
attraversare	*to cross (over)*
continuare	*to continue*
girare;	*to turn*
trovare	*to find*

DOVE SI TROVA ... ? *Where does one find ... ?*			
	diritto.		*straight ahead.*
	a destra.		*right/to the right.*
	a sinistra.		*left/to the left.*
Vada Giri Continui	a un isolato/ per un isolato.	Go Turn Continue	*a block/ for a block.*
	a nord.		*north/to the north.*
	a sud.		*south/to the south.*
	a ovest.		*west/to the west.*
	a est.		*east/to the east.*

LOCATION/POSITION WORDS	
lì/là *there*	qui *here*
sopra *above*	sotto *below*
fuori *outside*	dentro *inside*
davanti (a)/ di fronte (a) *in front (of)*	dietro *behind*
vicino (a) *near (to)*	lontano (da) *far (from)*
su *above/up*	giù *down (below)*
avanti *forward*	indietro *backward*
	verso *toward*

GETTING AROUND	
a piedi *on foot*	in macchina *by car*
in automobile *by automobile*	in autobus *by bus*
in aereo *by plane*	in treno *by train*
camminare *to walk*	
You can also say con la macchina; coll'autobus; etc.	
il semaforo *(traffic) lights* la strada *road*	

Practice Set 67

A. Tell your friend to ... (Don't forget to use the familiar imperative.)

1. go south one block. _____

2. turn left at the lights. _____

3. continue for one block straight ahead. _____

4. cross the road. _____

B. Now tell a stranger to ... (Don't forget to use the polite imperative.)

1. go east two blocks. _____

2. turn right at the lights. _____

3. go north and then to turn left. _____

4. continue straight ahead. _____

C. Say the opposite of what Pino says.

Example: *Pino:* Io metto il libro lì.
You: **Io, invece, metto il libro qui.**

1. *Pino:* Io dormo sotto il letto!

You: _____

2. *Pino:* Io preferisco stare fuori.

You: _____

3. *Pino:* In classe io sto sempre dietro.

You: _____

4. *Pino:* Io abito vicino.

You: _____

5. *Pino:* Io vado su per le scale *(stairs)*.

You: _____

6. *Pino:* Io cammino indietro!

You: _____

D. The following people are going somewhere. See if you can figure by what means they are going.

1. *Marco:* Io parto dagli Stati Uniti per l'Italia _____.

2. *Gina:* Io cammino sempre; cioè *(that is)* vado _____.

3. *Maria:* Io preferisco andare _____ con la FIAT.

4. *Anna:* Io vado sempre _____.
(by train)

5. *Roberto:* Io, invece, vado solo _____.
(by bus)

E. Provide responses as suggested using the present progressive.

1. Che fai? _____ a sinistra.
   (I'm turning)

2. Che fanno? _____ la strada.
   (They are crossing)

3. Cosa fate? _____ diritto.
   (We are continuing)

4. Cosa fa Maria? _____ verso via Verdi.
   (She is walking)

5. Che fa Mario? _____ verso casa.
   (He is driving)

Practice Set 68

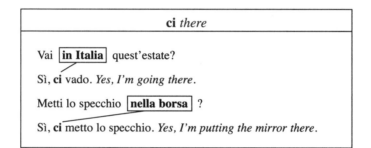

Get it? The most common way to say *there* is to use **ci,** putting it right before the verb.

Now answer each question using **ci.**

1. Vai in Italia tra poco? _____

2. Vai in periferia oggi? _____

3. Vai in automobile? _____

4. Vai a Parigi domani? _____

5. Vai spesso a Roma? _____

Reading and Comprehension Activity for Chapter 11

Now it's time for you to test your reading skills. Read the following brief passage, then do the follow-up activity. Some of the words are glossed for you. You should be able to figure out the meaning of the others on your own.

Lettura

Lorenzo va al bar. Ci va a piedi.	
Passa molti semafori. Cammina per	*he passes*
un'ora; il bar è un po' lontano	
da casa sua.	
Al bar vede Rosa, Maria e altri amici.	
Tutti stanno bevendo il caffè e stanno	
parlando. Lorenzo dice agli altri *se*	*if*
vogliono andare al cinema. Tutti sono	*they want*
d'accordo. Allora, dopo il caffè escono	
insieme e vanno al cinema.	

A. Answer the following questions with complete sentences.

1. Dove va Lorenzo?

   _____.

2. Come ci va?

   _____.

3. Che cosa passa?

   _____.

4. Quanto tempo cammina?

   _____.

5. Perché?

   _____.

6. Chi vede al bar?

   _____.

7. Che cosa stanno facendo?

   _____.

8. Dove vuole andare Lorenzo?

   _____.

9. Dove vanno tutti dopo il caffè?

   _____.

B. Now write your own little story about Lorenzo. In it, say that Lorenzo …

1. hasn't seen Rosa for a long time.   2. always goes to the bar on foot.   3. wants to go to the movies often.   4. lives near Rosa.

_____

_____

_____

_____

CHAPTER 12

In banca!
At the Bank!

In this chapter you will learn:

- how to express that you are able to, that you want to, and that you have to do something
- how to use reflexive verbs
- what to say in a bank

Dialogue and Comprehension Activity 12

Scusi, mi può aiutare?

Il sig. Giusti:	Scusi, mi può aiutare?	—Excuse me, can you help me?
Impiegata:	Dica, signore!	—Go ahead, sir! (lit., Say what, sir!)
Giusti:	Voglio aprire un conto in questa banca.	—I want to open an account in this bank.
Impiegata:	Va bene. Deve compilare questo modulo.	—OK. You have to fill out this form.
Giusti:	Quale?	—Which one?
Impiegata:	Questo. Ci deve mettere il nome, l'indirizzo, l'occupazione e che tipo di conto vuole aprire.	—This one. You have to write (on it) your name, address, occupation, and which type of account you want to open.
Giusti:	Lei è molto gentile.	—You're very kind/helpful.
Impiegata:	Grazie.	—Thank you.

A. *Vero o falso?*

	vero	falso
1. Il signor Giusti ha bisogno *(needs)* di aiuto.	☐	☐
2. Il signor Giusti vuole comprare un modulo.	☐	☐
3. Lui deve compilare un modulo.	☐	☐
4. Sul modulo deve scrivere il suo nome.	☐	☐
5. L'impiegata è molto gentile.	☐	☐

Potere, volere, dovere
To Be Able To, to Want To, to Have To

PRESENT INDICATIVE OF			
Person		potere *to be able to*	volere *to want to*	dovere *to have to*

	Person	potere *to be able to*	volere *to want to*	dovere *to have to*
S i n g u l a r	1st	posso	voglio	devo
	2nd	puoi	vuoi	devi
	3rd	può	vuole	deve
P l u r a l	1st	possiamo	vogliamo	dobbiamo
	2nd	potete	volete	dovete
	3rd	possono	vogliono	devono

These verbs will certainly come in handy in many speech situations. Notice that they are usually followed by an infinitive:

Voglio		I want to	
Posso	andare.	I can	go.
Devo		I have to	

Of the verbs already used in this book, there are three others that have this characteristic:

Amo		I love to	
Preferisco	ballare.	I prefer to	dance.
So		I know how to	

Other verbs require a preposition:

Comincio				I'm starting		
	a	ballare.			to	dance.
Imparo				I'm learning		

Finisco			I'm finishing working.
Spero	di	lavorare.	I hope to work.
Penso			I'm thinking of working.

Practice Set 69

Say that you ...

1. have to study tonight. _____

2. cannot go out tomorrow. _____

3. want to study a lot. _____

4. love to read. _____

5. hope to learn. _____

Ask your friend if he or she ...

6. can go out. _____

7. has to work tomorrow. _____

8. wants to eat a pastry. _____

9. is thinking of going to Rome. _____

10. is starting to learn Italian. _____

Ask why Mary ...

11. cannot come to the *Bar Roma*. _____

12. doesn't want to drink wine. _____

13. doesn't have to study. _____

14. doesn't know how to dance. _____

Say that you and your friend ...

15. want to buy a ticket. _____

16. can go there. _____

17. have to depart. _____

Ask your two friends if they ...

18. can eat meat. _____

19. want some sugar. _____

20. have to go on foot. _____

Finally, say that Mario and Maria ...

21. cannot buy the house. _____

22. want to live in the suburbs. _____

23. have to clean the house. _____

Riflessivi
Reflexives

REFLEXIVE PRONOUNS	
mi	*myself*
ti	*yourself (fam.)*
si	*himself/herself/yourself (pol.)*
ci	*ourselves*
vi	*yourselves*
si	*themselves*

In Italian, these pronouns come right before the verb. To conjugate a reflexive verb in the present, conjugate the verb as you normally would and add the appropriate reflexive pronoun. You will recognize a reflexive verb because it has **-si** *oneself* attached to it.

-are VERBS		**-ere** VERBS		**-ire** VERBS	
REGULAR	REFLEXIVE	REGULAR	REFLEXIVE	REGULAR	REFLEXIVE
lav**are** *to wash*	lav**arsi** *to wash oneself*	m**e**t**tere** *to put*	m**e**t**tersi** *to put on*	pul**ire** *to clean*	pul**irsi** *to clean oneself*

		lavar**si**	
(io)	**mi lavo**	*I wash myself/I am washing myself/etc.*	
(tu)	**ti lavi**		
(lui/lei)	**si lava**		
(noi)	**ci laviamo**		
(voi)	**vi lavate**		
(loro)	**si lavano**		

To conjugate **-ere** and **-ire** reflexive verbs, do exactly the same thing, using the appropriate endings.

Practice Set 70

Here is a list of some common reflexive verbs.

alzarsi *to get up*	svegliarsi *to wake up*
lavarsi *to wash oneself*	mettersi *to put on*
pulirsi *to clean oneself*	vestirsi *to get dressed*
divertirsi *to enjoy oneself/to have fun*	annoiarsi *to get bored*
sentirsi *to feel*	fermarsi *to stop*
arrabbiarsi *to get angry*	addormentarsi *to fall asleep*
sposarsi *to get married*	

Complete each brief dialogue with the suggested verbs, putting them into their appropriate forms.

A.

Bruno: Ogni mattina (1)_____ alle sei. Poi (2)_____, (3)_____ e
                       (I wake up)   *(I get up)*   *(I wash myself)*

  (4)_____. Arrivo al lavoro alle sette e mezzo.
    (I get dressed)

Bruna: A che ora (5)_____ ogni sera?
               (do you fall asleep)

Bruno: Verso le undici. E tu, a che ora (6)_____?
                             (do you get up)

Bruna: Alle dieci! Io (7)_____ molto la sera!
                  (I have fun)

B.

Marco: Sai? Giovanni (1)_____ con Maria?
                  (is marrying)

Claudia: Sì? Quando (2)_____?
                (are they getting married)

Marco: E tu e Paolo, quando (3)_____?
                    (are you getting married)

Claudia: Mai. (4)_____!
             (We want to enjoy ourselves)

C. (*G* = il dottor Giusti; *D* = la signora Dini)

G: Come sta signora? Come (1)_____?
                      (do you [pol.] feel)

D: (2)_____ male. Ho mal di testa e di gola.

G: Non (3)_____, signora, ma Lei non fa mai quello che Le dico *(what I tell you)*.
     (I do not get angry)

D: Lei ha ragione dottore. Purtroppo (4)_____ troppo presto ogni mattina, e vado a dormire
                                  (I get up)

troppo tardi.

Practice Set 71

Reflexive pronouns also allow you to express *each other* when used with nonreflexive verbs.

Noi **ci** telefoniamo ogni sera.	*We phone each other every evening.*
Voi **vi** scrivete spesso.	*You write to each other often.*
Loro non **si** parlano più.	*They do not speak to each other any longer.*

Now say that …

1. you and your friend phone each other every day.

(Noi) _____

2. John and Mary do not know each other.

(Loro) _____

3. Mary and John love each other.

(Loro) _____

4. you and your sister always write to each other.

(Noi) _____

Practice Set 72

The pronoun **si** also allows you to say *one speaks, one buys,* and so on. But it is a tricky one. It agrees with what follows in the sentence! Study the following chart carefully.

In Italia **si parla** l'italiano.	*In Italy, one speaks Italian.*
In Italia **si parlano** molte lingue.	*In Italy, one speaks many languages.*
Dove **si beve** il cappuccino?	*Where does one drink cappuccino?*
Dove **si bevono** I cappuccini?	*Where does one drink cappuccinos?*

Get it? The verb agrees with whatever it is that one does!

Now add the appropriate ending to the verb.

1. In Italia, si mang _____ gli spaghetti.

2. In quell negozio (*store*) si vend _____ la carne.

3. In quell'altro negozio si vend _____ i libri.

4. In quell bar si bev _____ degli aperitivi molto buoni.

5. Ma non si bev _____ un buon caffè!

In banca!
At the Bank!

To find out what to say when you are in an Italian bank, just read the following dialogue. New vocabulary items are underlined and then defined at the end of the dialogue. You should be able to figure out the rest.

(Imp. = l'impiegato *employee;* Cl. = il cliente *customer*)

Imp.:   Buongiorno. Desidera?

Cl.:   Sì, grazie. Ho bisogno di un po' di <u>denaro</u> in <u>contanti</u>.

Imp.:   Quanti <u>soldi</u> vuole?

Cl.:   500 euro per favore.

Imp.:   Lei ha un <u>conto</u> in questa banca?

Cl.:   Certamente! Ecco il mio (*my*) <u>libretto</u>, e anche il <u>modulo di prelevamento</u>. Vorrei <u>prelevare</u> 500 euro da questo conto e ne vorrei <u>versare</u> 300 in un altro conto. <u>Quindi</u>, ecco anche un <u>modulo di versamento</u>.

Imp.:   Troppe <u>complicazioni</u>!

Cl.:   <u>Come</u>? Ho altre cose (*things*) da fare (*to do*). Vorrei anche <u>cambiare</u> questo <u>assegno turistico</u> e poi …

Imp.:   <u>Basta</u>, basta! Ho bisogno di un caffè! Vada da un altro impiegato!

---

denaro   *money*
contanti   *cash (always plural)*
soldi   *synonym for money (always plural)*
conto   *account*
libretto   *bank book*
modulo di prelevamento   *withdrawal slip*
prelevare   *to withdraw*
modulo di versamento   *deposit slip*
versare   *to deposit*
quindi   *therefore*
complicazione   *complication*
Come?   *How come?/What do you mean?*
cambiare   *exchange*
assegno turistico   *traveler's check*
Basta!   *That's enough!*
collega   *co-worker*

Practice Set 73

A. Select the appropriate response.

1. Il cliente ha bisogno di …

   ☐ soldi.
   ☐ un assegno turistico.

2. Quanto denaro vuole?

   ☐ 500 euro.
   ☐ 50 euro.

3. Vuole i soldi …

   ☐ in contanti.
   ☐ in assegno.

    4. Il cliente …

        ☐ prende il caffè.
        ☐ ha un conto in quella banca.

    5. Il cliente vuole …

        ☐ prelevare 500 euro da un conto.
        ☐ versare 500 euro in un conto.

    6. Il cliente dà all'impiegato …

        ☐ solo un modulo di prelevamento.
        ☐ un modulo di prelevamento e un modulo di versamento.

B. You are at a bank. You wish to exchange a traveler's check for a hundred dollars (**dọllari**), and then deposit it into your account. On the basis of this scenario, complete the following dialogue.

Imp.: Desidera?

You: Sì, vorrei (1)_____ un (2)_____ di cento (3)_____ .

Imp.: Altro?

You: Sì, poi vorrei (4)_____ i soldi nel mio (5)_____ .

Imp.: Lei deve compilare (*fill out*) un modulo di versamento.

You: Va (6)_____ . Ecco il (7)_____ .

Reading and Comprehension Activity for Chapter 12

Now it's time for you to test your reading skills. Read the following brief passage, then do the follow-up activity. Some of the words are glossed for you. You should be able to figure out the meaning of the others on your own.

Lettura

Il signor Giusti vuole aprire un conto alla banca vicino a casa sua. Oggi vuole andare *di buon'ora* alla banca perché ha molte *cose da fare*.	*early* *things to do*
Allora si alza presto, si veste in fretta, prende un caffè *velocemente*, e va con l'autobus alla banca. Quando arriva *trova* la banca chiusa. È una giornata di *ferie*.	*in a hurry* *he finds* *holiday*

A. Read the story several times. Then from memory complete each sentence.

1. Il signor Giusti vuole aprire _____

2. Oggi vuole andare _____

3. Allora si alza presto _____

4. Quando arriva _____

5. È una giornata _____

B. Now write your own little story about Mr. Giusti. In it, say that

1. Mr. Giusti wants to open an account at the bank.   2. he fills out a form at the bank.   3. the bank is near his home.
4. he always wakes up early, dresses in a hurry, and has a quick coffee.

_____

_____

_____

_____

Putting It All Together (Chs. 11 and 12)

Practice Set 74

A. Situations. How would you say . . . (Review Chapters 7–12.)

1. Can you tell me where Verdi St. is? _____

2. Where are you *(pol.)* from? _____

3. How does one go to Florence? _____

4. How much does the coffee cost? _____

5. I do not have a reservation. _____

6. I would like a place near the window. _____

7. Hello (on the phone). _____

8. Is Mr. Dini in? _____

9. With whom am I speaking? _____

10. Who's speaking? _____

11. Who is it? _____

12. This is Gina (on the phone). _____

B. Let's see how well you remember the imperative.

1. Tell the cashier to deposit 500 euros (please).

_____

2. Tell a stranger to go left, then turn right at the lights.

_____

3. Tell your friend to walk toward the lights and then cross the road.

_____

C. Now that you have become familiar with the imperative, it is time to learn about imperative reflexives. Notice that with the familiar forms you attach the pronouns, whereas with the polite forms, you keep them in front of the verb.

THE IMPERATIVE—ONE MORE TIME!	
FAMILIAR	**POLITE**
A̧lza**ti**! _Get up!_ Divȩrti**ti**! _Enjoy yourself!_	**Si** alzi! _Get up!_ **Si** diverta! _Enjoy yourself!_
Alza̧te**vi**! _Get up! (pl.)_ Divertite**vi**! _Enjoy yourselves!_	
Alzia̧mo**ci**! _Let's get up!_ Divertia̧mo**ci**! _Let's enjoy ourselves!_	

Now tell your friend to …

1. get up. _____

3. enjoy himself/herself. _____

Tell Mr. Dini …

5. to enjoy himself. _____

7. to get married. _____

Tell your brother and sister to …

9. wake up. _____

11. to wash themselves. _____

2. wake up. _____

4. stop. _____

6. to get up. _____

8. to stop. _____

10. to get up. _____

12. to get dressed. _____

When it comes to the negative imperative, don't forget that the familiar singular form is in the infinitive.

Alzati! _Get up!_ **Non alzarti!** _Don't get up!_

↑

infinitive without the **-e**

In the negative you can always put the pronoun in front of the verb.

> **Non alzarti!** *or* **Non ti alzare!** *Don't get up!*
>
> **Non alzatevi!** *or* **Non vi alzate!** *Don't get up (pl.)!*

At this point you probably have had enough imperatives! You actually know quite a bit in order to handle most speech situations that require this verb form.

D. Hidden in the following word-search puzzle are six words related to banking that complete the sentences below. Can you find them and complete the sentences?

```
d e n a r o b j i l o p l k m n b g h y i c
c n m k l o i u y t r e w q a s i o l o p o
o b n v e r s a r e k l o p i o i l o p l n
n n m k l o p o i u y t r e w n m l p o k t
t l o p o i u y t r e w q n m k l o p o l a
o m m m l l l o o o i i i t t d d d m l n
l i b r e t t o l o p r e l e v a r e k l t
d e n s o l d i m k l o p o i u j k l o p i
```

1. Posso _____ 500 euro dal mio conto?

2. Posso _____ 500 euro nel mio conto?

3. Quanto _____ vuole?

4. Quanti _____ vuole?

5. Devo avere i soldi in _____.

6. Devo aprire un altro _____.

Culture Capsule 6: Banks

> Le banche in Italia hanno *origine* nel *Duemila.* La parola «banca» significa in origine «*panca*» perché i primi *banchieri usavano* delle panche per strada per *condurre gli affari.*
>
> Le prime banche *furono fondate* a Firenze, Siena, Roma e Venezia. Oggi ci sono molte banche in Italia. Tra le banche più *popolari* c'è *La Banca Nazionale del Lavoro,* che ha *succursali* anche negli Stati Uniti.

origin, 1200s
bench
bankers, used
carry out affairs
were founded
popular
branches

Answer the following questions with complete sentences.

1. Quando hanno origine le banche in Italia?

_____

2. Che significa la parola «banca»?

_____

3. Perché?

_____

4. Dove furono fondate le prime banche?

_____

5. Quale banca ha succursali anche negli Stati Uniti?

_____

Vocabulary Checkpoint #2 (Chs. 7–12)

Check the words and expressions that you know. Then review Chapters 7 through 12 and study those that you may have forgotten.

NOUNS

- acqua
- aereo
- agosto
- anno
- appuntamento
- aprile
- aranciata
- assegno
- assistente
- atterraggio
- autobus
- automobile
- autunno

- bagaglio
- banca
- barista
- biglietto
- bisogno
- bocca
- borsa
- braccio

- calza
- calzino
- camicetta
- camicia
- capelli
- cappello
- cappotto
- carne

- cintura
- cliente
- collo
- comandante
- commesso
- complicazione
- contanti
- conto
- corpo
- cravatta

- data
- decollo
- denaro
- dente
- dicembre
- dito
- dollaro
- domenica

- est
- estate

- faccia
- fazzoletto
- febbraio
- febbre
- finestrino
- fumatore

- gamba
- gelato

- gennaio
- giacca
- ginocchio
- giorno
- giovedì
- giugno
- gola
- gomito
- gonna

- impermeabile
- influenza
- inverno
- isolato

- labbro
- latte
- libretto
- limonata
- lingua
- luglio
- lunedì

- macchina
- maggio
- maglia
- malattia
- mano
- martedì
- marzo
- mattina
- medico

- ☐ mercoledì
- ☐ mese
- ☐ mezzanotte
- ☐ mezzo
- ☐ mezzogiorno
- ☐ minuto
- ☐ modulo

- ☐ naso
- ☐ nebbia
- ☐ neve
- ☐ nord
- ☐ notte
- ☐ novembre

- ☐ occhi
- ☐ ora
- ☐ orecchio
- ☐ ottobre
- ☐ ovest

- ☐ pane
- ☐ pantaloni

- ☐ piede
- ☐ pioggia
- ☐ polmonite
- ☐ pomeriggio
- ☐ posto
- ☐ prenotazione
- ☐ primavera

- ☐ quarto

- ☐ raffreddore
- ☐ ricetta

- ☐ sabato
- ☐ scompartimento
- ☐ semaforo
- ☐ sera
- ☐ settembre
- ☐ settimana
- ☐ soldi
- ☐ sole
- ☐ spumante
- ☐ stagione

- ☐ stomaco
- ☐ strada
- ☐ sud

- ☐ tempo
- ☐ testa
- ☐ tosse
- ☐ treno

- ☐ unghia

- ☐ valigia
- ☐ venerdì
- ☐ vento
- ☐ vestiario
- ☐ vestito
- ☐ vino
- ☐ volta

- ☐ zabaione
- ☐ zero
- ☐ zucchero

VERBS

- ☐ addormentarsi
- ☐ allacciare
- ☐ alzarsi
- ☐ andare
- ☐ annoiarsi
- ☐ aprire
- ☐ arrabbiarsi
- ☐ attraversare

- ☐ bere

- ☐ cambiare
- ☐ camminare
- ☐ capire
- ☐ chiedere
- ☐ chiudere
- ☐ colpire
- ☐ compilare
- ☐ conoscere
- ☐ continuare
- ☐ coprire
- ☐ correre
- ☐ costare
- ☐ costruire
- ☐ credere

- ☐ dare
- ☐ dire
- ☐ divertirsi
- ☐ dormire
- ☐ dovere

- ☐ fermarsi
- ☐ finire

- ☐ girare

- ☐ lampeggiare
- ☐ lavare
- ☐ lavarsi
- ☐ leggere

- ☐ mettere
- ☐ mettersi

- ☐ nevicare

- ☐ offrire

- ☐ partire
- ☐ perdere
- ☐ piovere
- ☐ potere
- ☐ preferire
- ☐ prelevare
- ☐ prendere
- ☐ pulire
- ☐ pulirsi

- ☐ ricevere
- ☐ ripetere
- ☐ rispondere

- ☐ salire
- ☐ sapere
- ☐ scendere
- ☐ scrivere
- ☐ sentire
- ☐ sentirsi
- ☐ servire
- ☐ soffrire
- ☐ sparire
- ☐ spendere
- ☐ sposarsi
- ☐ svegliarsi

- ☐ tenere
- ☐ trovare
- ☐ tuonare

- ☐ uscire

- ☐ vedere
- ☐ vendere
- ☐ venire
- ☐ versare
- ☐ vestirsi
- ☐ vivere
- ☐ volere

ADJECTIVES

- [ ] alto
- [ ] antico
- [ ] antipatico
- [ ] aperto
- [ ] arancione
- [ ] azzurro

- [ ] basso
- [ ] bello
- [ ] bianco
- [ ] biondo
- [ ] blu
- [ ] bruno
- [ ] brutto
- [ ] buono

- [ ] caro
- [ ] cattivo
- [ ] celeste
- [ ] centrale
- [ ] chiaro
- [ ] chiuso
- [ ] complicato
- [ ] corto

- [ ] difficile

- [ ] economico
- [ ] elegante

- [ ] facile
- [ ] felice
- [ ] forte

- [ ] giallo
- [ ] giovane
- [ ] giusto
- [ ] grande
- [ ] grigio

- [ ] inelegante
- [ ] intelligente
- [ ] interessante

- [ ] lungo

- [ ] maleducato
- [ ] marrone
- [ ] meridionale
- [ ] mite
- [ ] moderno
- [ ] molto

- [ ] nero
- [ ] noioso
- [ ] nuvoloso

- [ ] occidentale
- [ ] orientale

- [ ] parecchio
- [ ] piccolo
- [ ] poco
- [ ] preciso
- [ ] prossimo

- [ ] rosa
- [ ] rosso

- [ ] sbagliato
- [ ] scorso
- [ ] scuro
- [ ] semplice
- [ ] sereno
- [ ] settentrionale
- [ ] simpatico
- [ ] stupido

- [ ] tanto
- [ ] triste
- [ ] troppo

- [ ] umano
- [ ] ultimo

- [ ] variabile
- [ ] vecchio
- [ ] verde
- [ ] viola

OTHER PARTS OF SPEECH/EXPRESSIONS

- [ ] a
- [ ] abbastanza
- [ ] adesso
- [ ] alcuni
- [ ] alla settimana
- [ ] al mese
- [ ] all'anno
- [ ] allora
- [ ] altro
- [ ] biglietto di andata e ritorno
- [ ] in anticipo
- [ ] in orario
- [ ] in ritardo
- [ ] appena
- [ ] assegno turistico
- [ ] assistente di volo
- [ ] avanti
- [ ] avere bisogno di
- [ ] basta

- [ ] carta d'imbarco
- [ ] cintura di sicurezza
- [ ] da
- [ ] davanti
- [ ] dentro
- [ ] a destra
- [ ] di
- [ ] dietro
- [ ] di fronte
- [ ] diritto
- [ ] mi dispiace
- [ ] dopo
- [ ] dopodomani
- [ ] durante
- [ ] a est
- [ ] Fa caldo/freddo/bel tempo/
      brutto tempo/cattivo tempo
- [ ] fare il biglietto
- [ ] fare male a

- [ ] fra
- [ ] fuori
- [ ] già
- [ ] giù
- [ ] ieri l'altro
- [ ] in
- [ ] indietro
- [ ] invece
- [ ] là
- [ ] lì
- [ ] lontano
- [ ] mal di
- [ ] Mamma mia!
- [ ] mattina
- [ ] mattino
- [ ] meno
- [ ] mentre
- [ ] modulo di prelevamento/
      versamento

☐ molto   ☐ Pronto!   ☐ spesso
☐ a nord   ☐ proprio   ☐ stamani
☐ di notte   ☐ in punto   ☐ stasera
☐ oggi   ☐ qualche   ☐ su
☐ ogni   ☐ quanto   ☐ a sud
☐ ora   ☐ quasi   ☐ subito
☐ a ovest   ☐ qui   ☐ tardi
☐ parecchio   ☐ quindi   ☐ Che tempo fa?
☐ Peccato!   ☐ sempre   ☐ tra
☐ per   ☐ senz'altro   ☐ tutto
☐ a piedi   ☐ di sera   ☐ C'è il vento/Tira vento
☐ poi   ☐ a sinistra   ☐ verso
☐ di pomeriggio   ☐ C'è il sole   ☐ Va'/Vada via!
☐ siete pregati   ☐ di solito   ☐ vicino
☐ presto   ☐ solo/solamente/soltanto   ☐ Sta'/Stia zitto!
☐ previsto   ☐ sopra
☐ prima   ☐ sotto

Review Set 2

A. Match each noun with its meaning or exemplification.

____1. acqua   a. Si prende, per esempio, al bar.

____2. aereo   b. Si può riscuotere *(cash in)* in
                                una banca.

____3. appuntamento   c. Assiste i passeggeri.

____4. aranciata   d. Il contrario *(opposite)* di decollo.

____5. assegno   e. È necessario per andare dal medico.

____6. assistente di volo   f. Si apre per mangiare.

____7. atterraggio   g. Si deve fare per viaggiare.

____8. bagaglio   h. Ci mettiamo i nostri vestiti quando viaggiamo.

____9. biglietto   i. necessità *(necessity)*

____10. bisogno   j. Si prende per andare in Italia.

____11. bocca   k. Si beve quando abbiamo sete.

B. Fill in the missing months, days, and seasons.

1. gennaio, febbraio, marzo, _____, _____, _____, luglio, agosto, _____, _____, novembre, _____

2. lunedì, _____, mercoledì, giovedì, _____, _____, domenica

3. primavera, _____, _____, inverno

C. Here are some communicative tasks for you to carry out.

1. Say that you have a fever.

   _____.

2. Tell someone to keep quiet.

   _____.

3. Tell someone to go away.

   _____.

4. Say that it's a beautiful day, but that it's windy.

   _____.

5. Tell a stranger to turn left.

   _____.

6. Say that it's two-thirty in the afternoon.

   _____.

D. Choose the appropriate response, matching item, synonym, or antonym.

___1. la calza

   a. vestiario   b. banca

___2. I capelli

   a. sulla testa   b. sul corpo

___3. la carne

   a. si beve   b. si mangia

___4. la cintura

   a. si allaccia   b. si mangia

___5. ovest

   a. sì   b. est

___6. addormentarsi

   a. sentirsi   b. svegliarsi

___7. mattina

   a. sera   b. mezzogiorno

___8. aprire

   a. nevicare   b. chiudere

___9. giovane

   a. semplice   b. vecchio

CHAPTER 13

Ti piace?
Do You Like It?

In this chapter you will learn:

- more about pronouns
- how to express your likes and dislikes
- how to speak about the past

Dialogue and Comprehension Activity 13

Non ti piaccio più?

Gina:	Caro Gino, tu sei proprio noioso!	—Dear Gino, you're really boring!
Gino:	Perché dici così? Non ti piaccio più?	—Why do you say that? Don't you like me anymore?
Gina:	Sì, ma non mi lasci mai in pace!	—Yes, but you never leave me alone (in peace)!
Gino:	È mezzogiorno. Andiamo insieme a prendere qualcosa da mangiare.	—It's noon. Let's go together and get something to eat.
Gina:	Ho già mangiato.	—I've already eaten.
Gino:	Allora andiamo al bar a prendere un caffè.	—Then let's go to the bar to get a coffee.
Gina:	L'ho già preso.	—I've already had one.
Gino:	Ho capito. Non mi ami più!	—I understand (lit., I have understood). You don't love me anymore!
Gina:	Caro Gino, non ti ho mai amato!	—Dear Gino, I have never loved you!

Fill in the words, in their appropriate forms, that are missing from the paraphrase of the above dialogue.

Gino è proprio (1)_____. Gino piace ancora a (2)_____. Gino non lascia Gina mai in (3)_____.
È (4)_____ e Gino vuole andare con Gina a (5)_____ qualcosa da mangiare ma Gina (6)_____
già mangiato. Allora lui vuole andare a prendere un caffè al bar, ma Gina l'ha già (7)_____. Allora Gino pensa
che Gina non lo ami più, ma Gina non lo ha mai (8)_____.

Pronomi
Pronouns

	SUBJECT	DIRECT OBJECT	
I	io	**mi**	*me*
you	tu	**ti**	*you* (fam.)
he	lui	**lo**	*he* (*it*)
she	lei	**la**	*she* (*it*)
you	Lei	**La**	*you* (pol.)
we	noi	**ci**	*us*
you	voi	**vi**	*you* (pl.)
they	loro	**li**	*them* (*m.*)
		le	*them* (*f.*)

Notice the differences between subject and direct object pronouns. Like reflexives, object pronouns come right before the verb. Let's see how they are used.

USEFUL VOCABULARY
festa   *party*
giornale (*m.*)   *newspaper*
rivista   *magazine*

This satirical conversation between Gino and Gina shows how to use the object pronouns.

Gino: Oh, Gina bella! **Mi** ami?

Gina: No, non **ti** amo!

Gino: Allora è vero. Tu ami Marco?

Gina: No, non è vero. Non **lo** amo. Ma tu, invece, ami Giuseppina?

Gino: No, no! Non **la** amo.

(*Gina quickly changes the topic*.)

Gina: Sai, Gino, gli amici di Paolo **ci** vogliono invitare a una festa.

Gino: Invitano anche Marco? **Vi** invitano tutti e due?

Gina: Certo!

(*Again, Gina changes the topic!*)

Gina: Gino, tu leggi mai i giornali di questa città?

Gino: No, non **li** leggo mai.

Gina: E le riviste?

Gino: No, non **le** leggo mai. Scusa, ma devo andare. Ho un appuntamento (*date*) con Giuseppina!

Practice Set 75

Complete the following humorous dialogue with the appropriate object pronouns.

Marco: Ah, Gina. Come va? (1)_____ ami ancora? Io (2)_____ amo sempre!

Gina: Peccato! Perché io non (3)_____ amo più. Amo Gino!

Marco: Ma come? Io non so perché (4)_____ ami. È molto brutto. Ma ora dico la verità (*truth*). Io amo Giuseppina!

Gina: Ma è proprio vero che (*that*) (5)_____ ami? E Pina e Maria?

Marco: No, non (6)_____ amo più. E tu non ami più Gino e Paolo?

Gina: No, non (7)_____ amo più! Sai che gli amici vogliono il tuo (*your*) indirizzo e l'indirizzo di Giuseppina perché (8)_____ vogliono invitare a una festa.

Marco: (9)_____ vogliono invitare? Ma perché?

Gina: Perché siete molto simpatici!

Practice Set 76

Notice that **lo** and **la** also mean *it*. Therefore, **lo** can replace a masculine noun phrase and **la** a feminine one. **Li** and **le** are the corresponding plural forms (*them*):

Gino compra | il giornale. | *Gino buys the newspaper.*
Gino | lo | compra. *Gino buys it.*

Gino compra | i giornali. | *Gino buys the newspapers.*

Gino | li | compra. *Gino buys them.*

Quella donna non compra | la rivista. | *That woman does not buy the magazine.*

Quella donna non | la | compra. *That woman does not buy it.*

Quella donna non compra | le riviste. | *That woman does not buy the magazines.*

Quella donna non | le | compra. *That woman does not buy them.*

Now answer the following questions (*yes* or *no* as indicated) using the appropriate object pronouns.

    Example: Mangi la pizza? (Sì)

        Sì, **la** mangio.

1. Bevi il vino? (Sì) _____

2. Compri i giornali? (No) _____

3. Marco mangia la carne? (No) _____

4. Il professore mangia gli spaghetti? (Sì) _____

5. E tu mangi le paste? (No) _____

6. Leggi il giornale italiano? (Sì) _____

7. Leggi quella bella rivista? (Sì) _____

8. Hai le valige? (No) _____

Note as well that the familiar-polite distinction also applies here.

FAMILIAR	POLITE
Gino, non **ti** capisco.	Signor Verdi, non **La** capisco.
Gino, I don't understand you.	Mr. Verdi, I don't understand you.

Supply the appropriate pronoun.

9. Maria, _____ amo!

10. Professore, non _____ capisco.

11. Dottore, non _____ capisco.

12. Gino, non _____ credo!

Practice Set 77

Saying *to me, to you,* etc., requires another set of pronouns, many of which are identical to the direct object pronouns you have just learned. These new pronouns are known as *indirect object* pronouns.

	DIRECT OBJECT	INDIRECT OBJECT	
me	mi	**mi**	*to me*
you	ti	**ti**	*to you* (fam.)
him	lo	**gli**	*to him*
her	la	**le**	*to her*
you	La	**Le**	*to you* (pol.)
us	ci	**ci**	*to us*
you	vi	**vi**	*to you* (pl.)
them	li } le }	**gli**	*to them*

Although there is another way to say *to them,* for your communicative purposes **gli** is all you will need.

Note that there are only a few differences between the two types.

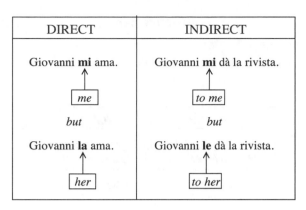

So it is those differences that you will need to practice.

	DIRECT	INDIRECT
Singular	**lo** (*m.*) **la** (*f.*) **La** you (*pol.*)	**gli** (*m.*) **le** (*f.*) **Le** you (*pol.*)
Plural	**li** (*m.*) **le** (*f.*)	**gli**

Put the appropriate pronoun in the blanks.

1. Io telefono a Maria; _____ telefono ogni sera.

2. Maria invita lo studente francese; _____ invita alla festa.

3. Noi telefoniamo agli zii; _____ telefoniamo spesso.

4. Non mangio mai la pizza; non _____ mangio perché preferisco gli spaghetti.

5. Io non mangio gli spaghetti; non _____ mangio mai.

6. Dai il denaro all'impiegato? —Sì, _____ do il denaro.

7. Quando compri quelle riviste?—_____ compro domani.

8. Signora, _____ chiamo stasera.

9. Signora, _____ telefono stasera.

At this point, a handy chart of all the pronouns you have learned in this book might help.

PERSONAL PRONOUNS							
SUBJECT		OBJECT				REFLEXIVE	
		Direct		Indirect			
io	*I*	mi	*me*	mi	*to me*	mi	*myself*
tu	*you*	ti	*you*	ti	*to you*	ti	*yourself*
lui	*he*	lo	*him*	gli	*to him*	si	*himself*
lei	*she*	la	*her*	le	*to her*	si	*herself*
Lei	*you*	La	*you*	Le	*you*	si	*yourself*
noi	*we*	ci	*us*	ci	*to us*	ci	*ourselves*
voi	*you*	vi	*you*	vi	*to you*	vi	*yourselves*
loro	*they*	li/le	*them*	gli	*to them*	si	*themselves*

Practice Set 78

In the last Putting It All Together section you learned that reflexive pronouns are attached to the familiar imperative forms. Well, logically enough, so are object pronouns.

FAMILIAR	POLITE
Maria, compra**lo**! *Mary, buy it!*	Signora, **lo** compri! *Madam, buy it!*
Gino, telefona**gli**! *Gino, phone him!*	Dottore, **gli** telefoni! *Doctor, phone him!*

Now tell Gino to ...

1. phone her. _____   2. wait for you. _____

3. call them (*m.*). _____   4. eat it (pizza). _____

Now tell Mr. Verdi the same things.

5. _____   6. _____

7. _____   8. _____

Piacere e Non Piacere
To Like and Not to Like

Those indirect object pronouns will certainly come in handy for expressing your likes and dislikes. But first, here is the verb **piacere** *to be pleasing to,* which is irregular in the present.

PRESENT OF **PIACERE**		
	SINGULAR	PLURAL
1st	**piaccio**	**piacciamo**
2nd	**piaci**	**piacete**
3rd	**piace**	**piacciono**

This verb allows you to express your likes and dislikes, but it is a tricky one indeed! Since it literally means *to be pleasing to,* you will have to think accordingly. Watch!

Your intended message: *John likes Mary.*

Change it to: *Mary* | *is pleasing* | *to*   *John*

Supply the Italian forms: **Maria**   **piace**   **a**   **Giovanni.**

Here is another example:

Your intended message: *The professors like the students.*

Change it to: *The students* | *are pleasing* | | *to the* | *professors.*

Supply the Italian forms: **Gli studenti**   **piacciono**   **ai**   **professori.**

To express dislike, just add **non** in the usual fashion.

> Maria **non** piace a Giovanni.   *John doesn't like Mary.*
> Gli studenti **non** piacciono ai professori.   *The professors do not like the students.*

You can also change the elements around in such sentences.

> **Maria piace a Giovanni** or **A Giovanni piace Maria.**

Practice Set 79

This is the love story of John and Mary. Say that …

1. John likes Mary. _____

2. But Mary does not like John. _____

3. Mary's friends like John. _____

4. But John doesn't like Mary's friends. _____

5. John's friends like Mary a lot. _____

Practice Set 80

Review the list of indirect object pronouns above, then try your hand at translating the farcical dialogue between Giuseppina, Pino, Angela, and Angelo.

Giuseppina: John, I don't like you! (1)_____

Pino: But I like you! (2)_____

Angela: Does Giuseppina like Mark and Dino? (3)_____

Angelo: Yes, she likes them. We like her, right? (4)_____

Angela: Yes, and we like him, and they like us. (5)_____

Practice Set 81

It does take a little practice before you feel comfortable using **piacere.** There is a simple rule of thumb you can use in many situations:

1. Assume the *indirect* object pronoun to correspond to the English subject.

   > **mi** = *I*, **ti** = *you*, etc.

2. Make the verb agree with what follows.

   > Mi piac**e** la pizza.   *I like pizza.*
   > Mi piacci**ono** gli spaghetti.   *I like spaghetti.*

You are at a clothing store, and the clerk asks you whether you like something. Say that you like whatever is shown to you, but that it is (they are) too expensive.

    Example: Le piace questa giacca?

       Sì, mi piace, ma è troppo cara.   (Don't forget about agreement!)

1. Le piace questa gonna? _____

2. Le piacciono queste scarpe? _____

3. Le piace questo vestito? _____

4. Le piacciono questi pantaloni? _____

A friend has come over to visit, and you offer him/her various foods and drinks. Ask first if he/she likes whatever you offer.

    Example: il cappuccino

       Ti piace il cappuccino?

USEFUL VOCABULARY
torta   *cake*
biscotto   *biscuit/cookie*
caramella   *candy*
cioccolatino   *piece of chocolate*

5. la torta _____

6. le caramelle _____

7. il biscotto _____

8. i cioccolatini _____

You are talking to a friend. Ask her if her boyfriend likes certain things. Your friend answers that they both like whatever you ask about.

    Example: la casa nuova

       Gli piace la casa nuova?
       Sì, ci piace a tutti e due.   *(Yes, we both like it.)*

USEFUL VOCABULARY
nuovo   *new*
appartamento   *apartment*
prezzo   *price*

9. l'appartamento nuovo   _____

       _____

10. i prezzi delle case _____

       _____

Practice Set 82

Here are some more ways to express likes and dislikes.

CHE ... ! WHAT A ... !	
Che bel vestito! *What a nice dress!*	**Che** brutto vestito! *What an ugly dress!*
Che bella giacca! *What a nice jacket!*	**Che** brutta giacca! *What an ugly jacket!*

COME ... !/QUANTO ... ! HOW ... !	
Come è bello quell vestito! *How nice that dress is!*	**Come** è brutto quell vestito! *How ugly that dress is!*
Come sono belli quei pantaloni! *How nice those pants are!*	**Come** sono brutti quei pantaloni! *How ugly those pants are!*
Or: **Quanto** è bello quel vestito! etc.	**Quanto** è brutto quel vestito!

Now say ...

1. What a good cappuccino! _____

2. What a bad (**cattivo**) wine! _____

3. What a nice house! _____

4. What an ugly car! _____

5. How good the biscuits are! _____

6. How bad the cake is! _____

7. How nice the shoes are! _____

8. How ugly the pants are! _____

Il passato: prima parte
The Past: Part I

già	*already*
ancora	*yet*
appena	*just*
adesso	*now*
scorso	*last* (as in *last year*)

Bruno: Marco, a chi telefoni? A Maria?

Marco: No. Non le **ho telefonato** ancora. *or* Non le **ho** ancora **telefonato.**

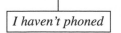

I haven't phoned

La madre: Gina, stai mangiando adesso?

Gina: No, mamma. **Ho mangiato** già. *or* **Ho** già **mangiato.**

                                      ↑
                        ┌─────────────────────┐
                        │ *I have eaten* │
                        └─────────────────────┘

To form the "present perfect" in Italian, do exactly what you do in English.

1. Use the verb *to have* (**avere**) in the present.
   This is known as the *auxiliary* verb.

2. Change the verb into a *past participle* as follows:

-are	**-ere**	**-ire**
mangi**are**	vend**ere**	fin**ire**
↓	↓	↓
mangi [ato]	**vend** [uto]	**fin** [ito]

3. Then put the two together:

ho **hai** **ha** **mangiato** **abbiamo** **avete** **hanno**	**ho** **hai** **ha** **venduto** **abbiamo** **avete** **hanno**	**ho** **hai** **ha** **finito** **abbiamo** **avete** **hanno**

This construction corresponds exactly to the English present perfect.

    ho   mangiato   abbiamo   venduto   hanno   finito   etc.

    I have   *eaten*   *we have*   *sold*   *they have*   *finished*

In addition, it allows you to express two other English tenses.

┌──┐
│   **ho mangiato**   │
│   ╱   │   ╲   │
│   I have eaten.   I ate.   I did eat.   │
│   │   │   │   │
│ **Ho mangiato già.**   **Ho mangiato ieri.**   **Sì, ho mangiato!** │
│   │   │   │   │
│ I have eaten already.   I ate yesterday.   Yes, I did eat! │
└──┘

Practice Set 83

Here is some more important mechanical practice. Simply answer each question as indicated.

Example: Hai mangiato? _____ già.
Ho mangiato già/Ho già mangiato.

```
          USEFUL EXPRESSIONS

  due mesi fa    two months ago
  venti minuti fa   twenty minutes ago
  tre anni fa    three years ago
  etc.
```

1. Hai ascoltato la radio (*radio*)?—_____ la radio un'ora fa.

2. Hai venduto la macchina?—_____ la macchina una settimana fa.

3. Hai finito di mangiare?—_____ appena _____ di mangiare.

4. Quanti vestiti ho comprato?—Tu _____ tre vestiti.

5. Quanti vestiti ho voluto?—Tu _____ solo un vestito.

6. Quante persone (*persons*) ho servito?—Tu non _____ nessuno.

7. Sta lavorando Maria?—No, _____ ieri.

8. Deve lavorare Maria?—No, _____ lavorare ieri.

9. Pulisce la casa Gino?—No, _____ la casa stamani.

10. Pagate il conto?—No, _____ già _____ il conto.

11. Dovete lavorare oggi?—No, _____ lavorare la settimana scorsa.

12. Avete capito?—Sì, _____ tutto!

13. Marco, Maria, (voi) _____?—Sì, abbiamo mangiato.

14. Signore, signori, _____ la verità (*truth*)?—Sì, abbiamo saputo tutta la verità.

15. Gianni, Maria, _____?—No, non abbiamo ancora finito.

16. Stanno cenando?—No, _____ già _____.

17. Vendono la macchina?—No, _____ la macchina il mese scorso.

18. Finiscono di mangiare?—No, _____ di mangiare poco fa (*a little while ago*).

Practice Set 84

Of the verbs you have learned so far, the following have irregular past participles.

fare	**fatto**
aprire	**aperto**
bere	**bevuto**
chiedere	**chiesto**
chiudere	**chiuso**
conoscere	**conosciuto**
coprire	**coperto**
dare	**dato**
dire	**detto**
leggere	**letto**
mettere	**messo**
offrire	**offerto**
perdere	**perso** (also **perduto**)
prendere	**preso**
rispondere	**risposto**
scrivere	**scritto**
soffrire	**sofferto**
spendere	**speso**
vedere	**visto** (also **veduto**)
vivere	**vissuto**

Now, say that …

1. you put the pen on the table. _____

2. you told the truth. _____

3. Gino drank the wine already. _____

4. Mary and Gino wrote the letter last week. _____

5. you closed the window a minute ago. _____

6. you gave the traveler's check to Mary. _____

7. it was cold yesterday. _____

8. it was warm last week. _____

9. you haven't yet read the magazine. _____

10. you lost your suitcase. _____

Practice Set 85

One last thing about the past tense. When the direct object pronouns **lo, la, li, le** (see page 206), as well as **ne** (see Chapter 9), are used, the past participle *agrees* with them in gender and number.

Hai mangiato **il panino?**   *Did you eat the bun?*

Sì **lo** ho mangia**to.**   *Yes, I ate it.*

Hai mangiato **gli spaghetti?**   *Did you eat the spaghetti?*

Sì, **li** ho mangia**ti.**   *Yes, I ate them.*

Hai mangiato **la pasta?**   *Did you eat the pastry?*

Sì, **la** ho mangia**ta.**   *Yes, I ate it.*

Hai mangiato **le caramelle?**   *Did you eat the candies?*

Sì, **le** ho mangia**te.**   *Yes, I ate them.*

Quante **caramelle** hai mangiato?   *How many candies did you eat?*

Ne ho mangia**te** quattro.   *I ate four of them.*

Now you try it.

> Note: You may use **l'**
> instead of **lo** or **la** in front
> of the verb **avere.**

1. Hai finito la lezione? _____

2. Hai bevuto il vino? _____

3. Hai comprato quelle scarpe? _____

4. Hai versato i soldi in banca? _____

5. Quanta pizza hai mangiato? _____ molta.

6. Quanti vestiti hai comprato? _____ alcuni.

7. Maria ha venduto la macchina? _____

8. Gino ha finito gli esercizi? _____

9. Loro hanno letto il giornale? _____

10. Loro hanno aperto le finestre? _____

Reading and Comprehension Activity for Chapter 13

Now it's time for you to test your reading skills. Read the following brief passage, then do the follow-up activity. Some of the words are glossed for you. You should be able to figure out the meaning of the others on your own.

Lettura

Gino è veramente un tipo noioso! Ieri ha chiesto *di nuovo* a Gina di uscire con lui. L'ha chiamata col cellulare, ma lei non ha risposto. Allora ha preso l'autobus *fino* a casa sua.	*again* *(up) to*
A casa di Gina lui ha parlato con la *sorellina* per venti minuti, poi l'*ha portata* a prendere il *gelato*. Gina *non c'era*. Povero Gino!	*little sister, took her* *ice cream* *wasn't there*

A. Answer each question with a complete sentence.

1. Com'è Gino?

   _____.

2. Che cosa ha chiesto ieri a Gina?

   _____.

3. Che cosa ha fatto?

   _____.

4. Cosa ha preso per andare a casa di Gina?

   _____.

5. Che cosa ha fatto a casa di Gina?

   _____.

B. Now write your own little story about Gino. In it, say that Gino …

1. likes Gina.   2. phoned her yesterday.   3. took the bus to her house.   4. took her little sister to get an ice cream.

_____

_____

_____

_____

CHAPTER 14

Tutto in famiglia
All in the Family

In this chapter you will learn:

- more about how to speak of past events
- how to express possession
- kinship words

Dialogue and Comprehension Activity 14

Dov'è andato il papà?

Nino:	Mamma, dov'è andato il papà?	*—Mom, where did dad go?*
Francesca:	È uscito a fare la spesa.	*—He went out to do some grocery shopping.*
Nino:	Quando torna?	*—When is he coming back?*
Francesca:	Fra poco. Perché?	*—In a little while. Why?*
Nino:	Ho rotto la mia bicicletta.	*—I wrecked (broke) my bike.*
Francesca:	La tua bicicletta? Come hai fatto?	*—Your bike? How did you do that?*
Nino:	Sono caduto!	*—I fell!*
Francesca:	Non piangere! Ti aiuto io a aggiustarla. Io sono molto brava a fare queste cose.	*—Don't cry! I can help you fix it. I'm very good at doing these things.*
Nino:	Grazie, mamma!	*—Thanks, mom!*

All of the following statements are false. Correct them.

Example: Il papà di Nino è andato al cinema.

Il papà di Nino è uscito a fare la spesa.

1. Il papà di Nino torna tardi.

   _____.

2. Nino ha rotto la sua testa.

   _____.

3. Nino è uscito.

   _____.

4. La mamma lo aiuta a aggiustare la sua penna.

   _____ .

5. La mamma non è molto brava a aggiustare le cose.

   _____ .

Il passato: seconda parte
The Past: Part II

Read the following.

> *Bruno:* Marco, vai in centro?
> *Marco:* No, ci **sono andato** già. (No, ci **sono** già **andato**).

```
I have gone
```

> *La madre:* Gina, quando arrivano Mario e Maria?
> *Gina:* Mamma, **sono arrivati** già. (Mamma, **sono** già **arrivati**).

```
they have arrived
```

Simply put, there are a few verbs that require the auxiliary verb **essere,** rather than **avere,** in the present perfect, even though they allow you to express the same kinds of meanings.

sono andato		
I have gone	*I went*	*I did go*

You will have to learn those few by memory. Of the verbs encountered so far in this book, the following require **essere** as the auxiliary verb in the present perfect (irregular past participles are indicated as well).

arrivare	**entrare**	**essere (stato)**	**stare (stato)**
andare	**costare**	**partire**	**sparire**
uscire	**venire (venuto)**	**cadere**	**tornare**

The past participle is formed in the normal way (see Chapter 13). But with these verbs, the past participle must agree with the subject, according to the regular agreement patterns.

Quell' uomo è andat**o** in Italia l'anno scorso.

Quegli uomini sono andat**i** in Italia l'anno scorso.

Quella donna è andat**a** in Italia l'anno scorso.

Quelle donne sono andat**e** in Italia l'anno scorso.

Here is **andare** fully conjugated for you.

(io)	sono	andato/andata
(tu)	sei	andato/andata
(lui)	è	andato
(lei)	è	andata
(noi)	siamo	andati/andate
(voi)	siete	andati/andate
(loro)	sono	andati/andate

Sono { **andati.** → includes both males *and* females
         { **andate.** → indicates *only* females

Practice Set 86

Let's start off with a simple exercise. Put the appropriate form of the auxiliary verb **essere** in the blanks, as well as the appropriate ending on the past participle.

1. *Prof.:* Signore, quando è arrivato Lei dall'Italia?

    Sig.: (Io) _____ arrivat _____ tre mesi fa.

    Prof.: E Lei signora?

    Sig. a: Io, invece, _____ arrivat _____ solo tre giorni fa.

2. *Gino:* Marco, quando _____ entrat _____?

    Marco: Due minuti fa.

    Gino: E tu Claudia? Quando _____ entrat _____?

    Claudia: Poco fa.

3. *Il padre:* Dov'è Pino?

    La madre: Pino _____ uscit _____ un'ora fa.

    Il padre: E Pina?

    La madre: Anche lei _____ uscit _____ poco tempo fa.

4. *Dino:* Ciao, Marco e Pino. Dove siete andati?

    Marco e Pino: _____ andat _____ in centro.

    Dino: E voi, Gina e Dina, dove siete andate?

    Gina e Dina: Anche noi _____ andat _____ in centro.

5. *Dott.:* Claudia e Pino, perché _____ tornat _____?

    Claudia e Pino: Abbiamo un raffreddore tutti e due.

    Dott.: E voi, Pina e Dina, perché _____ tornat _____?

    Pina e Dina: Perché abbiamo la febbre, dottore.

6. *Mauro:* Quando sono venuti quei signori?

   Maria: Loro _____ venut _____ ieri.

   Mauro: E quelle signore?

   Maria: Anche loro _____ venut _____ ieri.

Practice Set 87

In addition to being used with these verbs, the auxiliary **essere** is required for *all* reflexive verbs (see Chapter 12). The past participle agrees with the subject.

La professoressa si è alzat**a** presto.

Il professore si è alzat**o** tardi.

Quei bambini si sono divertit**i** molto.

Quelle bambine invece, non si sono divertit**e.**

Now continue as in Practice Set 86.

1. *Marco:* Quando ti sei alzato?

   Gino: Mi _____ alzat _____ alle sei e mezzo.

   Marco: E tu Gina?

   Gina: Io, invece, mi _____ alzat _____ alle otto precise.

2. *Marco:* Tu Paolo, quando ti _____ svegliat _____?
   Paolo: Solo una mezz'ora fa.

   Marco: E tu Pina, quando ti _____ svegliat _____?
   Pina: Stamani presto.

3. *Dott.:* Perché si _____ arrabbiat _____ quei due uomini?
   Segretaria: Perché Lei non gli ha dato una ricetta.

   Dott.: E quelle donne? Perché si _____ arrabiat _____?
   Segretaria: Sono le mogli di quegli uomini!

4. *Marco:* Dov'è andato Paolo?

   Pino: A Roma. Si _____ sposat _____.

   Marco: E Paola?

   Pino: Anche Lei è andata a Roma, e si _____ sposat _____ con Paolo!

---

c'è *there is* ⟶ **c'è stato** *there has been*
ci sono *there are* ⟶ **ci sono stati/state** *there have been*

Il mio e il tuo
Mine and Yours

It's time to learn how to express possession. Above all else, notice that the definite article is required in Italian.

Practice Set 88

A. *My* and *mine*

Questo è **il mio** portafoglio. *This is my wallet.*	Questo è **il mio.** *This is mine.*
Questa è **la mia** borsa. *This is my purse.*	Questa è **la mia.** *This is mine.*
Questi sono **i miei** portafogli. *These are my wallets.*	Questi sono **i miei.** *These are mine.*
Queste sono **le mie borse.** *These are my purses.*	Queste sono **le mie.** *These are mine.*

Continue.

1. Questo è il _____ libro. Questo è il _____.

2. Questa è la _____ giacca. Questa è la _____.

3. Questi sono i _____ amici. Questi sono i _____.

4. Queste sono le _____ amiche. Queste sono le _____.

B. *Your* and *yours* (familiar)

Ecco **il tuo** giornale. *Here is your newspaper.*	Ecco **il tuo.** *Here is yours.*
Ecco **la tua** valigia. *Here is your suitcase.*	Ecco **la tua.** *Here is yours.*
Ecco **i tuoi** giornali. *Here are your newspapers.*	Ecco **i tuoi.** *Here are yours.*
Ecco **le tue** valige. *Here are your suitcases.*	Ecco **le tue.** *Here are yours.*

You continue. This time you must give the definite article as well.

5. Ecco _____ _____ riviste. Ecco _____ _____.

6. Ecco _____ _____ biglietti. Ecco _____ _____.

7. Ecco _____ _____ carta d'imbarco. Ecco _____ _____.

8. Ecco _____ _____ giornale. Ecco _____ _____.

C. *His/her/its/your* (polite) and *his/hers/its/yours* (polite)

Conosci **il suo** amico? *Do you know his/her friend?*	Conosci **il suo?** *Do you know his/hers?*
Conosci **la sua** amica? *Do you know his/her friend?*	Conosci **la sua?** *Do you know his/hers?*
Conosci **i suoi** amici? *Do you know his/her friends (m.)?*	Conosci **i suoi?** *Do you know his/hers?*
Conosci **le sue** amiche? *Do you know his/her friends (f.)?*	Conosci **le sue?** *Do you know his/hers?*

This is a tough one! You must not think in English and just make the possessive agree with the noun.

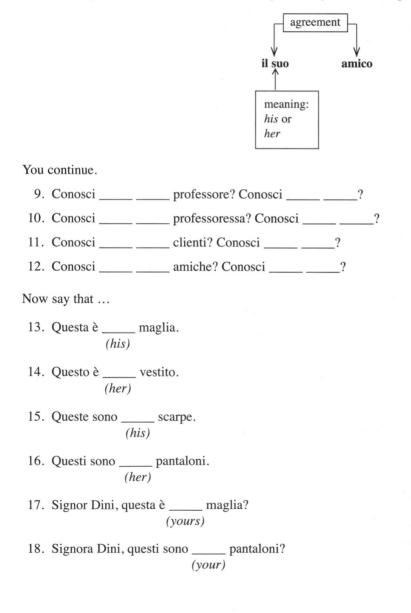

You continue.

9. Conosci _____ _____ professore? Conosci _____ _____?

10. Conosci _____ _____ professoressa? Conosci _____ _____?

11. Conosci _____ _____ clienti? Conosci _____ _____?

12. Conosci _____ _____ amiche? Conosci _____ _____?

Now say that ...

13. Questa è _____ maglia.
        (his)

14. Questo è _____ vestito.
        (her)

15. Queste sono _____ scarpe.
        (his)

16. Questi sono _____ pantaloni.
        (her)

17. Signor Dini, questa è _____ maglia?
        (yours)

18. Signora Dini, questi sono _____ pantaloni?
        (your)

D. *Our* and *ours*

Abbiamo venduto **il nostro** appartamento. *We sold our apartment.*	Abbiamo venduto **il nostro.** *We sold ours.*
Abbiamo venduto **la nostra** casa. *We sold our house.*	Abbiamo venduto **la nostra.** *We sold ours.*
Abbiamo venduto **i nostri** appartamenti. *We sold our apartments.*	Abbiamo venduto **i nostri.** *We sold ours.*
Abbiamo venduto **le nostre** case. *We sold our houses.*	Abbiamo venduto **le nostre.** *We sold ours.*

You continue.

19. Abbiamo venduto _____ _____ macchine. Abbiamo venduto _____ _____.

20. Abbiamo venduto _____ _____ orologio. Abbiamo venduto _____ _____.

21. Abbiamo venduto _____ _____ orologi. Abbiamo venduto _____ _____.

22. Abbiamo venduto _____ _____ macchina. Abbiamo venduto _____ _____.

E. *Your* and *yours* (plural)

Il vostro amico parla bene. *Your friend speaks well.*	**Il vostro** parla bene. *Yours speaks well.*
La vostra amica parla bene. *Your friend speaks well.*	**La vostra** parla bene. *Yours speaks well.*
I vostri amici parlano bene. *Your friends speak well.*	**I vostri** parlano bene. *Yours speak well.*
Le vostre amiche parlano bene. *Your friends speak well.*	**Le vostre** parlano bene. *Yours speak well.*

You continue.

23. _____ _____ cappelli sono belli. _____ _____ sono belli.

24. _____ _____ scarpe sono belle. _____ _____ sono belle.

25. _____ _____ vino è buono. _____ _____ è buono.

26. _____ _____ amica è italiana. _____ _____ è italiana.

F. *Their* and *theirs*

Notice that in this case, the possessive is invariable.

È **il loro** appartamento? *Is it their apartment?*	È **il loro?** *Is it theirs?*
È **la loro** casa? *Is it their house?*	È **la loro?** *Is it theirs?*
Sono **i loro** appartamenti? *Are they their apartments?*	Sono **i loro?** *Are they theirs?*
Sono **le loro** case? *Are they their houses?*	Sono **le loro?** *Are they theirs?*

Continue.

27. È _____ _____ macchina? È _____ _____?

28. È _____ _____ corso? È _____ _____?

29. Sono _____ _____ vestiti? Sono _____ _____?

30. Sono _____ _____ gonne? Sono _____ _____?

A summary chart will certainly come in handy at this point.

	WITH MASCULINE NOUNS		WITH FEMININE NOUNS	
my/mine	**il mio** libro	**i miei** libri	**la mia** penna	**le mie** penne
your/yours	**il tuo** libro	**il tuoi** libri	**la tua** penna	**le tue** penne
his/her(s)/ your(s) (polite)	**il suo** libro	**i suoi** libri	**la sua** penna	**le sue** penne
our/ours	**il nostro** libro	**i nostri** libri	**la nostra** penna	**le nostre** penne
your/yours (plural)	**il vostro** libro	**i vostri** libri	**la vostra** penna	**le vostre** penne
their/theirs	**il loro** libro	**i loro** libri	**la loro** penna	**le loro** penne

Tutto in famiglia
All in the Family

Meet the Santucci family. But before the family members are introduced to you, review the adjectives of Chapter 8. Here are a few other useful descriptive words:

SOME USEFUL ADJECTIVES	
ricco *rich*	povero *poor*
magro *skinny/thin*	grasso *fat*
sincero *sincere*	timido *shy*
forte *strong*	gentile *gentle/kind*
generoso *generous*	pigro *lazy*

OTHER USEFUL WORDS
così   *so*
volentieri   *gladly*
insieme   *together*
aiutare   *to help*

```
LA FAMIGLIA SANTUCCI
THE SANTUCCI FAMILY
```

Ecco la famiglia Santucci.

Franco: Franco è il <u>nonno.</u> È molto vecchio. Ha 90 anni. È molto gentile e buono. Abita insieme con i suoi figli.

Franca: È la <u>moglie</u> di Franco. È, quindi, la <u>nonna</u>. Lei è molto sincera e aiuta tutti volentieri.

Francesco: È il <u>figlio</u> di Franco. Ha due figli. È, quindi, anche un <u>padre.</u> È molto generoso. Così, anche lui aiuta tutti sempre.

Francesca: È la moglie di Francesco e la <u>madre</u> di due figli. È molto gentile. È logicamente la <u>moglie</u> di Francesco.

Nino: È il <u>figlio</u> di Francesco e Francesca. È il <u>fratello</u> di Nina. È un po' pigro e anche un po' grasso.

Nina: È la <u>sorella</u> di Nino e la <u>figlia</u> di Francesco e Francesca. Lei è molto intelligente e bella. Ama molto la <u>mamma</u> e il <u>papà</u>.

Paola: È la <u>figlia</u> di Franco e Franca. È la <u>zia</u> di Nino e di Nina.

Paolo: È il <u>marito</u> di Paola. È, quindi, il <u>cognato</u> di Francesca. È lo <u>zio</u> di Nino e di Nina. È un uomo molto ricco, ma anche generoso.

Pina: È la figlia di Paolo e Paola. È, quindi, la <u>cugina</u> di Nino e Nina.

nonno	*grandfather*	nonna	*grandmother*
marito	*husband*	moglie	*wife*
padre	*father*	madre	*mother*
papà	*dad*	mamma	*mom*
figlio	*son*	figlia	*daughter*
fratello	*brother*	sorella	*sister*
zio	*uncle*	zia	*aunt*
cugino	*cousin (m.)*	cugina	*cousin (f.)*
cognato	*brother-in-law*	cognata	*sister-in-law*

Practice Set 89

A. Check the appropriate response.

1. Chi è il cugino di Pina?
   - ☐ Nino
   - ☐ Paolo

2. Chi è molto ricco, ma anche generoso?
   - ☐ Paolo
   - ☐ Francesco

3. Chi è molto intelligente e bella?
   - ☐ Franca
   - ☐ Nina

4. Chi è un po' pigro e grasso?
   - ☐ Nino
   - ☐ Franco

5. Chi abita insieme con i suoi figli?
   - ☐ Franco
   - ☐ Paola

B. Complete the following.

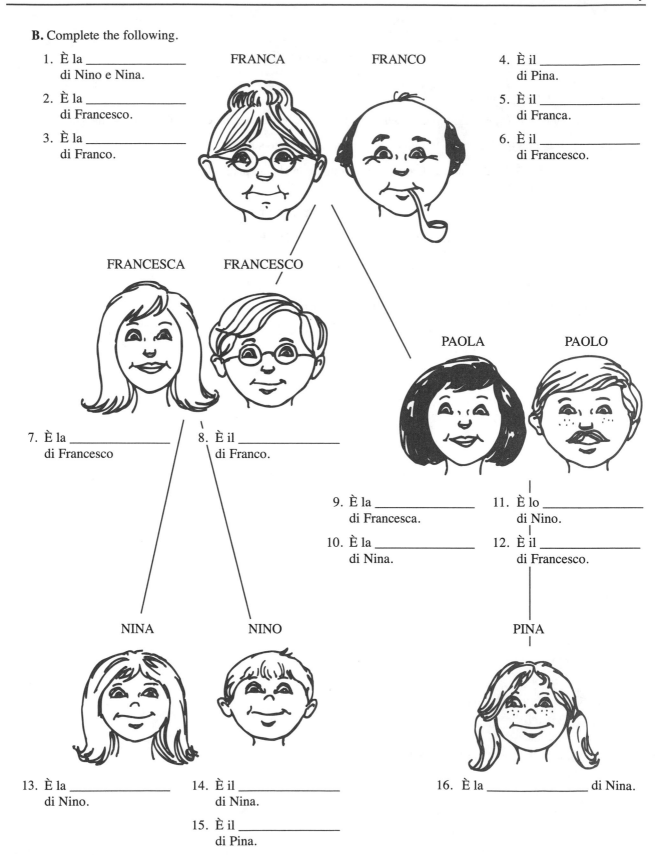

1. È la _____
   di Nino e Nina.

2. È la _____
   di Francesco.

3. È la _____
   di Franco.

FRANCA   FRANCO

4. È il _____
   di Pina.

5. È il _____
   di Franca.

6. È il _____
   di Francesco.

FRANCESCA   FRANCESCO

PAOLA   PAOLO

7. È la _____
   di Francesco

8. È il _____
   di Franco.

9. È la _____
   di Francesca.

10. È la _____
    di Nina.

11. È lo _____
    di Nino.

12. È il _____
    di Francesco.

NINA   NINO

PINA

13. È la _____
    di Nino.

14. È il _____
    di Nina.

15. È il _____
    di Pina.

16. È la _____ di Nina.

Practice Set 90

Here are a few rules to follow when using the possessive with family relations.

1. If the noun is *singular,* do *not* use the definite article:

    mio zio *my uncle*

    tua madre *your mother*

    etc.

2. This does not apply to **loro:**

    il loro zio *their uncle*

3. This also does not apply if the noun is *plural,* or *modified:*

    i miei zii *my uncles*

    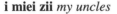

    plural
    noun

    la tua madre simpatica *your nice mother*

    ↑
    modifying
    adjective

Find this a bit too complicated? Maybe a little practice will help.

The following sentences may or may not require an article. Put one in if necessary (in its appropriate form, of course).

1. Questo è _____ mio padre. 2. _____ miei zii abitano in Italia. 3. _____ tuo fratello ricco è anche molto generoso. 4. _____ suo cugino si chiama Alfredo, e _____ sua cugina si chiama Anna. 5. _____ loro padre è in Italia, ma _____ loro madre è negli Stati Uniti. 6. Dove abita _____ vostro cognato?

Finally, note that with **mamma, papà, nonno,** and **nonna,** dropping the article is optional.

Reading and Comprehension Activity for Chapter 14

Now it's time for you to test your reading skills. Read the following brief passage, then do the follow-up activity. Some of the words are glossed for you. You should be able to figure out the meaning of the others on your own.

Lettura

Dopo che ha fatto la spesa, il padre di Nino torna a casa e vede che sua moglie e suo figlio *stanno aggiustando* la bicicletta. Lui li vuole aiutare. Allora insieme, il padre, la madre e il figlio hanno lavorato tutto il pomeriggio. Quando è arrivata l'ora di cena, hanno finito di *aggiustare* la bicicletta. Dopo cena i tre sono usciti con la sorella, Nina, a prendere un *gelato* insieme. La famiglia Santucci è una famiglia molto felice.	*are fixing* *finished fixing* *ice cream*

A. Answer each question with a complete sentence.

1. Quando torna a casa il padre di Nino?

   _____.

2. Che cosa vede?

   _____.

3. Che cosa vuole fare?

   _____.

4. Che hanno fatto insieme, Nino, suo padre e sua madre, tutto il pomeriggio?

   _____.

5. Quando hanno finito di aggiustare la bicicletta?

   _____.

6. Dov'è andata la famiglia Santucci dopo cena?

   _____.

7. Com'è la famiglia Santucci?

   _____.

B. Now write your own little story about the Santuccis. In it, say that …

1. Yesterday the father went out to do (food) shopping.   2. Nino broke his bicycle.   3. Nino's mother and father helped Nino fix his bicycle.   4. The family went out after supper to get an ice cream.

_____

_____

_____

_____

Putting It All Together (Chs. 13 and 14)

Practice Set 91

A. Put an appropriate pronoun in each blank.

1. *Pino:* Marco, è vero che *(that)* Gina _____ telefona spesso?

2. *Marco:* No, non è vero. Non _____ telefona mai.

3. *Pino:* _____ piace Gina?

4. *Marco:* Sì, _____ piace, ma preferisco la sua amica.

5. *Pino:* Perché _____ preferisci?

   Marco: Perché è simpatica. Conosci i suoi amici?

6. *Pino:* Sì, _____ conosco molto bene. Sono tutti simpatici.

7. *Marco:* Andiamo al bar. _____ offro un cappuccino.

8. *Pino:* Va bene, ma più tardi. Telefona _____ verso le quattro!

9. *Marco:* Certo, _____ andiamo alle quattro. Ciao.

B. Add **piacere** to the list of verbs that require **essere** as their auxiliary verb in the past.

Ti è piaciuta la pizza? *Did you like the pizza?*

Non mi sono piaciuti quei pantaloni. *I didn't like those pants.*

Now say that …

1. you liked the shoes. _____

2. he also liked the shoes. _____

3. she didn't like the shoes. _____

4. they liked the blue sweater. _____

5. they didn't like the pants. _____

C. Here is an easy exercise for you. Put either **avere** or **essere** in the blanks, as the case may be. They must, of course, be in their appropriate form.

1. Quando _____ venuti i tuoi amici?

2. Giovanni _____ sempre abitato in Francia.

3. Anche io _____ andato in centro ieri.

4. E tu, cosa _____ mangiato ieri sera?

5. Ti _____ piaciuti gli spaghetti?

D. Only the possessives are missing from the following love letter. Can you supply them?

Cara Maria,

    ti amo! Sei _____ ragazza! Tu mi ami? Sono anche io _____ ragazzo? Devi conoscere _____ genitori
         (my)   *(your)*   *(my)*
(parents). Ti voglio sposare! Conosci Paolo? È _____ amico. _____ sorella ti conosce molto bene. Si chiama
                                                    (my)   *(his)*
Claudia. Perché non vieni in Italia? Puoi venire anche con _____ genitori.
                                                          (your)

    Ciao per adesso.

    Pasquale

E. Here are a series of mind bogglers for you. Can you figure out the following relations?

      Example: il padre del padre   la figlia di tua madre

                    il nonno   **mia sorella**

Good luck!

1. la madre della madre _____

2. la moglie di tuo fratello _____

3. la sorella di tuo padre _____

4. il figlio di vostra zia _____

5. il fratello del padre _____

Culture Capsule 7: The Italian Family

In Italia, la famiglia tradizionale è in *diminuzione*. La	*decline*
famiglia «nucleare»—e *cioè* la famiglia che *consiste*	*that is, consists*
di padre, madre, e figli, senza nonni e altri parenti—è	
ormai quella prevalente in tutto il *paese*.	*by now, country*
La *legge* italiana *stabilisce* che con il	*law, establishes*
matrimonio il marito e la moglie hanno gli *stessi*	*matrimony, same*
diritti e *doveri*. *In confronto* agli Stati Uniti, in Italia	*rights, duties, in comparison*
ci sono meno *divorzi*, ma il numero è *variabile*.	*divorces, variable*

Answer the following questions with complete sentences.

1. Che cosa è in diminuzione?

   _____

2. In confronto agli Stati Uniti ci sono più o meno divorzi in Italia?

   _____

3. Che cosa stabilisce la legge italiana?

   _____

4. La famiglia nucleare consiste di…

   _____

CHAPTER 15

Chi è il più alto?
Who's the Tallest?

In this chapter you will learn:

- how to compare things
- more about speaking of the past
- how to expand your sentence structure

Dialogue and Comprehension Activity 15

Tu eri piccola!

Claudia:	Giorgio, ricordi quando eravamo bambini?	—George, do you remember when we were kids?
Giorgio:	Sì, tu eri piccola, eri la più piccola della scuola.	—Yes, you were small, you were the smallest in the school.
Claudia:	È vero, anche se oggi sono più alta di te.	—It's true, even though today I'm taller than you.
Giorgio:	Io, invece, ero grasso.	—I, instead, was fat.
Claudia:	Ma oggi, invece, sei magro.	—But today, instead, you're skinny.
Giorgio:	Ricordi come giocavamo sempre insieme?	—Do you remember how we used to play together?
Claudia:	Sì, ma tu eri troppo attivo.	—Yes, but you were too active.
Giorgio:	E oggi sono troppo calmo.	—But today I am too calm.
Claudia:	Come cambiano le cose!	—How things change!

Answer each question with a complete sentence.

1. Com'era Claudia quando era bambina?

   _____.

2. Com'è oggi, invece?

   _____.

3. Com'era Giorgio?

   _____ .

4. Che cosa facevano insieme?

   _____ .

5. Com'è oggi Giorgio?

   _____ .

Paragonare le cose
Comparing Things

Chi è il più alto?

Maria è **alta.** ↑ *tall*	Suo fratello è **più alto.** ↑ *taller*	Gino è **il più alto.** ↑ *the tallest*
Il dottor Dini è **ricco.** ↑ *rich*	Sua sorella è **meno ricca.** ↑ *less rich*	Il professor Verdi è **il meno ricco.** ↑ *the least rich*

Comparison in Italian is quite simple:

more	the most	less	the least
|	|	|	|
più	**il più**	**meno**	**il meno**

Do not forget, of course, to make your articles and adjectives agree in the normal fashion.

Practice Set 92

You and two friends are talking and making several comparisons. Follow the example. (Review possessives, Chapter 14, if necessary.)

> Example: giacca: **più** bella
>
> **La mia giacca è bella.**
>
> **La tua è più bella.** *(to the friend closest to you)*
>
> **La sua è la più bella.** *(referring to the other friend)*

1. zio: (**più**) generoso

   _____

2. moglie: (**meno**) timida

   _____

3. macchina: (**più**) grande

   _____

4. pantaloni: (**meno**) moderni

_____

5. scarpe: (**più**) economiche

_____

6. orologio: (**meno**) caro

_____

7. fratello: (**più**) maleducato

_____

Practice Set 93

Here's how to say *than:*

1. If two adjectives (or other part of speech) comparing the same thing are involved, use **che:**

L'italiano è più complicato **che** difficile. *Italian is more complicated than difficult.*
      ↑   ↑
   adjective   *adjective*

2. If one adjective (or other part of speech) compares different things or people, then use **di** (contracted with the definite article as the case may be).

Gina è più alta **di** Maria. *Gina is taller than Mary.*
  ↑
 adjective

Quell'uomo è meno ricco **del** dottore. *That man is less rich than the doctor.*
  ↑
 adjective

Fill in the blanks with either **che** or **di** (in contracted form if required).

1. Quel commesso è più gentile _____ sincero.

2. Mia zia scrive meno lettere _____ tua zia.

3. Gli italiani bevono più caffè _____ americani.

4. Il loro amico è più simpatico _____ generoso.

- To say, for instance, the tallest *in* the room, use **di** (in contracted form if required).

Giorgio è il più alto **della** stanza.

5. Maria è la meno ricca _____ sue amiche.

6. Quello è il dottore più bravo _____ città.

Practice Set 94

The following synonyms are used frequently when making comparisons.

good	better	the best
buono	**più buono =** **migliore**	**il più buono =** **il migliore**
well	better	the best
bene	**più bene =** **meglio**	**il più bene =** **il meglio**
bad	worse	the worst
cattivo	**più cattivo =** **peggiore**	**il più cattivo =** **il peggiore**
male	**più male =** **peggio**	**il più male =** **il peggio**

Now replace each expression with its equivalent.

1. Questo vino è **più buono** (_____) di quello.

2. Oggi sto **più bene** (_____) di ieri.

3. Questa caramella è **più cattiva** (_____) di quella.

4. Ieri sono stato **più male** (_____) di oggi.

5. Questo vino è **il più buono** (_____) d'Italia.

6. Oggi sto **il più bene** (_____) di tutta la settimana.

7. Questo vino è **il più cattivo** (_____) della città.

8. Oggi sto **il più male** (_____) di tutto il mese.

Il passato: terza parte
The Past: Part III

You have learned how to express past actions such as *I spoke, I have spoken, I did speak*. Now you will learn how to express such past actions as *I was speaking* and *I used to speak*. The tense that allows you to do this is known as the *imperfect*, because it allows you to express actions that were incomplete or, more accurately, ongoing in the past.

Let's see how to form the imperfect.

1. Drop the **-re** of the infinitive;

   parl**are**   scriv**ere**   fin**ire**

   parla-   **scrive-**   **fini-**

2. Add the following endings:

	Person		
S I N G U L A R	1st	parlavo scrivevo finivo	*I was speaking/ I used to speak/ etc.*
	2nd	parlavi scrivevi finivi	*you were speaking/ you used to speak/ etc.*
	3rd	parlava scriveva finiva	*he/she was speaking/ he/she used to speak or you (pol.) were speaking/ used to speak/ etc.*
P L U R A L	1st	parlavamo scrivevamo finivamo	*we were speaking/ we used to speak/ etc.*
	2nd	parlavate scrivevate finivate	*you were speaking/ you used to speak/ etc.*
	3rd	parlavano scrivevano finivano	*they were speaking/ they used to speak/ etc.*

Practice Set 95

Each situation requires the imperfect in the person indicated. First form the imperfect of the given verbs for each person, and then put them in their appropriate slots.

A. *I used to ...*

> andare _____
> alzarsi mi _____
> uscire _____
> volere _____

Da giovane *(as a youth)*, mi (1)_____ sempre tardi la mattina, perché (2)_____ a dormire tardi. (3)_____ ogni sera con i miei amici, perché mi (4)_____ divertire.

B. *You were ...*

> dormire _____
> guardare _____
> volere _____

Ieri, mentre tu (1)_____ la TV, io leggevo il giornale. Poi, tu sei andato a dormire. Ma, perché (2)_____ se *(if)* (3)_____ uscire, invece, con i tuoi amici al bar?

C. *He/she/it/you (polite) used to …*

> leggere _____
> capire _____
> ascoltare _____

Quando andava a scuola mio fratello non (1)_____ mai niente. Lui (2)_____ sempre la radio dalla mattina alla sera, e (3)_____ solamente le riviste a fumetti *(comic books)*.

D. *We were …*

> venire _____
> dovere _____
> camminare _____

La mamma: Ragazzi, avete visto vostro zio ieri?

I ragazzi: Sì, mamma, mentre (1)_____ per via Rossini.

La mamma: Dove andavate?

I ragazzi: (2)_____ andare a comprare un nuovo quaderno per la scuola. Abbiamo visto lo zio mentre (3)_____ a casa.

E. *You (pl.) used to …*

> preferire _____
> abitare _____
> avere _____

Il prof.: Dove (1)_____ voi in Italia?

I due studenti: Abitavamo a Roma.

Il prof.: Quanti anni (2)_____ quando siete venuti in America?

I due studenti: Avevamo solo 15 anni.

Il prof.: Ma perché (3)_____ venire a studiare qui?

I due studenti: Perché volevamo imparare bene l'inglese.

F. *They were …*

> mangiare _____
> volere _____
> servire _____

Ieri, al Bar Roma, (1)_____ un cappuccino eccellente *(excellent)*. Anche i miei amici, che *(who)* di solito non bevono il caffè, ieri lo (2)_____ bere. Mentre loro bevevano e (3)_____ anche delle paste, io ho letto il giornale.

Practice Set 96

Of the verbs used so far in this book, the following have irregular imperfect conjugations.

Person	ESSERE		FARE		BERE		DIRE	
	Singular	*Plural*	*Singular*	*Plural*	*Singular*	*Plural*	*Singular*	*Plural*
1st	ero	eravamo	facevo	facevamo	bevevo	bevevamo	dicevo	dicevamo
2nd	eri	eravate	facevi	facevate	bevevi	bevevate	dicevi	dicevate
3rd	era	erano	faceva	facevano	beveva	bevevano	diceva	dicevano

The above verbs (in the imperfect) are missing from the dialogue. Can you supply them in their appropriate forms?

Il dott.: Signore, cosa (1)_____ ieri quando si è sentito male?
　　　　　　　　(were you doing)

Sig.: (2)_____ un po' di vino, quando mi è venuto un forte dolore *(pain)* allo stomaco.
　　　(I was drinking)

Il dott.: Dove (3)_____ ?
　　　　　(were you)

Sig.: (4)_____ in un bar con i miei amici. Tutti noi (5)_____ qualcosa *(something)* insieme.
　　　(I was)　　　　　　　　　　　　　*(we were drinking)*

Il dott.: Cosa (6)_____ e (7)_____ i suoi amici quando si è sentito male?
　　　　　(were they doing)　*(were they saying)*

Sig.: Niente. Solo (8)_____. Qual è il problema *(problem)*?
　　　　　　　(they were drinking)

Il dott.: Lei soffre di mal di stomaco. Non si preoccupi *(Don't worry)!*

Frasi Complesse
Complex Sentences

You have already learned how to combine sentences or parts of sentences with **e** *and* and **o** *or*. You have also learned how to expand your sentence with words such as:

mentre	quando	appena	perché	durante
while	when	as soon as	because	during

Here are a few more that will come in handy:

se	anche se	dopo che	così . . . come
if	even if	after	as . . . as
sia . . . che	o . . . o	né . . . né	non solo . . . ma anche
both . . . and	either . . . or	neither . . . nor	not only . . . but also

Practice Set 97

Fill in the blanks with the indicated words or expressions.

1. Quella macchina è _____ cara _____ quella.
                          (as)   *(as)*

2. _____ il mese di febbraio faceva molto freddo.
   (During)

3. Non mi sono piaciuti _____ gli spaghetti _____ la torta.
                        (neither)   *(nor)*

4. _____ studio l'italiano, _____ il francese.
   (Not only)   *(but also)*

5. Ieri non siamo usciti _____ pioveva.
                         (because)

6. _____ sono arrivati, siamo tutti andati al bar.
   (As soon as)

7. _____ sono andati via *(away)*, hanno lasciato tutto *(they left)*.
   (When)

8. _____ tu guardavi la TV, io leggevo il giornale.
   (While)

9. Mi piacciono _____ i cioccolatini _____ le caramelle.
                 (both)   *(and)*

10. Devi prendere _____ questo _____ quello.
                  (either)   *(or)*

11. Vado al bar, solo _____ vieni anche tu!
                      (if)

12. _____ piove, oggi esco lo stesso *(just the same)*.
    (Even if)

13. Ieri siamo andati via _____ sei venuto tu.
                          (after)

Practice Set 98

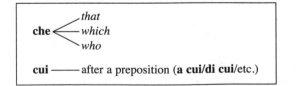

Fill in the blanks with either **che** or **cui** as the case may be.

1. Il ragazzo _____ legge il giornale è mio fratello.

2. Il ragazzo con _____ sto parlando è mio cugino.

3. So _____ il professore d'italiano è molto simpatico.

4. Il professore di _____ parlo è molto simpatico.

5. Ecco la giacca _____ ho comprato ieri in saldo *(on sale)*.

6. Ecco la giacca con _____ sono uscito ieri.

7. La lingua _____ io preferisco è, ovviamente *(obviously)*, l'italiano.

8. Non trovo la rivista _____ leggevo pochi minuti fa.

USEFUL VOCABULARY INTRODUCED IN THE PRACTICE SETS OF THIS CHAPTER

ovviamente   *obviously*
in saldo   *on sale*
lo stesso   *just the same*
lasciare   *to leave (behind)*
preoccuparsi   *to worry*
dolore *(m.)*   *pain*
problema (m.)   *problem*
qualcosa   *something*
eccellente   *excellent*
fumetti   *comics*
da giovane   *as a youth*

Now complete each sentence with one of the words or expressions in the box above. Each is to be used once.

9. _____ Claudia era molto piccola.

10. Questo vestito costa poco perché è _____.

11. Da bambino io leggevo sempre i _____.

12. _____, Claudia è molto alta!

13. Questo libro è proprio _____.

14. C'è _____ che devo fare oggi, ma non ricordo che cosa!

15. Gino ha _____ colore di capelli che aveva da bambino.

16. Non c'è _____! Lo faccio io!

17. Ho un forte _____ allo stomaco. Ho mangiato troppo!

18. Non si _____ signor Giusti, lo faccio io!

19. Che cosa hai _____ sul tavolo?

Reading and Comprehension Activity for Chapter 15

Now it's time for you to test your reading skills. Read the following brief passage, then do the follow-up practice set. Some of the words are glossed for you. You should be able to figure out the meaning of the others on your own.

Lettura

Quanda era bambina Claudia andava spesso in vacanza con i suoi genitori. Di solito andavano *in montagna* o *al mare*. La famiglia di Giorgio, invece, non andava mai in vacanza; preferivano stare a casa.	*to the mountains* *to the sea*
Oggi, Claudia e Giorgio sono sposati. Hanno tre bei bambini. Loro vanno in vacanza *ogni tanto,* non regolarmente. Tutto cambia nella *vita.*	*every once in a while* *life*

A. Fill in the blanks with an appropriate verb in its correct form.

1. Quando Claudia _____ bambina, lei _____ spesso con i suoi genitori in vacanza.

2. Lei _____ in montagna o al mare con i genitori.

3. Giorgio, invece, non _____ mai in vacanza; lui _____ stare a casa.

4. Oggi, Claudia e Giorgio _____.

5. _____ tre bambini e _____ in vacanza ogni tanto.

6. Tutto _____ nella vita.

B. Now write your own little story about Claudia and Giorgio. In it, say that …

1. Claudia was the smallest child in the school.   2. Giorgio was fat and active.   3. they always played together.   4. Claudia always used to go on vacation with her parents.   5. Giorgio and Claudia now go on vacation every once in awhile.

_____

_____

_____

_____

_____

CHAPTER 16

Al ristorante!
At the Restaurant!

In this chapter you will learn:

- how to speak about the future
- how to express yourself emphatically
- how to order at a restaurant

Dialogue and Comprehension Activity 16

	Dove andremo stasera?	
Moglie:	Caro, dove andremo stasera?	—*Dear, where will we be going tonight?*
Marito:	Perché non andiamo a visitare la famiglia Spinelli?	—*Why don't we go and visit the Spinelli family?*
Moglie:	Non andrò mai più da loro.	—*I'll never go to their place again.*
Marito:	Perché?	—*Why?*
Moglie:	Perché ogni volta che andiamo lì tu ti metti sempre a parlare di sport.	—*Because every time we go there you always end up talking about sports.*
Marito:	Allora cosa faremo stasera?	—*So, what shall we do this evening?*
Moglie:	Perché non andiamo a un bel ristorante?	—*Why don't we go to a nice restaurant?*
Marito:	Ottima idea!	—*Excellent idea!*

Answer each question with a complete sentence.

1. Dove vuole andare il marito?

   _____.

2. Ci vuole andare la moglie?

   _____.

3. Perché?

   _____.

4. Dove andranno invece?

   _____.

Il futuro
The Future

You have learned how to speak about present and past actions. Now it's time to learn how to express future actions.

Forming the future of verbs is a straightforward matter:

1. Drop the **-e** of the infinitive and change the **a** of **-are** verbs to **e.**

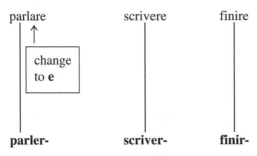

parlare	scrivere	finire
change to **e**		
parler-	**scriver-**	**finir-**

2. Add the following endings:

	Person		
S i n g u l a r	1st	parlerò scriverò finirò	*I will speak* *I will write* *I will finish*
	2nd	parler**ai** scriver**ai** finir**ai**	*you will speak,* etc.
	3rd	parler**à** scriver**à** finir**à**	*he/she will speak* or *you (pol.)* *will speak,* etc.
P l u r a l	1st	parler**emo** scriver**emo** finir**emo**	*we will speak,* etc.
	2nd	parler**ete** scriver**ete** finir**ete**	*you will speak,* etc.
	3rd	parler**anno** scriver**anno** finir**anno**	*they will speak,* etc.

Practice Set 99

Now for some of that important mechanical practice with the future. Provide the appropriate form of the verbs as indicated.

A. *I will …*

1. mangiare → **manger-** (Note that the **i** is dropped).
Domani _____ tutta la pizza.

2. leggere → **legger-**
_____ quella rivista più tardi.

3. divertirsi → **mi divertir-**
Sono sicuro *(sure)* che mi _____ in Italia quest'estate.

B. *you will …*

1. pagare → **pagher-** (Notice that you will need an **h** to retain the hard **c** and **g** sounds.)
Giovanni, _____ tu il conto?

2. mettere → **metter-**
Maria, dove _____ la tua borsa?

3. finire → **finir-**
Pino, quando _____ di lavorare?

C. *He/she/it/you* (pol.) *will …*

1. tornare → **torner-**
Signor Verdi, quando _____ in Italia?

2. spendere → **spender-**
Sono sicuro che lui _____ tanti soldi per sua moglie.

3. costruire → **costruir-**
Quel signore _____ una nuova casa l'estate prossima.

Now form each verb completely on your own.

D. *We will …*

1. cercare →
_____
Noi _____ un nuovo appartamento a primavera.

2. vendere →
_____
Noi _____ la nostra macchina fra una settimana.

3. partire →
_____
Noi _____ per l'Italia fra tre giorni.

E. *You* (pl.) *will …*

1. sposarsi →
_____
Giorgio, Angela, quando vi _____?

2. conoscere →   Se andate in Italia, _____ i vostri zii.

   _____

3. divertirsi →   E certamente vi _____ molto.

   _____

F. *They will ...*

1. tornare →   Fra due anni loro _____ in Italia.

   _____

2. vendere →   Quando _____ la loro casa?

   _____

3. capire →   Se studieranno, allora _____ l'italiano
                                    molto bene.

   _____

Practice Set 100

Of the verbs encountered so far in this book, the following have irregular future forms.

	ESSERE		FARE		STARE	
1st	sarò	saremo	farò	faremo	starò	staremo
2nd	sarai	sarete	farai	farete	starai	starete
3rd	sarà	saranno	farà	faranno	starà	staranno
	BERE		DARE		TENERE	
1st	berrò	berremo	darò	daremo	terrò	terremo
2nd	berrai	berrete	darai	darete	terrai	terrete
3rd	berrà	berranno	darà	daranno	terrà	terranno
	VENIRE		VIVERE		VOLERE	
1st	verrò	verremo	vivrò	vivremo	vorrò	vorremo
2nd	verrai	verrete	vivrai	vivrete	vorrai	vorrete
3rd	verrà	verranno	vivrà	vivranno	vorrà	vorranno

The other irregular future conjugations follow this pattern:

1. Drop *both* vowels of the infinitive ending.

   avere   andare   dovere   potere   sapere   vedere
   | | | | | |
   avr-   **andr-** **dovr-** **potr-** **sapr-** **vedr-**

2. Add the normal endings.

   io **avrò,** tu **andrai,** etc.

Now put the suggested verbs in their appropriate forms.

1. *Bruno:* Gianni, verrai alla festa?

   Gianni: No, non _____.
                               (I will not be coming.)

2. *Mario:* Paolo e Gina, dove _____ quando vi sposerete?
                                         (will you live)

   Paolo e Gina: Vivremo in Italia.

3. *La professoressa:* Cosa _____ quello studente in Italia?
                                  (will he do)

   Maria: Niente, professoressa, ci va solo per una vacanza *(vacation)*.

4. *La mamma:* Quando saprete se _____ andare via?
                                        (you will have to)

   I figli: Domani, mamma.

5. *Il professore d'italiano:* Classe, come si dice … _____; _____;
                                                         (they will see)   *(they will know)*

   _____; _____; e _____?
   (they will be able to)   *(she will give)*   *(he will drink)*

Enfasi
Emphasis

Here are a few ways to express emphasis.

1. To emphasize the *subject* of a sentence, put it at the end.

   Io pago. → **Pago io**!
   Il professore ha ragione. → **Ha ragione il professore**!

2. To emphasize object pronouns, put the pronouns *after* the verb and make the following changes.

Direct Object Pronouns	Indirect Object Pronouns
mi → **me** *me*	mi → **a me** *to me*
ti → **te** *you*	ti → **a te** *to you*
lo → **lui** *him*	gli → **a lui** *to him*
la → **lei** *her*	le → **a lei** *to her*
La → **Lei** *you* (pol.)	Le → **a Lei** *to you* (pol.)
ci → **noi** *us*	ci → **a noi** *to us*
vi → **voi** *you* (pl.)	vi → **a voi** *to you* (pl.)
li, le → **loro** *them*	gli → **a loro** *to them*

Il professore ti aspetta. → **Il professore aspetta te, non me!**

Giovanni mi telefona. → **Giovanni telefona a me, non a te!**

• These emphatic pronouns also have another use. They are the only ones that can follow a preposition.

Io vengo solo con te.

Giovanni parla sempre di me.

3. Here are a few useful emphatic expressions:

> **Basta!** *That's enough!*
> **Zitto!** *Quiet!* (Ending agrees with subject like any adjective.)
> **Dico sul serio!** *I'm serious!*
> **Non scherzo!** *I'm not joking!*
> **È certo che ...** *It's certain that ...*
> **È ovvio che ...** *It's obvious that ...*
> **Sono sicuro che ...** *I'm sure that ...*

Practice Set 101

A. Answer the following emphatically by putting your subject at the end.

1. Tu paghi il conto? Sì, _____!

2. Il professore ha sempre ragione? Sì, _____!

3. L'italiano è una bella lingua? Sì, _____!

B. Make the following statements emphatic by making the appropriate pronoun changes.

1. Tuo fratello mi chiama sempre. _____

2. Li inviteremo alla festa. _____

3. Perché ci vuoi? _____

4. Che cosa vi dice? _____

5. Gli telefoni spesso? _____

6. Le telefonerai stasera? _____

C. Put the suggested pronoun after the prepositions.

1. Io vado con _____.
       (them)

2. Tu vieni con _____ e lui viene con _____.
          (me)   *(her)*

3. Lo faccio per _____, perché mi piaci.
         (you)

4. Questo vestito piace a _____ o a _____?
                   (him)   *(you, pl.)*

5. Perché parli sempre di _____?
                   (them)

Al ristorante!
At the Restaurant!

To find out what to say and how to order at an Italian restaurant, just read the following dialogue. New vocabulary items are underlined and then defined at the end of the dialogue. You should be able to figure out the rest.

Cameriere: Buonasera, cosa prendono? *(very formal address)*

Moglie: Cosa c'è?

Cameriere: Per l'antipasto abbiamo un ottimo prosciutto e melone.
Per primo piatto, abbiamo dei ravioli squisiti.
Per secondo abbiamo della carne, del pesce…

Marito: Va bene. Io prendo il prosciutto e melone, i ravioli, e la carne. Cosa ha per contorni?

Cameriere: Patate, fagiolini, carote…

Marito: Bene, bene, prendo tutto! Cosa c'è da bere?

Cameriere: Vino e acqua minerale.

Marito: Molto bene. E poi, naturalmente, un po' di frutta, il dessert, e anche un cognac.

Cameriere: Altro, signore?

Marito: Va bene così!

Cameriere: E Lei signora?

Moglie: Niente, grazie. Voglio vedere quanto mangia mio marito!

cameriere (m.)	*waiter*
antipasto	*antipasto (appetizer)*
ottimo	*excellent, exquisite*
prosciutto e melone	*(cured) ham and cantaloupe*
primo/secondo piatto	*first/second dish (serving)*
ravioli	*ravioli*
squisito	*delicious*
pesce (m.)	*fish*
contorni	*side dishes (servings)*
patata	*potato*
fagiolino	*string bean*
carota	*carrot*
acqua minerale	*mineral water*
naturalmente	*naturally*
frutta	*fruit*
dessert	*dessert*
cognac	*cognac*

Practice Set 102

Check the appropriate response.

1. If a waiter came up to you, he might say ...

   ☐ Buonasera, come sta?
   ☐ Buonasera, cosa prende?

2. To ask what there is, you might say ...

   ☐ Cosa c'è?
   ☐ Cosa fa?

3. To say that you would like an appetizer, you might say ...

   ☐ Vorrei il primo piatto.
   ☐ Vorrei l'antipasto.

4. To ask what side dishes are available, you might say ...

   ☐ Cosa ha per contorni?
   ☐ Cosa ha per dessert?

5. To ask what there is to drink, you might say ...

   ☐ Cosa c'è da fare?
   ☐ Cosa c'è da bere?

Practice Set 103

Here are the names of a few common things related to eating that you should know.

il coltello   la forchetta   il cucchiaio

il tovagliolo   il piatto   il bicchiere

la bottiglia   la tazza

Che cosa è?

1. Si usa per tagliare *(cut)* la carne: _____

2. Si usa per bere il vino: _____

3. Si usa per mangiare la minestra *(soup)*: _____

4. Si usa per mangiare gli spaghetti: _____

5. Si usa per bcre il caffè: _____

6. Si usa per pulirsi: _____

7. Contiene *(it contains)* il vino: _____

8. Contiene il cibo *(food)*: _____

Reading and Comprehension Activity for Chapter 16

Now it's time for you to test your reading skills. Read the following brief passage, then do the follow-up activity. Some of the words are glossed for you. You should be able to figure out the meaning of the others on your own.

Lettura

Mentre stanno cenando al ristorante, la moglie e il marito parlano di dove andranno per la loro vacanza l'anno prossimo. Forse visiteranno la Francia o forse andranno negli Stati Uniti a *trovare* degli amici e dei *parenti*.	*visit* *relatives*
Decidono, *alla fine*, di andare in Francia perché lì sapranno parlare la lingua del *paese*. E poi conoscono molta *gente* in Francia.	*in the end* *country* *people*

A. Answer each question with a complete sentence.

1. Che cosa fanno la moglie e il marito mentre stanno cenando?

   _____.

2. Dove andranno, forse, l'anno prossimo?

   _____.

3. Che cosa decidono alla fine?

   _____.

4. Perché?

   _____.

B. Now write your own little story about the husband and wife. In it, say that ...

1. the wife doesn't want to visit the Spinelli family.   2. the husband always talks about sports.   3. the husband and wife will be visiting France next year.   4. they are going there because they know the language.

_____

_____

_____

_____

Putting It All Together (Chs. 15 and 16)

Practice Set 104

A. Say that ...

1. it was raining yesterday. _____

2. it was snowing last week. _____

3. it was beautiful last month. _____

4. wine used to cost very little. _____

5. when you were young you used to watch TV always. _____

   _____

6. when you were ten years old, you used to play a lot. _____

   _____

B. Now say that ...

1. tomorrow you will be going downtown. _____

   _____

2. your sister will be coming in a week. _____

   _____

3. your friends will be coming to the party. _____

   _____

4. you will eat only pizza. _____

   _____

5. both you and your friend will drink only mineral water. _____

   _____

6. you will be going out in a little while. _____

   _____

C. Who is the shortest or the tallest?

   1. Giovanni è più alto di Marco, e Pino è meno alto di Marco. Chi è il più basso?

   2. Maria è alta, ma Gina è più alta. Pina è più alta di Maria, ma meno alta di Gina. Chi è la più alta, Pina, Maria o Gina?

D. Have fun matching each caption with the appropriate frame of the following vignette.

1. _____   2. _____   3. _____   4. _____

   a. Questo signore è veramente maleducato!
   b. Cosa ho detto di male?
   c. Ha capito? Voglio mangiare!
   d. Cameriere, mi dia da mangiare!

Culture Capsule 8: Eating Out

In Italia, come negli Stati Uniti, spesso si va al ristorante. E come negli Stati Uniti ci sono tanti tipi di ristorante. Per esempio:

un fast food	*a fast-food place*
una gelateria	*an ice-cream parlor*
una mensa	*a school or business cafeteria*
una paninoteca	*a sandwich shop*
una pizzeria	*a pizza parlor*
un ristorante	*a formal restaurant*
uno snack bar	*a snack bar*
una tavola calda/una trattoria	*an informal, family-style restaurant*
un self-service	*a (public) cafeteria*

La *cucina* italiana *varia* da *regione*   *cuisine, varies, region*
a regione. Ma si mangia bene in
tutta l'Italia.

Choose the correct answer (a) or (b).

1. La cucina italiana…
   (a) varia da regione a regione.
   (b) è la stessa in tutta l'Italia.

2. Si mangia bene…
   (a) in tutta l'Italia.
   (b) solo a Roma.

3. Il self-service è equivalente:
   (a) a un *public cafeteria*.
   (b) a uno *snack bar*.

4. In gelateria si mangia…
   (a) il gelato.
   (b) il prosciutto.

5. In pizzeria di solito si mangia…
   (a) la pizza.
   (b) la torta.

6. Nelle paninoteche si può mangiare…
   (a) solo il gelato.
   (b) un buon tramezzino.

7. Le mense si trovano generalmente…
   (a) nelle scuole.
   (b) nelle case.

CHAPTER 17

Facciamo delle spese!
Let's Go Shopping!

In this chapter you will learn:

- how to express conditions
- how to express the *manner* of doing things
- how to shop at various stores

Dialogue and Comprehension Activity 17

Quanto costa quel vestito?

Commesso:	Desidera signora?	—*Can I help you madam?*
Signora:	Quanto costa quel vestito e quella camicetta?	—*How much does that dress and that blouse cost?*
Commesso:	Quali?	—*Which ones?*
Signora:	Quel vestito da sera azzurro e quella camicetta di seta.	—*That blue evening dress and that silk blouse.*
Commesso:	Oggi sono tutti e due in saldo.	—*Today both are on sale.*
Signora:	Quanto?	—*How much?*
Commesso:	Il vestito costa solo 250 euro, e la camicetta solo 150 euro.	—*The dress costs only 250 euros and the blouse only 150 euros.*
Signora:	Sono veramente a buon prezzo, fortunatamente!	—*They really are priced cheaply, fortunately!*
Commesso:	Li vuole?	—*Do you want them?*
Signora:	Sì, grazie.	—*Yes, thank you.*

Complete the following paraphrase of the above dialogue with the appropriate words in their correct form.

Il vestito da sera che la signora vuole è (1)_____, e la camicetta è di (2)_____. Tutti e due sono in (3)_____.
Il vestito (4)_____ solo 250 euro e la (5)_____ solo 150 euro. Sono tutti e due a (6)_____ prezzo.

Condizioni
Conditions

Here are some words/expressions—some of which you have already encountered—that allow you to express conditions:

se *if*	**altrimenti** *otherwise*
ma *but*	**piuttosto** *rather*
però *however (but)*	
cioè *that is …*	

The *conditional* tense also allows you to express conditions. You will not need to learn all the conjugations, since one of its most frequent uses is to express *I would*. … The **-ei** ending added to the future stem (see Chapter 16) of both regular and irregular verbs will suffice for most of your communicative needs.

Lo comprer**ei**, ma non ho soldi. *I would buy it, but I don't have any money.*

Lo far**ei**, però non ho tempo. *I would do it, but I don't have time.*

Verr**ei** anche io, ma è troppo tardi. *I would come too, but it's too late.*

Practice Set 105

You are ordering at a restaurant, and the waiter suggests various things. Following the example, express certain conditions in your responses.

Example: *Cameriere:* Desidera un aperitivo?

You: (**volere**) No, grazie, ma **vorrei** un po' di antipasto.

1. *Cameriere:* Prende anche dei contorni?

   You: (**preferire**) No, grazie. _____ solo la carne.

2. *Cameriere:* Il pesce è molto buono!

   You: (**mangiare**) Lo so, ma io _____ piuttosto la carne.

3. *Cameriere:* Cosa prende da bere?

   You: (**bere**) Se ha l'acqua minerale, va bene. Altrimenti _____ un po' di vino.

4. *Cameriere:* Desidera qualcos'altro *(something else)*?

   You: (**prendere**) Sì, grazie. Io _____ un po' di frutta, altrimenti un gelato.

5. *Cameriere:* Va tutto bene?

   You: (**volere**) Sì, grazie. _____ il conto, per favore.

Avverbi
Adverbs

		QUALITY (= ADJECTIVE)	MANNER (= ADVERB)
1.	Adjectives ending in **-e:**	elegante —————————— add **-mente** →	**elegantemente** (*elegantly*)
		forte —————————————— add **-mente** →	**fortemente** (*strongly*)
2.	Adjectives ending in **-o:**	chiar**o** → change to **-a** → chiar**a** ——— add **-mente** →	**chiaramente** (*clearly*)
		giust**o** → change to **-a** → giust**a** ——— add **-mente** →	**giustamente** (*correctly*)

Practice Set 106

Complete your answer with the suggested adverb of manner, as in the example.

Example: È timido Giovanni?

Sì, lui si comporta sempre timidamente.

> comportarsi   *to behave*

1. È sincera la professoressa?

_____

2. È generoso il tuo amico?

_____

3. Sono noiosi i suoi amici?

_____

4. Sono intelligenti Marco e Maria?

_____

5. È elegante la signora Martini?

_____

Practice Set 107

If the adjective ends in **-le** or **-re**, then you must drop the final **-e**. (There are a few exceptions to this rule that you need not worry about.)

facile———[drop **-e**]———[add **-mente**]——→**facilmente** *(easily)*

popola**re**———[drop **-e**]———[add **-mente**]——→**popolarmente** *(popularly)*

facile	*easy*	difficile	*difficult*
centrale	*central*	popolare	*popular*
regolare	*regular*	variabile	*variable*
normale	*normal*		

Now say that …

1. you understand easily. _____

2. you have a difficult time studying (= you study in a difficult manner). _____

   _____

3. you used to live centrally. _____

   _____

4. you are popularly called "Dino/Dina." Mi chiamano _____

5. you go regularly to Italy every year. _____

   _____

6. you normally drink wine at dinner (**a cena**). _____

   _____

Facciamo delle spese!
Let's Go Shopping!

fare delle spese	*to shop (in general)*
fare la spesa	*to shop for food*

COMMON STORES

negozio   *store (in general)*
magazzino   *department store*
alimentari   *grocery store*
farmacia   *pharmacy*
negozio di abbigliamento   *clothing store*
negozio di mobilia (di arredamento)   *furniture store*
negozio di elettrodomestici   *appliance store*
tabaccheria   *smoke shop*
oreficeria/gioielleria   *jewelry store*
cartoleria   *card shop*
libreria   *bookstore*
edicola   *newsstand*

Practice Set 108

Before you go shopping, here are the names of some things you might want to buy.

il giornale

la rivista

la sedia

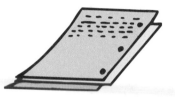
la carta

il calendario

il divano

il tavolo

la radio (*f.*)

il frigorifero

l'asciugamano

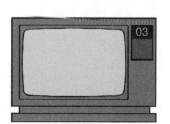
il televisore

la lampada

You are shopping at various places and stores. Ask two things, as in the model.

Example: all'edicola: giornale

Ha il giornale? Quanto costa?

1. alla libreria: romanzi *(novels)*

   _____

   _____

2. alla libreria: riviste di sport *(sports magazines)*

   _____

   _____

3. alla cartoleria: della carta e un calendario

   _____

   _____

4. alla gioielleria: un orologio d'oro *(gold)*

   _____

   _____

5. alla tabaccheria: i francobolli *(stamps)*

   _____

   _____

6. al negozio di elettrodomestici: una lampada, un frigorifero, un televisore, una radio

   _____

   _____

7. al negozio di mobilia (di arredamento): un tavolo, una sedia, un divano

   _____

   _____

8. al negozio di abbigliamento: un vestito da sera *(evening dress)*

   _____

   _____

9. al negozio di alimentari: della frutta, un po' di carne

   _____

   _____

Reading and Comprehension Activity for Chapter 17

Now it's time for you to test your reading skills. Read the following brief passage, then do the follow-up activity. Some of the words are glossed for you. You should be able to figure out the meaning of the others on your own.

Lettura

Generalmente la signora Dini *compra* le cose *in saldo*. Ma ieri ha deciso di spendere molto per suo *nipote*. È andata in una libreria per *comprargli* due libri: un libro di *fiabe* e un libro di *giochi*.	*she buys/on sale* *grandson* *to buy him* *fairy tales/games*
Nel negozio chiede questi libri a una commessa. La commessa le *raccomanda* due bei libri *illustrati*. Alla signora Dini piacciono molto. Lei *spera* che piaceranno anche a suo nipote.	*recommends/illustrated* *she hopes*

A. Answer each question with a complete sentence.

1. Come compra le cose generalmente la signora Dini?

   _____

2. Che cosa ha deciso di fare ieri?

   _____

3. Dov'è andata?

   _____

4. Quali libri voleva?

   _____

5. Che cosa raccomanda la commessa?

   _____

6. Che cosa spera la signora Dini?

   _____

B. Now write your own little story about Mrs. Dini. In it, say that Mrs. Dini …

1. always buys things on sale.   2. decided yesterday to spend a lot for her grandson.   3. bought her grandson two beautiful illustrated books.   4. hopes that her grandson will like them.

   _____

   _____

   _____

   _____

CHAPTER 18

Davvero?
Really?

In this final chapter you will learn:

- how to express your feelings
- all about sports and jobs
- some odds and ends

Dialogue and Comprehension Activity 18

Vado a sciare!

Nadia:	Marco, che fai domani?	—*Mark, what are you doing tomorrow?*
Marco:	Vado a sciare.	—*I'm going skiing.*
Nadia:	Ah sì? Quanto tempo è che vai a sciare?	—*Oh yeah? How long have you been skiing?*
Marco:	Pratico lo sci da diversi anni.	—*I've been practicing skiing for a number of years.*
Nadia:	Io, invece, preferisco il nuoto.	—*I prefer swimming instead.*
Marco:	Lo so. Infatti hai vinto il campionato del nuoto l'anno scorso, non è vero?	—*I know. In fact you won the swimming championship last year, didn't you?*
Nadia:	Sì. Adesso vorrei imparare a sciare. Posso venire anch'io domani?	—*Yes, Now I would like to learn how to ski. Can I come tomorrow too?*
Marco:	Certo. A domani.	—*Of course. See you tomorrow.*

Answer each question with a complete sentence.

1. Che farà domani Marco?

   _____.

2. Quanto tempo è che va a sciare?

   _____.

3. Che cosa preferisce Nadia?

_____.

4. Che cosa ha vinto l'anno scorso?

_____.

5. Che cosa vuole imparare adesso?

_____.

Esprimiamoci!
Let's Express Ourselves!

SURPRISE		
Davvẹro?	*Really?*	
Veramente?		
Come mai?	*How come?*	
NEGATION		
Non affatto!	*Not at all!*	
Non sono d'accordo!	*I don't agree!*	
Macchè!	*No way!*	
OTHER USEFUL EXPRESSIONS		
Magạri!	*I wish!*	
Meno male!	*Thank goodness!*	
Pazienza!	*Patience!*	
Fa lo stesso!/Non importa!	*Just the same!/It doesn't matter!*	
Peccato!	*Pity!/Too bad!*	

Practice Set 109

A. Fill in each dialogue line as suggested.

1. *Bruno:* Sai che Mario si è sposato con Gina?

   You: _____?
        (Really?)

2. *Bruno:* E sono andati a vivere in Italia.

   You: _____?
        (How come?)

3. *Bruno:* Perché tutti e due hanno trovato un buon lavoro in Italia. E tu hai trovato un buon lavoro?

   You: _____!
        (I wish!)

4. *Bruno:* Ma, non è vero che lavori per la FIAT?

   You: _____! Non lavoro da un anno!
        (No way!)

5. *Bruno:* _____!
        (Too bad!)

B. What would you say if someone said …

1. Che brutto tempo!

   ☐ Pazienza!
   ☐ Magari!

2. Scusi!

   ☐ Davvero?
   ☐ Non importa!

3. something with which you do not agree?

   ☐ Non sono d'accordo!
   ☐ Peccato!

4. emphatically.

   ☐ Non sono d'accordo!
   ☐ Macché!

5. something that relieved you of some anxiety.

   ☐ Magari!
   ☐ Meno male!

Gli sport e i mestieri
Sports and Jobs

COMMON SPORTS	
il calcio *soccer*	il tennis *tennis*
il nuoto *swimming*	il ciclismo *bicycling*
il pugilato *boxing*	il pattinaggio *skating*
lo sci *skiing*	l'automobilismo *car racing*
la pallacanestro *basketball*	

Practice Set 110

> **praticare** il calcio/il nuoto/etc.
> *to play (do) soccer/swimming/etc.*

Complete each with the appropriate sport.

1. Pratica _____.

2. Pratica _____.

3. Pratica _____.

4. Praticano _____.

5. Pratica _____.

6. Pratica _____.

7. Pratica _____.

8. Pratica _____.

9. Pratica _____.

Practice Set 111

You may have noticed that the words **lo sport** and **il tennis** do not end in a vowel. Most of these *foreign* words, taken from other languages, are masculine and do not change in the plural.

SINGULAR	PLURAL
lo sport *sport*	**gli sport** *sports*
l'autobus *bus*	**gli autobus** *the buses*

Moreover, you might recall the word **il problema** which, although it ends in **-a,** is actually masculine. Here are a few more like it.

SINGULAR	PLURAL
il problema *the problem*	**i problemi** *the problems*
il programma *the program*	**i programmi** *the programs*
il cinema *the movie theater*	**i cinema** *the movie theaters*

The following verbs are missing from the television sportscast. Supply them. Be careful! The tense might be in the present, past, or future!

> giocare (a)   *to play*
> nuotare   *to swim*
> pattinare   *to skate*
> sciare   *to ski*
> vincere   *to win (irregular past participle:* **vinto***)*
> perdere   *to lose (irregular past participle:* **perso***)*

—Signore e signori, buonasera. Ecco le notizie sportive *(sports news)*. Ieri sera, la nostra squadra *(team)*

(1)_____ . Domani (2)_____ a Roma e forse *(maybe)* (3)_____ .
   (lost)   *(it will play)*   *(it will win)*

—Adesso le notizie di sci. Giovanni Padolini (4)_____ molto bene la settimana scorsa.
                                                (skied)

È anche bravo al pattinaggio. (5)_____ tante volte in America.
                        (He has skated)

—Infine *(finally)* le notizie di nuoto. Maria Varese (6)_____ domani. Buona fortuna Maria. E a tutti
                                                    (will swim)

buonasera.

MESTIERI	
MALE	FEMALE
insegnante *teacher*	**insegnante** *teacher*
ingegnere *engineer*	**ingegnere** *engineer*
avvocato *lawyer*	**avvocato** *lawyer*
medico *doctor*	**medico** *doctor*
commesso *clerk*	**commessa** *clerk*
cameriere *waiter*	**cameriera** *waitress*
infermiere *nurse*	**infermiera** *nurse*
segretario *secretary*	**segretaria** *secretary*

Practice Set 112

Whatever Marco says about Dino or Dina, you say the same about the other.

Marco: Dina desidera fare l'insegnante *(to be a teacher)*.

You: Anche Dino desidera fare (1) _____

Marco: La madre di Dino è ingegnere.

You: Anche il padre di Dina è (2) _____.

Marco: Il fratello di Dina fa l'avvocato.

You: Anche la sorella di Dino fa (3) _____.

Marco: In questo momento Dino lavora come *(as a)* segretario.

You: In questo momento *(moment)* anche Dina lavora come (4) _____.

Marco: Lo zio di Dino è infermiere.

You: Anche la zia di Dino è (5) _____.

Marco: Dina non vuole essere medico.

You: Neanche Dino vuole essere (6) _____.

Marco: L'amico di Dino lavora come commesso.

You: Anche l'amica di Dina lavora come (7) _____.

Marco: Dina ha lavorato come cameriera.

You: Anche Dino ha lavorato come (8) _____.

Infine
Finally

There are just a few more things that might come in handy when speaking Italian.

- Forming the plural of nouns and adjectives ending in **-ca** and **-ga** is easy.

-ca ⟶ -che (*k* sound)	-ga ⟶ -ghe (*g* sound)
ami**ca** ⟶ **amiche**	lun**ga** ⟶ **lunghe**

- Generally, this is also true of nouns and adjectives ending in **-go.**

-go ⟶ -ghi
lun**go** ⟶ **lunghi**

- In the case of those ending in **-co,** the general pattern is as follows:

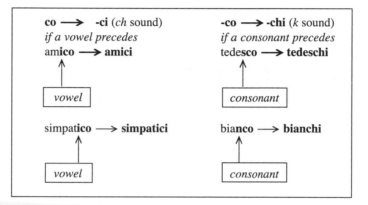

co ⟶ -ci (*ch* sound)	-co ⟶ -chi (*k* sound)
if a vowel precedes	*if a consonant precedes*
am**ico** ⟶ **amici**	tede**sco** ⟶ **tedeschi**
↑ *vowel*	↑ *consonant*
simpat**ico** ⟶ **simpatici**	bia**nco** ⟶ **bianchi**
↑ *vowel*	↑ *consonant*

- There are exceptions. This is only a rule of thumb.

Practice Set 113

Answer each question by saying that you have many of the things, or know many of the people, asked about.

> Example: Hai un amico italiano?
> **Sì, ho molti amici italiani.**

1. Conosci un uomo tedesco?

   _____

2. Conosci una donna tedesca?

   _____

3. Hai i tuoi soldi in una banca?

   _____

4. Hai una giacca?

   _____

5. Conosci un medico italiano?

   _____

6. Hai una maglia bianca?

   _____

7. Hai un vestito bianco?

   _____

One last word about those pronouns! Sometimes it might be necessary to use both direct and indirect object pronouns simultaneously (review Chapter 13). In such cases, do the following:

1. Put the indirect pronoun before the direct pronoun (**lo, la, li,** and **le**), as well as **ne** (see Chapter 9).

2. Change the indirect pronoun as follows:

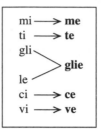

mi ⟶ **me**
ti ⟶ **te**
gli ⟩ **glie**
le ⟋
ci ⟶ **ce**
vi ⟶ **ve**

3. Attach only **glie.**

Gianni **mi** dà │ la pizza. │ *John gives the pizza to me.*

Gianni **me la** dà. *John gives it to me.*

Maria scrive le lettere │ alla sua amica. │ *Mary writes the letters to her friend.*

Maria **le** scrive │ le lettere. │ *Mary writes the letters to her.*

Maria **gliele** scrive. *Mary writes them to her.*

Practice Set 114

Replace each of the underlined objects with **lo, la, li, le,** or **ne** in an appropriate fashion. Then rewrite each sentence, making all necessary changes.

> Example: Maria mi scrive <u>la lettera</u>.
>
> Maria **me la** scrive.

1. Il professore ci insegna <u>la lezione</u>.

_____

2. Domani ti venderò <u>il mio orologio.</u>

_____

3. Fra poco vi darò <u>le caramelle.</u>

_____

4. Maria gli scrive molte <u>lettere.</u>

_____

5. Il dottore le scrive <u>una ricetta.</u>

_____

Reading and Comprehension Activity for Chapter 18

Now it's time for you to test your reading skills. Read the following brief passage, then do the follow-up activity. Some of the words are glossed for you. You should be able to figure out the meaning of the others on your own.

Lettura

Nadia e Marco sono andati a sciare ieri. Lui è molto bravo ma lei *sta imparando*. Lei, *però*, è sempre stata molto brava a nuotare.	*is learning, however*
Dopo due ore di pratica *assieme a* Marco, Nadia ha voluto sciare *da sola*. *Tutto ad un tratto è caduta* e ha rotto una gamba. Ma Nadia è molto *coraggiosa*. Dice che tornerà a sciare tra un anno.	*together with alone all of a sudden/she fell* *courageous*

A. Answer each question with a complete sentence.

1. Dove sono andati ieri, Nadia e Marco?

2. Com'è lui?

3. E lei?

4. Che cosa ha voluto fare Nadia, dopo due ore di pratica assieme a Marco?

5. Che cosa è accaduto *(What happened)?*

6. Che cosa dice Nadia?

B. Now write your own little story about Nadia and Marco. In it, say that …

1. Marco often goes skiing.   2. Nadia prefers swimming.   3. She wants to learn how to ski.   4. She broke her leg.
5. Nadia is very courageous.   6. Nadia says that she will be back skiing in a year.

Putting It All Together (Chs. 17 and 18)

Practice Set 115

A. Say …

1. that you would gladly like more (**ancora**) meat.

   _____

2. that you would go to the party, but it's too far.

   _____

3. you will also come if John comes; otherwise you will not come.

   _____

4. that you would prefer, rather, to eat fish.

   _____

5. that you always speak sincerely, even if timidly.

   _____

6. that you do not agree.

   _____

B. How would you say …

1. Really? _____

2. How come? _____

3. Not at all! _____

4. Patience! _____

5. Thank goodness! _____

6. I wish! _____

C. Here is a simple crossword puzzle for you to enjoy. The clues tell you only in what store the item can be bought. There are a few letters in the puzzle itself to help you. Good luck!

Orizzontali

1. Si compra in un negozio di elettrodomestici.
4. Si compra in un negozio di arredamento.
5. Si compra in un negozio di elettrodomestici.
7. Anche questo si compra in un negozio di elettrodomestici.

Verticali

2. Si compra sia in un negozio di elettrodomestici che in un negozio di arredamento.
3. Si compra in una cartoleria.
6. Si compra a in edicola.

D. In the following word search puzzle there are eight hidden words that may refer either to sports or to jobs. Can you find them?

```
b d g h j n u o t o l o s c i m l m
a v v o c a t o e o p l u t o l p e
p l o i t e r i n g e g n e r e l d
t n n e s s t e n n i s p o r t i i
c a l c k l o o i l o p o l u t e c
c a l c i o m n p u g i l a t o m o
```

Culture Capsule 9: New Technologies

> Oggi in Italia, come in tutto il mondo, non si può più vivere senza la tecnologia del computer. Ecco le parole «digitali» più comuni. Nota che alcune di queste non sono state tradotte.
>
> | | |
> |---|---|
> | **il computer** | *computer* |
> | **il software** | *software* |
> | **l'hardware** | *hardware* |
> | **lo schermo** | *monitor* |
> | **la stampante** | *printer* |
> | **la tastiera** | *keyboard* |
> | **il CD-ROM** | *CD-ROM* |
> | **il DVD** | *DVD* |
> | **il portatile** | *laptop* |

Say that you bought the following things, as indicated.

Example: computer / last week

Ho comprato un computer la settimana scorsa.

1. some software for your computer / last week

   _____

2. a monitor and a keyboard for your computer / last month

   _____

3. a printer for your computer / last year

   _____

4. a CD-ROM and a DVD / last week

   _____

5. a laptop last year

   _____

Vocabulary Checkpoint #3 (Chs. 13–18)

Check the words and expressions that you know. Then review Chapters 13 through 18 and study those that you have forgotten.

NOUNS

☐ acqua minerale	☐ biscotto	☐ cinema
☐ alimentari	☐ bottiglia	☐ cioccolatino
☐ antipasto		☐ cognata
☐ appartamento	☐ calcio	☐ cognato
☐ arredamento	☐ calendario	☐ coltello
☐ asciugamano	☐ cameriere	☐ commessa
☐ automobilismo	☐ caramella	☐ commesso
☐ avvocatessa	☐ carota	☐ contorno
☐ avvocato	☐ carta	☐ cucchiaio
	☐ cartoleria	☐ cugina
☐ bicchiere	☐ ciclismo	☐ cugino

- ☐ dessert
- ☐ divano
- ☐ dolore

- ☐ edicola
- ☐ elettrodomestici

- ☐ fagiolino
- ☐ famiglia
- ☐ farmacia
- ☐ festa
- ☐ forchetta
- ☐ frigorifero
- ☐ francobollo
- ☐ frutta
- ☐ fumetti

- ☐ gioielleria
- ☐ giornale

- ☐ infermiera
- ☐ infermiere
- ☐ ingegnere
- ☐ insegnante

- ☐ lampada
- ☐ libreria

- ☐ magazzino
- ☐ medico
- ☐ melone
- ☐ mestiere
- ☐ mobilia

- ☐ negozio
- ☐ nonna
- ☐ nonno
- ☐ nuoto

- ☐ oreficeria

- ☐ pallacanestro
- ☐ patata
- ☐ pattinaggio
- ☐ pesce
- ☐ piatto
- ☐ prezzo
- ☐ problema
- ☐ programma

- ☐ prosciutto
- ☐ pugilato

- ☐ radio
- ☐ ravioli
- ☐ ristorante
- ☐ rivista
- ☐ romanzo

- ☐ sci
- ☐ sedia
- ☐ segretaria
- ☐ segretario
- ☐ sport

- ☐ tabaccheria
- ☐ tazza
- ☐ televisore
- ☐ tennis
- ☐ torta
- ☐ tovagliolo

- ☐ zia
- ☐ zio

VERBS

- ☐ aiutare
- ☐ comportarsi
- ☐ lasciare
- ☐ nuotare

- ☐ pattinare
- ☐ perdere
- ☐ piacere
- ☐ praticare

- ☐ preoccuparsi
- ☐ sciare
- ☐ tornare
- ☐ vincere

ADJECTIVES

- ☐ eccellente
- ☐ forte
- ☐ generoso
- ☐ gentile
- ☐ grasso
- ☐ magro
- ☐ migliore

- ☐ normale
- ☐ nuovo
- ☐ ottimo
- ☐ peggiore
- ☐ pigro
- ☐ popolare
- ☐ povero

- ☐ ricco
- ☐ regolare
- ☐ sicuro
- ☐ sincero
- ☐ squisito
- ☐ timido

OTHER PARTS OF SPEECH/EXPRESSIONS

- ☐ Non affatto!
- ☐ altrimenti
- ☐ ancora
- ☐ Basta!
- ☐ È certo che
- ☐ che
- ☐ Come mai?
- ☐ così
- ☐ cui
- ☐ Non sono d'accordo!

- ☐ Davvero?
- ☐ dopo che
- ☐ Fa lo stesso
- ☐ Non importa
- ☐ fare la spesa
- ☐ fare le spese
- ☐ già
- ☐ da giovane
- ☐ insieme
- ☐ Macché!

- ☐ Magari!
- ☐ Meno male!
- ☐ meglio
- ☐ naturalmente
- ☐ né … né
- ☐ ovviamente
- ☐ ovvio
- ☐ È ovvio che
- ☐ Pazienza!
- ☐ Peccato!

☐ però   ☐ anche se   ☐ veramente
☐ piuttosto   ☐ Dico sul serio   ☐ volentieri
☐ qualcosa   ☐ sia … che   ☐ Zitto!
☐ in saldo   ☐ non solo … ma anche
☐ se   ☐ lo stesso

Review Set 3

A. Check the appropriate definition for each item.

1. alimentari
   a. si mangiano ☐   b. si leggono ☐

2. arredamento
   a. si fa in una macchina ☐   b. si fa in una casa ☐

3. avvocato
   a. un titolo ☐   b. una frutta ☐

4. biscotto
   a. si mangia ☐   b. si beve ☐

5. calcio
   a. una bibita ☐   b. uno sport ☐

6. coltello
   a. si usa per scrivere ☐   b. si usa per la carne ☐

7. cucchiaio
   a. si usa per la minestra ☐ b. si usa per la carne ☐

8. divano
   a. si trova nel salotto ☐   b. si trova nel frigorifero ☐

9. forchetta
   a. si usa per mangiare ☐   b. si usa per cantare ☐

B. Say the following things in Italian.

1. I prefer swimming.

   _____.

2. I won last year.

   _____.

3. I broke a leg yesterday.

   _____.

4. I am strong, kind, and popular.

   _____.

5. I do not agree.

   _____.

6. Thank goodness!

   _____.

ANSWER KEY

For Practice Sets 1 through 5 you might (rightly) have differences of opinion with the answers given here. This is bound to happen when translating names!

DIALOGUE 1

1. c   2. e   3. b   4. a   5. f   6. d

PRACTICE SET 1

1. Ann(e)   2. Anthony   3. Albert   4. Helen
5. No known equivalent   6. The same in English
(Emma)   7. Isabel(le)   8. The same in English
(Irma)   9. Hilary   10. No known equivalent
11. Orland   12. Octavian   13. Hugh   14. Hubert

PRACTICE SET 2

1. Danielle   2. The same in English (Claudia)
3. No known equivalent   4. The same in English
(Laura)   5. No known equivalent   6. No known
equivalent   7. Maurice   8. No known equivalent
9. Peter   10. No known equivalent   11. Adrienne
12. Mary   13. Paula   14. Louise   15. Lucy
16. Louis   17. Paul

PRACTICE SET 3

1.–2. No known equivalents   3. Dean   4. Domenic
5. Frances   6. (Probably) Fabian   7. The same in
English (Loretta)   8. Louis   9. No known
equivalent   10. Mark   11. Nicholas   12. No
known equivalent   13. Usually rendered as Pat or
Pascal   14. No known equivalent   15. Robert
16. (Probably) Ron   17. Thomas   18. Theresa
19. Vincent   20. No known equivalent

PRACTICE SET 4

1. Charles   2. Michael   3. Catherine   4. Claude
5. (Probably) Marcel   6. (Probably) Francis   7. No
known equivalent   8. No known equivalent   9. No
known equivalent   10. Grace   11. No known
equivalent   12. (Probably) Jean   13. The same in
English (Angela)   14. George   15. John
16. Joseph   17. No known equivalent
18. (Probably) Pat or Pascal   19. Oswald   20. No
known equivalent   21. Sandra   22. Frances
23. Rose   24. No known equivalent   25. No known
equivalent   26. Maurice

PRACTICE SET 5

1. Rocky   2. Ralph or Raphael   3. Marcel   4. The
same in English (Emma)   5. John   6. Joseph

PRACTICE SET 6

A.
1. Anna   2. Pina   3. Bruno   4. babbo
5. Pino/Dino/Gino   6. freddo   7. Michele
8. Claudia   9. Raffaello   10. Francesca   11. Luigi
12. Marcello   13. Marina   14. Emma
15. Pasquale   16. Giuseppe   17. Francesco
18. Luciano   19. Graziella   20. spaghetti
21. Angela   22. Giorgio   23. Gigliola
24. Bologna   25. pizza   26. Renzo   27. sciarpa
28. scarpa   29. Pasquale   30. Rocco   31. vecchio
32. faccia   33. peggio   34. rosso   35. birra
36. gatto

READING 1

A.
1. vero   2. falso   3. falso   4. vero   5. falso
6. vero   7. falso   8. vero   9. vero
B.
1. Claudia ama la pizza.   2. Pasquale ama gli
spaghetti.   3. Giovanni ha un gatto.   4. Anche
Francesca ha un gatto.   5. Lucia è italiana.
6. Michele è italiano.   7. Rosa è americana.
8. Maurizio è americano.   9. Paolo, Paola e Gino
sono amici.

DIALOGUE 2

1. vero   2. vero   3. falso   4. falso   5. vero
6. vero

PRACTICE SET 7

1. Angela   2. Dino   3. Renata   4. Claudio
5. Gina   6. Bruno   7. Silvana   8. Franco
9. Luisa   10. Giovanni

PRACTICE SET 8

1. Firenze   2. italiana   3. lunedì   4. maggio
5. Il   6. Inghilterra   7. venerdì

PRACTICE SET 9

1. euro   2. bianco, rosso e verde
3. continentale/mediterraneo   4. Po   5. Vesuvio,
Etna   6. penisola   7. Alpi, Appennini   8. Roma
9. Mediterraneo

READING 2

A.
1. b   2. a   3. e   4. c   5. d   6. g   7. f
B.
1. Maria ama l'Italia molto.   2. Maria abita in Spagna.   3. Maria è spagnola.   4. Maria e Mario sono amici.   5. Maria va in Italia a maggio con Mario.

PRACTICE SET 10

A.

B.
1. ieri   2. piatto   3. più   4. uomo   5. guanto
6. mai   7. pausa   8. ciao   9. spaghetti
10. scarpa   11. sciarpa   12. schiena   13. caffè
14. città   15. perché   16. francese   17. maggio
18. Italia

C.
1. f   2. d   3. c   4. b   5. e   6. a   7. g   8. o
9. n   10. p   11. s   12. q   13. r   14. l   15. m
16. k   17. i   18. j   19. h   20. t

CULTURE CAPSULE 1
1. male   2. female   3. female   4. male
5. female   6. male   7. male   8. female
9. female

DIALOGUE 3
1. Ciao, Maria.   2. Buongiorno, signor Rossi.
3. Buongiorno, signora Rossi.   4. (Claudia) come va?
5. Come sta, signor Rossi?/Signor Rossi, come sta?
6. (Sto) molto bene, grazie.   7. (Sto) così, così, purtroppo.   8. Ho mal di testa.   9. Ciao/Arrivederci, Claudia, a domani.   10. Buongiorno/ArrivederLa, signora Verdi, a presto.

PRACTICE SET 11

A.
1. ciao/salve   2. come   3. Molto/Abbastanza
4. tu   5. male

B.
1. signor   2. Buonasera/ArrivederLa

C.
1. ciao/salve (if you just got out of bed then you would say "buongiorno" *good morning*)   2. buongiorno
3. Buongiorno, signor Dini.   4. Buongiorno, signora Dini.   5. ciao/salve   6. Buonasera, professor Verdi.
7. Buonasera, professoressa Bianchi.
8. ciao/arrivederci   9. Buongiorno/ArrivederLa dottor Rossi.   10. Buongiorno/ArrivederLa, dottoressa Martini.   11. ciao/arrivederci   12. buon pomeriggio/ buonasera/arrivederLa   13. buonanotte
14. buonanotte   15. Bene, grazie, e tu?   16. Bene, grazie, e Lei?   17. Non bene, purtroppo, e tu?
18. Non bene, purtroppo, e Lei?   19. molto bene
20. benissimo   21. Come va?   22. Come va?
23. Come stai?   24. Come sta?

D.
1. c   2. h   3. g   4. d   5. e   6. f   7. i   8. j
9. b   10. a

PRACTICE SET 12

A.
1. presento   2. Molto lieta/Felice   3. lieta
4. piacere   5. chiamo   6. chiamo   7. a
8. Arrivederci/Ciao/Ci vediamo   9. vediamo

B.
1. Permette   2. conoscerLa/fare la sua conoscenza
3. io   4. signor   5. professore/professor Verdi

C.
1. Come ti chiami?   2. Come si chiama?   3. Ti presento (*name*).   4. Le presento (*name*).
5. Permetti che ti presenti (*name*).   6. (Dottor Smith) permette che Le presenti (*name*).   7. (Molto) lieto.
8. (Molto) lieta.

D.
1. Permetti che mi presenti (*fam.*)./Permette che mi presenti (*pol.*).   2. Mi chiamo (*name*).   3. Piacere di conoscerLa, signor Rossi.   4. Felice di fare la sua conoscenza, signora Dini.   5. Il piacere è mio.

PRACTICE SET 13

A.
1. sei   2. hai   3. stai   4. sono   5. ho   6. sto
7. sono   8. hanno   9. stanno   10. siamo
11. abbiamo   12. stiamo   13. siete   14. avete
15. state   16. è   17. ha   18. sta   19. è   20. ha
21. sta   22. è   23. ha   24. sta

B.
1. sta   2. sto   3. È   4. sono   5. stai   6. sei
7. è   8. state   9. Stiamo   10. siete   11. siamo
12. sono

C.
1. ha   2. è   3. sono   4. hanno   5. hai   6. ho
7. sei   8. sono   9. avete   10. abbiamo   11. siete
12. siamo

D.
1. Il signor Dini e la signora Pace sono italiani.
2. Marisa ha ragione, ma Alberto ha torto.   3. Claudio ha paura e fretta.   4. Carla sta bene o (sta) male.
5. La signorina Dini ha fame e anche il signor Rossi ha fame. *or* La signorina Dini e anche il signor Rossi hanno fame.

READING 3
A.
1. falso   2. vero   3. vero   4. falso   5. vero
6. vero   7. falso   8. vero
B.
La signorina Balboni
1. Sta bene.   2. Ha sonno.   3. Abita a Roma.
4. È italiana.   5. Ha un orologio.

DIALOGUE 4
1. c   2. a   3. b   4. e   5. d

PRACTICE SET 14

A.
1. Sì, Giovanni e Maria hanno torto.   2. Sì, abbiamo ragione.   3. No, non ho caldo.   4. No, Claudia non ha sonno.   5. Sì, ho sonno.   6. Sì, c'è una matita.
7. No, non c'è una matita.   8. No, non ci sono due matite.   9. No, Gino e Gina non sono spagnoli.
10. Sì, è un orologio.

B.
1. Maria è italiana.   2. Sì, anche Mario è italiano.
3. Maria non sta bene/Maria sta male.   4. Perché ha sonno.   5. Mario sta molto bene.   6. Mario ha fame e sete.

C.
1. Mario è spagnolo?/È spagnolo Mario?   2. Che è?/Cosa è?/Che cosa è?   3. Chi è?   4. Perché sta (*pol.*) male?/Perché stai (*fam.*) male?   5. Claudia ha fretta?/Ha fretta Claudia?   6. Come si chiama?/Come ti chiami?

PRACTICE SET 15

1. Mi chiamo (*your name*)/Sono (*your name*)   2. Sì, sono sposato/sposata/No, non sono sposato/sposata.
3. Sono americano/italiano/etc.   4. Abito in campagna/in città/etc., in via/corso/viale (*your street/name*)   5. Just fill in the chart with your personal details.

PRACTICE SET 16

A.
1. È una finestra.   2. È una poltrona.   3. È una tavola.   4. È una scala.   5. È un divano.   6. È un tavolo.   7. È una sedia.   8. È una lavagna.   9. È uno zaino.   10. È un orologio.   11. È un libro.
12. È un quaderno.   13. È una penna.   14. È una matita.   15. È un computer.   16. È un cellulare.
17. È un compact disc.   18. È un portatile.

B.
1. È una camera.   2. È un bagno.   3. È una sala da pranzo.   4. È una cucina.   5. È un salotto.   a. È un muro.   b. È una parete.   c. È un tetto.   d. È un soffitto.

C.
1. un salotto, un pavimento, un corridoio, un tetto, un armadio, un comodino, una terrazza, una stanza e un interruttore. Dov'è? A casa.   2. una segreteria, un ufficio, uno studio, e un ascensore. Dov'è? Al lavoro.
3. un banco, un gesso, un cancellino, un esercizio, una scrivania, uno zaino, uno sbaglio, uno scaffale, una classe, una lezione, un'aula, un'uscita, e un'entrata. Dov'è? A scuola.

D.
1. una figlia   2. un bambino   3. una madre   4. un fratello   5. un'amica   6. un compagno   7. una professoressa   8. un insegnante   9. una ragazza
10. un'impiegata   11. un uomo

READING 4
A.
1. L'uomo/Il marito si chiama «signor Dini.»   2. La donna/La moglie si chiama «signora Dini.»   3. Il figlio si chiama Roberto.   4. La figlia si chiama Roberta.   5. Abitano in periferia.   6. La loro casa è

molto bella.   7. Roberto e Roberta vanno a scuola.
8. Il signor Dini lavora in un ufficio.   9. Il signor Dini
è un impiegato.   10. (Anche) la signora Dini lavora in
un ufficio.   11. La signora Dini è un'impiegata.
B.
1. Il signor Rinaldi lavora in una scuola.   2. Anche la
signora Vera-Rinaldi lavora in una scuola.   3. Il
signor Rinaldi e la signora Vera-Rinaldi hanno un figlio
e una figlia.   4. La figlia è (una) studentessa.
5. Anche il figlio è (uno) studente.

PRACTICE SET 17

A.
1. Bene/Molto bene/etc.   2. Mi chiamo *(your name)*.
3. Abito in campagna/in città/etc.   4. *Give your*
address (in Italian, of course).   5. Sì, sono
sposato/No, non sono sposato.   6. Sì, sono
italiano/italiana/No, non sono italiano/italiana. *(In the*
latter case you could also give your nationality.)
7. Buongiorno/ArrivederLa.

B.
1. molto   2. sto molto bene   3. presenti   4. lieto
5. la sua conoscenza   6. piacere   7. mi   8. Sono

C.
1. Giovanni ha ragione, e non ha mai torto.   2. Non
ho più freddo, sonno, fame e sete.   3. Maria, hai
paura?   4. C'è una sedia?   5. Sì, ci sono due sedie.
6. Dove sono?   7. Ecco una sedia.

D.
1. una dottoressa *(matching male-female professionals)*
2. un'amica *(matching male-female friends)*   3. un
impiegato *(matching male-female jobs)*   4. un uomo
(male-female counterparts)

CULTURE CAPSULE 2
1. Buongiorno, signora Santini.   2. Buon pomeriggio,
signorina Bartoli.   3. Buonasera, signorina Merli.
4. Buonasera, avvocato Giusti.   5. Buongiorno,
professor Mirri.   6. Buonasera, professoressa
Giacchetti.   7. Buon pomeriggio, dottoressa Bruni.

DIALOGUE 5
1. Scusi   2. Lei   3. favore   4. problema
5. Quanto   6. bene   7. grazie

PRACTICE SET 18

A.
1. Desidera/Dica (signore/signora/signorina)?
2. Desiderano (signori/signore/signorine)?   3. Scusa.
4. Scusi (signore, etc.).   5. Permesso/Scusi.

6. Prego/Permesso?   7. Prego/Avanti/S'accomodi.
8. Per favore/Per piacere.   9. Non importa.
10. Prego.   11. Salute!   12. Buon appetito!
13. Salute!   14. Grazie, altrettanto!   15. a. ti
dispiace?   b. Le dispiace?   c. Sei molto gentile.
d. È molto gentile.

B.
1. a. sei   b. è   c. hai   d. ha   e. stai   f. sta
2. a. siete   b. siete   c. avete   d. avete   e. state
f. state   3. stanno

PRACTICE SET 19

1. Sì, è vero/No, non è vero.   2. Certo/Non lo so!
3. Sì, sono d'accordo/No, non sono d'accordo.
4. Già/Ma va!

PRACTICE SET 20

A.
1. Sì, è il pettine di Maria.   2. Sì, è lo specchio di
Maria.   3. Sì, è il portafoglio di Maria.   4. Sì, è la
chiave di Maria.   5. Sì, è l'orologio di Maria.
6. Sì, è la fotografia di Maria.   7. Sì, è l'agenda di
Maria.

B.
1. lo zio   2. gli uomini   3. i guanti   4. la scarpa
5. le schiene   6. la scena   7. le sciarpe   8. la
faccia   9. le birre   10. il gatto   11. le pizze
12. il signore   13. i professori   14. il dottore
15. gli avvocati   16. le signore   17. la signorina
18. le professoresse   19. le dottoresse   20. l'italiano
21. l'italiana   22. gli americani   23. le americane
24. l'australiano   25. l'australiana   26. gli spagnoli
27. le spagnole   28. il tedesco   29. la tedesca
30. gli inglesi   31. le inglesi   32. il canadese
33. la canadese   34. i francesi   35. le francesi

C.
A casa:
il bagno, i bagni; il tetto, i tetti; il muro, i muri; il
soffitto, i soffitti; il piano, i piani; il pavimento, i
pavimenti; il corridoio, i corridoi; l'armadio, gli armadi;
il comodino, i comodini; l'interruttore, gli interruttori; il
divano, i divani; la stanza, le stanze; la porta, le porte;
la finestra, le finestre; la camera, le camere; la sala (da
pranzo), le sale (da pranzo); la cucina, le cucine; la
scala, le scale; la terrazza, le terrazze; la poltrona, le
poltrone; la parete, le pareti; la sedia, le sedie; la tavola,
le tavole; il marito, i mariti; il figlio, i figli; il bambino,
i bambini; il padre, i padri; il fratello, i fratelli; la
moglie, le mogli; la figlia, le figlie; la bambina, le
bambine; la madre, le madri; la sorella, le sorelle

A scuola:

il libro, i libri; il quaderno, i quaderni; il tavolo, i tavoli; il banco, i banchi; il gesso, i gessi; il cancellino, i cancellini; l'esercizio, gli esercizi; l'esame, gli esami; lo zaino, gli zaini; lo sbaglio, gli sbagli; lo scaffale, gli scaffali; la matita, le matite; la penna, le penne; la lavagna, le lavagne; la scrivania, le scrivanie; la classe, le classi; la lezione, le lezioni; l'entrata, le entrate; l'uscita, le uscite; l'aula, le aule; il ragazzo, i ragazzi; l'insegnante *(m.)*, gli insegnanti; il professore, i professori; l'amico, gli amici; il compagno, i compagni; lo studente, gli studenti; la ragazza, le ragazze; la studentessa, le studentesse; la professoressa, le professoresse; la compagna, le compagne; l'amica, le amiche; l'insegnante *(f.),* le insegnanti

Al lavoro:

l'ufficio, gli uffici; l'ascensore, gli ascensori; lo studio, gli studi; la segreteria, le segreterie; l'uomo, gli uomini; l'impiegato, gli impiegati; la donna, le donne; l'impiegata, le impiegate

D.

1. Il professor Rossi non è francese.   2. Buongiorno, professor Rossi, come va?   3. Ecco la signora Martini.   4. ArrivederLa, signora Martini.   5. Il pettine e la chiave sono di Maria.   6. Anche lo specchio e l'orologio sono di Maria.   7. Gli italiani e i francesi sono simpatici.   8. Gli studenti hanno una lezione.   9. L'italiano è molto facile.   10. Giovanni è italiano.

READING 5

A.

1. Renata è una ragazza molto gentile.   2. Claudia e Renata sono studentesse.   3. Vanno all'università.
4. Claudia ha due gatti.   5. Renata ha un cane.
6. Le scarpe di Claudia sono molto belle.
7. L'orologio di Renata è molto bello.   8. Claudia e Renata sono due signorine molto simpatiche.

B.

1. Bruno abita a Roma.   2. Bruna abita a Firenze.
3. Bruno è un ragazzo gentile.   4. Bruna è una ragazza gentile.   5. Bruno ha un cane.   6. Bruna ha due gatti.

DIALOGUE 6

1. pensa   2. telefona   3. Guardo   4. ama
5. telefona   6. Mangio   7. ama   8. telefona
9. ascolta

PRACTICE SET 21

A.

1. amo   2. arrivo   3. ascolto   4. aspetto
5. ballo

B.

1. canti   2. cerchi   3. cominci   4. compri

C.

1. desidera   2. dimentica   3. domanda   4. entra

D.

1. giochiamo   2. guardiamo   3. guidiamo
4. invitiamo   5. impariamo

E.

1. insegnate   2. lavorate   3. mangiate   4. pagate
5. parlate

F.

1. pensano   2. portano   3. studiano   4. suonano
5. telefonano

PRACTICE SET 22

A.

1. Ascolta   2. Aspetto   3. Cerchiamo
4. guardano   5. paga   6. telefonate, è

B.

1. La donna canta e l'uomo suona. —Signora, cosa fa? —Canto l'opera, signore.   2. Pasquale pensa a Claudia. Pasquale pensa anche a Gina. — Perché penso a Maria? Pasquale non pensa più!

PRACTICE SET 23

1. tu, io   2. Lui, lei   3. voi, noi   4. Lei   5. Loro

PRACTICE SET 24

A.

1. un caffè corretto   2. un cappuccino   3. una brioche e un tramezzino   4. il signor Verdi

B.

1. Vorrei   2. favore   3. Vorrei   4. tramezzino
5. un problema   6. sbaglio   7. *You might say something like:* Pazienza! *or* Non importa! *or, on the other hand,* Non capisco!, Non va bene!, *or* Impossibile! *(Impossible!)*

READING 6

A.

1. Pasquale va al bar.   2. Pasquale prende una coca-cola, un tramezzino al prosciutto e due paste.
3. Pasquale ha molta fame.   4. Maria entra nel bar mentre Pasquale mangia/Mentre Pasquale mangia, Maria entra nel bar.   5. Maria vede Pasquale.
6. Maria pensa: «Forse Pasquale non mi vede. Pasquale è un ragazzo ridicolo!».   7. Maria corre via dal bar.

B.
1. Pasquale pensa sempre a Claudia, Gina e Maria.
2. Telefona sempre a Maria.   3. Ha sempre fame.
4. Pensa: «nessuno mi ascolta!».   5. È un uomo
ridicolo.

PRACTICE SET 25

A.
1. —Permesso, signor Verdi?
   —Prego. Avanti. Che c'è?
   —Ecco un caffè per Lei.
   —Grazie. Lei è molto gentile.
   —Prego.
2. —Il professore è italiano, ma non insegna l'italiano.
   —Non capisco.
   —Insegna lo spagnolo.
   —Ah, capisco.
3. —Desidera?
   —Sì, vorrei un espresso, per favore.
   —Corretto?
   —No, ristretto.
   —Grazie.
   —Prego.

B.
1. Salve.   2. Non c'è male, grazie.   3. Non bene,
purtroppo.   4. ArrivederLa *(pol.)*   5. Giovanni.
6. Permette che mi presenti.   7. Lieto/Lieta di
conoscerLa.   8. Ecco le penne.   9. Stanno bene.
10. Dov'è il Bar Roma?   11. Chi ha paura?
12. Che fai?   13. Non faccio niente.   14. Salute!
15. S'accomodi.   16. Già … ecco … già.   17. Sono
d'accordo.   18. Meno male!   19. Pazienza!

C.

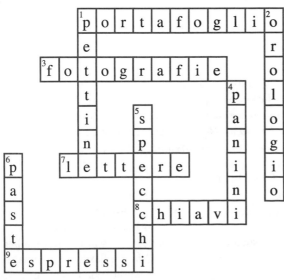

CULTURE CAPSULE 3
1. un euro   2. dieci euro   3. cento euro   4. mille
euro

REVIEW SET 1
A.
1. Suzy è americana.   2. Marco è australiano.
3. Dino è un bambino.   4. Lucia è canadese.
5. Marcello è il compagno di Maria.   6. Franca è una
donna simpatica.   7. Carla è una professoressa.
8. Bruna è la figlia del signor Verdi e della signora
Verdi.   9. Graziella è la sorella di Pina.
10. Lorraine è una donna francese.   11. Carlo è il
marito di Tina.   12. Pina è la madre di Nicola.
13. Pina è una ragazza ridicola.   14. Juanita è
spagnola.   15. Sophie e Helga sono tedesche.
B.
1. Vorrei.   2. Abito in via Firenze, 12.   3. Va bene
4. (Io) non sono sposata.   5. Salute!   6. Vorrei un
(caffè) espresso ristretto.   7. Meno male!
8. Pasquale ha sempre sonno.   9. Non capisco!
C.
1. abito   2. canta   3. guardi   4. lavoriamo
5. studiate   6. telefonano
D.
1. gli zaini   2. gli uomini   3. gli uffici   4. i
tedeschi   5. gli specchi   6. le sedie   7. gli sbagli
8. i pettini   9. le pareti

DIALOGUE 7
1. Nora e Giovanni sono al Bar Roma.   2. Nora
prende un espresso.   3. Giovanni prende un
cappuccino.   4. Vanno a casa di Dina.   5. Vanno
dopo il caffè.   6. (No), Nora non conosce Dina.
7. Dina è l'amica di Pietro.   8. Vengono anche Rosa e
Giuseppe (a casa di Dina).

PRACTICE SET 26

A.
1. Dov'è via Verdi?   2. Dov'è l'ufficio?/Dove si trova
l'ufficio?   3. Dov'è Roma?   4. Dov'è
l'uscita?/Dove si trova l'uscita?   5. Dove lavora
(Lei)?   6. Mi sa dire dov'è corso Garibaldi?   7. Mi
sa dire dov'è il Bar Roma?   8. Mi sa dire dov'è viale
Michelangelo?

B.
1. Come vai a Roma?   2. Come fa questo (Lei)?
3. Come si fa per andare a Roma?   4. Come si fa per
andare in centro?   5. Come si fa per andare in
periferia?   6. Come si fa per andare in campagna?
7. Come si fa per andare in corso Garibaldi?

C.
1. Che/Cosa/Che cosa fai?   2. Che/Cosa/Che cosa mangi?   3. Che/Cosa/Che cosa studia (Lei)?
4. Che/Cosa/Che cosa guardi?

D.
1. Chi parla (l')italiano?   2. Chi guida una FIAT?
3. Chi mangia gli spaghetti?   4. Chi balla?

E.
1. Perché non telefoni mai?   2. Perché (Lei) non mangia la pizza?   3. Perché non vai in Italia?
4. Perché non viene anche Lei?

F.
1. Qual è?   2. Quale libro è?   3. Quale uscita è?

G.
1. Quando arriva Giovanni?   2. Quando vanno Maria e Claudia?   3. Quando viene il signor Verdi?

H.
1. Quanto costa il cappuccino?   2. Quanto costano la brioche e il panino?   3. Quanto costa un espresso?

PRACTICE SET 27

A.
1. chiedo   2. chiudo   3. conosco

B.
1. corri   2. credi   3. leggi

C.
1. mette   2. perde   3. prende

D.
1. riceviamo   2. ripetiamo   3. rispondiamo

E.
1. scendete   2. scrivete   3. spendete

F.
1. vedono   2. vendono   3. vivono

PRACTICE SET 28

1. conosci   2. so   3. conoscono   4. sappiamo
5. conoscono/sanno   6. sapete/Conoscete

PRACTICE SET 29

1. scrive   2. chiudi   3. vivono   4. metto
5. leggete   6. prendiamo

PRACTICE SET 30

A.
1. questo   2. quel   3. questo   4. quello
5. questo   6. quell'   7. questi   8. quegli
9. questi   10. quegli   11. questi   12. quei
13. questa   14. quella   15. questa   16. quell'
17. queste   18. quelle   19. queste   20. quelle

B.
1. Questa   2. quella   3. Questo   4. quello
5. Queste   6. quelle   7. Questi   8. quelli

READING 7

A.
1. Giovanni, Nora, Rosa e Giuseppe sono a casa di Dina.   2. Dina chiede a Nora quale pasta vuole.
3. Nora non prende niente.   4. No, gli altri non sanno che cosa prendere.   5. Giorgio arriva mentre parlano.
6. Giorgio è il fratello di Rosa.   7. (Anche lui) prende qualcosa da mangiare e da bere.   8. A un certo momento gli amici decidono di andare al cinema.

B.
1. Giovanni prende sempre un cappuccino al Bar Roma.
2. Nora prende sempre un espresso al Bar Roma.
3. Dina è l'amica di Giovanni.   4. Nora non sa (che) cosa prendere a casa di Dina.   5. Giovanni prende sempre qualcosa da mangiare e da bere a casa di Dina.
6. Nora e Giovanni vanno sempre al cinema insieme.

DIALOGUE 8

1. vero   2. falso   3. falso   4. vero   5. vero
6. falso   7. vero   8. falso   9. vero

PRACTICE SET 31

A.
1. simpatica   2. buona   3. bella   4. piccola
5. giovane   6. bionda   7. intelligente   8. elegante

B.
1. buone   2. belle   3. piccole   4. giovani
5. eleganti

PRACTICE SET 32

1. un buon amico   2. un buon tramezzino   3. una buon'amica   4. una buona donna   5. buoni amici
6. buone amiche   7. quella bella donna   8. una bell'entrata   9. quel bel ragazzo   10. quel bello studente   11. il bell'amico   12. Quelle belle donne
13. quei bei ragazzi   14. quei begli studenti

PRACTICE SET 33

1. complicato   2. noiosi   3. lunga   4. giusti
5. care   6. antica   7. aperte

PRACTICE SET 34

1. grigia   2. giallo   3. verdi   4. marrone
5. viola   6. celesti   7. chiari   8. verde   9. blu
10. scure   11. arancione   12. grigia   13. viola
14. azzurra   15. marrone   16. gialla   17. bianca
18. blu

PRACTICE SET 35

A.

1. domenica   2. lunedì   3. venerdì   4. martedì
5. sabato   6. mercoledì   7. giovedì

B.

1. Il lunedì studio sempre l'italiano.   2. Il martedì pranzo spesso al Bar Roma.   3. Il mercoledì telefono spesso a Maria.   4. Il giovedì, invece, telefono sempre a Gino.   5. Il venerdì non vado mai in centro. 6. Il sabato vengo spesso in periferia.   7. La domenica mangio sempre la pizza.

C.

1. Oggi vado in campagna.   2. Ieri era lunedì. 3. La settimana scorsa era gennaio.   4. Domani è domenica.   5. La settimana prossima è primavera.

D.

1. novembre   2. aprile   3. luglio   4. febbraio
5. gennaio   6. marzo   7. dicembre   8. settembre
9. agosto   10. ottobre   11. maggio   12. giugno
13. l'estate   14. l'inverno   15. l'autunno   16. la primavera

PRACTICE SET 36

A.

1. Fa bel tempo.   2. Fa brutto/cattivo tempo *or* Fa (molto) freddo.   3. Fa (molto) caldo.   4. Piove.
5. C'è il sole.   6. Tira vento.   7. Fa freddo.   8. Fa molto freddo.   9. Lampeggia (e tuona).

B.

1. È mite.   2. È nuvoloso.   3. È sereno.   4. Fa molto freddo.   5. C'è il sole.   6. C'è la nebbia.
7. Tira vento.

PRACTICE SET 37

A.

1. fare il biglietto   2. prenotazione   3. finestrino
4. valigia   5. anticipo   6. un minuto   7. fame

B.

1. Sì.   2. Fare il biglietto.   3. Vicino al finestrino.
4. Grazie.

READING 8

A.

1. Roberto è all'aeroporto.   2. Aspetta lo zio e la zia (che arrivano da San Francisco).   3. È una bella giornata./Tira vento ma c'è il sole e fa caldo.
4. Roberto vede una vecchia amica, Carla.   5. Carla è una ragazza bella, intelligente e molto elegante.
6. Quando Roberto vede Carla va vicino a lei.
7. Roberto dice «Non vedo gli zii».

B.

1. Roberto è antipatico, noioso e maleducato.   2. Ha sempre fretta.   3. È all'aeroporto.   4. Aspetta lo zio e la zia che arrivano da San Francisco.   5. Ama Carla ma Carla non ama lui.   6. Vede Carla e va vicino a lei.   7. Comincia a parlare.

PRACTICE SET 38

A.

```
v a d o m n v i e n i m n k s a p p i a m o
c r e d i a m o n l m e t t o n o m o p l c
h p e r d o m n n e r i p e t e t e m n l o
i r i s p o n d o g s c e n d e v b n m l r
e s c r i v o d g s p e n d i e v e d o r
d n s t o v v i v e g h i v e n d o n o o e
o d p r e n d i b r i c e v i a m o m l o t
z c h i u d i m n c o n o s c e n h g n m e
```

B.

1. No, quella.   2. No, quella.   3. No, quello.
4. No, quelle.   5. No, quelli.   6. No, quelli.
7. No, quello.   8. No, quelle.   9. No, quella.
10. No, quelli.

C.

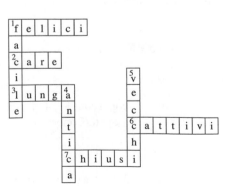

D.

1. lunedì   2. sabato   3. domenica   4. primavera
5. gennaio   6. maggio   7. aprile   8. ottobre

E.

1. È in orario l'aereo/L'aereo è in orario?   2. Non ho una/la carta d'imbarco.   3. Buon viaggio!   4. Fa molto freddo.   5. È mite.   6. Piove.   7. Nevica.
8. C'è il sole e tira vento.

CULTURE CAPSULE 4

1. (il) Natale   2. (il) Capo d'Anno   3. (la) Pasqua
4. (il) ferragosto   5. (il) presepio   6. (il) panettone
7. (il) carnevale   8. (la) Befana

DIALOGUE 9

1. ora   2. e   3. quindici   4. ha   5. qualche
6. tempo

PRACTICE SET 39

A.

1. due   2. dodici   3. quattro   4. quattordici
5. sei   6. sedici   7. otto   8. diciotto   9. venti
10. uno   11. undici   12. tre   13. cinque
14. quindici   15. sette   16. diciassette   17. nove
18. diciannove   19. dieci

B.

1. trenta   2. trentuno   3. trentadue   4. trentatré
5. trentaquattro   6. trentacinque   7. trentasei
8. trentasette   9. trentotto   10. trentanove
11. quarantuno   12. quarantaquattro
13. quarantotto   14. cinquantadue
15. cinquantacinque   16. sessantatré
17. sessantasette   18. settantadue   19. settantotto
20. ottantatré   21. ottantasei   22. novantuno

C.

Note: There are other ways to logically divide the numbers into words. The answers reflect just one way to do so.
1. duecento trentasei   2. trecento cinquantasei
3. quattrocento ottantotto   4. cinquecento novantanove   5. seicento uno   6. settecento trentatré   7. mille ottantanove   8. ventunmila (drop the -o when joining up numbers ending in -uno) ottocento novanta   9. trecento quarantacinque mila ottocento novanta   10. un milione duecento trentaquattro mila cinquecento sessantasette
11. ventiré milioni cinquecento sessantasette mila cinquecento quarantatré   12. duecento trentaquattro milioni settecento sessantaquattro mila cinquecento ventotto   13. novecento novantanove milioni novecento novantanove mila novecento novantanove

D.

1. È il due gennaio.   2. È il primo febbraio.   3. È l'undici marzo (the article is in front of a vowel).
4. È il trenta maggio.   5. È l'otto aprile.   6. È il ventuno giugno (or ventun giugno).   7. È il quindici luglio.   8. È il ventotto agosto.   9. È il diciotto settembre.   10. È il sedici ottobre.   11. È il venticinque novembre.   12. È il primo dicembre.
13. Ne abbiamo nove.

E.

1. È il settimo giorno.   2. È la quarta stagione.
3. Sono le prime studentesse della classe.   4. Sono i secondi studenti della classe.   5. È il quarto giorno di aprile.   6. È il sesto giorno di giugno.   7. È il nono giorno di dicembre.   8. È il quinto giorno di luglio.
9. È l'ottavo giorno di agosto.   10. È il decimo giorno di ottobre.   11. È il trentesimo giorno di marzo.
12. È l'undicesimo giorno di gennaio.   13. È il quindicesimo giorno di settembre.   14. È il ventesimo giorno di novembre.   15. È il ventottesimo giorno di marzo.   16. È il ventitreesimo giorno di agosto.
17. È il primo luglio.   18. È l'ultimo giorno di marzo.
19. Anche zero è un numero.

PRACTICE SET 40

1. Sì, vorrei dei cappotti verdi.   2. Sì, vorrei degli ombrelli neri.   3. Sì, vorrei delle camicette rosse.
4. Vorrei delle cravatte gialle.   5. Sì, vorrei delle borse marrone.   6. Sì, vorrei dei fazzoletti viola.
7. Sì, vorrei degli impermeabili azzurri.   8. Sì, vorrei dei cappelli grigi.   9. Sì, vorrei delle gonne rosse.
10. Sì, vorrei delle maglie arancione.

PRACTICE SET 41

1. No, non desidero nessun espresso.   2. No, non desidero nessuna pasta.   3. No, non desidero nessuno zabaione.   4. No, non desidero nessun gelato.
5. No, non desidero nessun'aranciata.   6. No, non desidero nessun aperitivo.   7. No, non desidero nessun tramezzino.   8. No, non desidero nessuno spumante.

PRACTICE SET 42

1. Sì, ho alcune lettere.   2. Sì, ho alcuni pettini.
3. Sì, ho alcuni specchi.   4. Sì, ho alcuni portafogli.
5. Sì, ho alcune fotografie.   6. Sì, ho alcune valige.
7. Sì, ho alcuni biglietti.   8. Sì, ho alcuni guanti.

PRACTICE SET 43

1. Sì, conosco qualche italiano.   2. Sì, scrivo qualche lettera.   3. Sì, leggo qualche libro spesso.   4. Sì,

compro qualche pasta.   5. Sì, mangio sempre qualche panino.   6. Sì, telefono spesso a qualche amico. 7. Sì, conosco qualche professoressa.   8. Sì, ho qualche amica.

PRACTICE SET 44

1. Vorrei del/un po' di vino.   2. Il martedì compro sempre del/un po' di latte.   3. Mangio spesso del/un po' di pane.   4. La domenica mangio spesso della/un po' di carne.   5. Metto sempre dello/un po' di zucchero nell'espresso.   6. Prendo sempre dell'/un po' di acqua con il vino.   7. Non compro mai latte il martedì.   8. Non mangio carne.   9. Non metto mai zucchero nell'espresso.   10. Non prendo mai acqua con il vino.

PRACTICE SET 45

1. Gina: Anche io alcuni tramezzini, grazie.
   Pino: Anche io qualche tramezzino, prego.
   Pina: Io, invece, non desidero nessun tramezzino.
   Vorrei dell'acqua.
2. Gino: Sì, dei panini, per favore.
   Pino: Anche io qualche panino, prego.
   Pina: Io, invece, non desidero nessun panino.
   Vorrei del latte.
3. Gino: Sì, degli aperitivi, per favore.
   Gina: Anche io alcuni aperitivi, grazie.
   Pino: Anche io qualche aperitivo, prego.
   Pina: Vorrei del vino.
4. Gino: Sì, dei cappuccini, per favore.
   Gina: Anche io alcuni cappuccini, grazie.
   Pina: Io, invece, non desidero nessun cappuccino.
   Vorrei del pane.

PRACTICE SET 46

1. Quale   2. Quante   3. Quanti   4. Quali
5. Quanti   6. Quali   7. Quale   8. Quanto
9. Quanta   10. quanti, hai, ventidue   11. quanti, ha, trentanove   12. quanti, ha, quarantasei

PRACTICE SET 47

1. poco   2. molto   3. troppa   4. molto
5. troppo   6. molta   7. molto   8. molta
9. molto, abbastanza   10. quasi   11. abbastanza, quasi   12. Tutti   13. tutte   14. tutti   15. tutto
16. Tutti e due   17. Tutte e due   18. tutto

PRACTICE SET 48

1. Non ne conosco molti.   2. Oggi ne scrivo.
3. Domani ne scrivo tre.   4. Tutti i mesi ne leggo alcuni.   5. Ne desidero due, grazie.   6. Quanti ne desidera?   7. Ne spendo sempre troppi.   8. Chi ne desidera?   9. Io ne prendo un po'.

PRACTICE SET 49

1. Sono le dodici.   2. Sono le sei.   3. È l'una.
4. Sono le cinque.   5. Sono le undici.   6. È l'una precisa.   7. Sono le tre precise.   8. Sono le dieci precise.   9. Sono le nove precise.   10. Sono le otto in punto.   11. Sono le sette in punto.   12. Sono le quattro in punto.   13. È l'una in punto.   14. Sono le due in punto.   15. Sono le otto.   16. Sono le tredici.
17. Sono le tre.   18. Sono le ventuno.   19. Sono le diciassette.   20. Sono le ventitré.   21. Sono le venti.
22. È mezzanotte.   23. È mezzogiorno.   24. Sono le diciotto.   25. Sono le sei di/della sera.   26. Sono le undici di/della mattina (del mattino).   27. Sono le quattro di/della mattina (del mattino) or di/della notte.
28. È l'una di/della notte (probably the best).   29. È l'una di/del pomeriggio.   30. Sono le undici di/della sera.   31. Sono le dieci di/della mattina (del mattino).
32. Sono le otto di/della sera.   33. Sono le otto e cinque.   34. Sono le nove e venticinque.   35. Sono le dieci e quaranta.   36. Sono le sette e venti.
37. Sono le quattre e cinquanta.   38. Sono le sei e cinquantacinque.   39. Sono le sette e quindici.
40. Sono le sei e trenta.   41. Sono le tredici e dieci.
42. Sono le quattordici e venticinque.   43. Sono le sedici e quaranta.   44. Sono le diciassette e cinquantacinque.   45. Sono le ventidue e cinque.
46. Sono le ventitré (precise/in punto).   47. Sono le venti e cinquantacinque.   48. Sono le diciassette e quarantacinque.   49. le dieci meno tredici   50. le ventuno meno cinque   51. le due meno uno   52. le diciassette meno dieci   53. le sei meno quattordici
54. È l'una e un quarto.   55. Sono le venti e mezzo/mezza.   56. Sono le sei e un quarto.
57. Sono le ventidue e mezzo/mezza.   58. Sono le due meno un quarto.   59. Sono le quattordici meno un quarto.

PRACTICE SET 50

1. volte   2. ore   3. tempo   4. ora   5. volte
6. tempo

PRACTICE SET 51

1. Prima, poi   2. Qualche volta   3. adesso/ora, mai
4. già   5. appena   6. Ogni   7. Stamani, stasera
8. sempre, alla settimana   9. dopodomani
10. Appena   11. già   12. presto, tardi   13. quasi
14. Ogni, di solito   15. allora   16. all'anno
17. Ieri l'altro   18. presto, appena

PRACTICE SET 52

1. durante   2. mentre   3. durante   4. appena

PRACTICE SET 53

1. Lavoro da ieri.   2. Giovanni arriva tra/fra dieci minuti.   3. Leggo da tre ore.   4. Corro da venti minuti.   5. Vado al Bar Roma tra/fra un'ora.

READING 9
A.
1. a   2. b   3. a   4. b   5. a
B.
1. Pina ha una lezione di matematica.   2. Non ha tempo di stare con Marco.   3. È molto intelligente e brava in matematica.   4. Risolve il problema senza difficoltà.

DIALOGUE 10
1. sta   2. soffre   3. testa   4. gola   5. febbre
6. dottoressa   7. raffreddore   8. dormire
9. aspirina

PRACTICE SET 54
A.
1. apro   2. capisco   3. parto   4. finisco

B.
1. copri   2. preferisci   3. dormi

C.
1. offre   2. colpisce

D.
1. serviamo   2. costruiamo

E.
1. sentite   2. pulite

F.
1. soffrono   2. spariscono

PRACTICE SET 55
A.
1. pensa   2. andiamo   3. comincio   4. chiamo
5. abiti   6. aspetto   7. Studio   8. mangiamo
9. cominciano   10. spero

B.
1. vende   2. vedo   3. chiedono   4. Leggo
5. vivi   6. vendiamo   7. conosci   8. prendiamo

C.
1. capite   2. preferisco   3. finisco   4. parte
5. capisco   6. preferisce   7. Capisci   8. preferisco
9. capiscono

PRACTICE SET 56
A.
1. salgono   2. bevete   3. danno   4. dici   5. beve
6. salgo   7. dà   8. esci   9. va

B.
1. diamo   2. dico   3. esco   4. viene   5. so

PRACTICE SET 57
1. della   2. Sul   3. in, a   4. dalla   5. dal
6. Alla   7. Nella   8. in, a   9. dall', da   10. in, a
11. Negli   12. da   13. dal   14. A

PRACTICE SET 58
1. Fra/Tra   2. Con il/Col   3. per, tra/fra   4. dentro
5. dietro   6. Davanti   7. fuori   8. sopra   9. sotto
10. Tra/Fra   11. per   12. Con l'/Coll'

PRACTICE SET 59
1. nell'   2. in, nella   3. Negli   4. dall'   5. a
6. In   7. alla   8. nella   9. nel

PRACTICE SET 60
1. Si sente male.   2. Mi dispiace.   3. mal di gola e un forte mal di testa.   4. ha la febbre a 40.
5. l'influenza.   6. Tra due giorni.

PRACTICE SET 61
1. Ho mal di piedi.   2. Ho mal di testa.   3. Ho mal di denti.   4. Ho mal di gola.   5. Ho mal di stomaco.
6. Mi fa male la mano.   7. Mi fa male l'orecchio.
8. Mi fa male la lingua.   9. Mi fa male il naso.
10. Mi fa male l'occhio.   11. Mi fa male il labbro.
12. Mi fa male il dito.   13. Mi fa male la gamba.
14. Mi fa male il collo.   15. Mi fa male il ginocchio.
16. Mi fa male la testa.   17. Mi fa male il gomito.
18. Mi fa male il braccio.   19. Ho una malattia che non è pericolosa.   20. Ho un forte raffreddore.
21. Mi fanno male i piedi.   22. Mi fanno male le gambe.   23. Ho la tosse.   24. Ho l'influenza.
25. Ho probabilmente la polmonite.   26. Mi fanno male i denti.   27. Mi fanno male gli occhi.

READING 10
A.
1. Elena torna dal medico.   2. Ha mal di stomaco e un forte mal di testa.   3. La dottoressa visita Elena.
4. Questa volta Elena ha un'indigestione.   5. Deve prendere una medicina digestiva.

B.
1. Elena non sta bene.   2. Ha mal di gola e di stomaco.   3. Ha l'influenza.   4. Ha bisogno di riposare e di dormire di più.

PRACTICE SET 62

A.
1. dodici *(numbers increase by three)*   2. sedici *(numbers decrease by one)*   3. cinquanta *(numbers increase by ten)*   4. cinquecento cinquantacinque *(all three digits are the same)*   5. quattromila quattro *(each number begins and ends with the same digit)*   6. 666.777 = seicento sessantasei mila, settecento settantasette *(first three digits repeat the last three of the previous number; the last three digits are the next highest digit)*   7. 999.999.999 = novecento novantanove milioni/novecento novantanove mila, novecento novantanove *(Can you figure out why?)*

B.
quarantasette

C.
1. tre ottavi   2. quattro venticinquesimi   3. dodici trentottesimi   4. un terzo   5. un nono   6. cinque undicesimi

D.
1. È il primo gennaio.   2. È il quattordici febbraio.   3. È il dodici marzo.   4. È il tre maggio.   5. È il quattro aprile.   6. È il primo ottobre.

E.
1. Sì, ne ho alcune.   2. Sì, ne ho alcuni.   3. Sì, ne ho un po'.   4. Sì, ne ho un po'.   5. Sì, ne ho alcuni.   6. Sì, ne ho un po'.

F.
1. No, non ho nessuna scarpa.   2. No, non ho nessuno zaino.   3. No, non ho nessun amico.   4. No, non ho nessun'amica.   5. No, non ho nessun guanto.

G.
1. Sì, conosco qualche studente.   2. Sì, leggo qualche libro.   3. Sì, compro qualche pasta.   4. Sì, desidero qualche matita.

H.
1. g   2. e   3. a   4. b   5. c   6. d   7. f   8. n
9. h   10. i   11. j   12. k   13. l   14. m   15. q
16. o   17. p   18. z   19. y   20. x   21. w
22. u   23. v   24. r   25. t   26. s

I.
1. Sono le otto e quindici/un quarto.   2. Sono le sette e quindici/un quarto.   3. Sono le quattro e quaranta/Sono le cinque meno venti.   4. Sono le otto e quaranta/Sono le nove meno venti.   5. Sono le sedici e trenta/mezzo/mezza.   6. Sono le tredici (precise/in punto).   7. Sono le quattordici e venti.   8. Sono le diciotto meno cinque.

J.
1. dormo, pulisci   2. capisce, preferisce
3. finiscono, spariscono   4. partiamo

K.
1. Do   2. Dico   3. Bevo   4. Esco
5. Salgo/Scendo   6. Tengo

L.
1. piede   2. orecchi   3. collo   4. ginocchio
5. gomito   6. dito   7. occhi   8. denti
9. raffreddore, tosse   10. polmonite, influenza

CULTURE CAPSULE 5
1. le tredici   2. le diciannove   3. le ventitré   4. le diciotto   5. le ventuno

DIALOGUE 11
1. Lorenzo risponde al telefono.   2. Rosa deve parlare più forte.   3. Per andare a casa di Rosa Lorenzo deve andare al primo semaforo (vicino a casa sua), girare a sinistra e continuare per un isolato.   4. Maria è un'amica (di Lorenzo e di Rosa).   5. Lorenzo deve andare al *Bar Roma* tra qualche minuto.

PRACTICE SET 63

A.
1. Ascolta!   2. Aspetta Maria!   3. Balla con Gina!
4. Cantate!   5. Cercate la penna!   6. Cominciate la lezione!   7. Entri!   8. Guardi la TV!   9. Mangi il tramezzino!   10. Paghiamo!   11. Ceniamo!
12. Telefoniamo alla ragazza!

B.
1. Chiedi che ora è/Chiedi che ore sono!   2. Chiudi la porta!   3. Leggi!   4. Mettete la borsa sulla scrivania!   5. Prendete un caffè!   6. Rispondete!
7. Scriva!   8. Venda la casa!   9. Corra!
10. Spendiamo i soldi!   11. Chiudiamo la finestra!

C.
1. Apri la porta!   2. Finisci la pasta!   3. Servi il tè!
4. Dormite!   5. Pulite la camera!   6. Finite il panino!   7. Apra la finestra, per favore!   8. Finisca il tè, subito!   9. Partiamo!   10. Finiamo!

PRACTICE SET 64

1. faccia, fate   2. di', dite   3. dia, date   4. venga, venite   5. bevi, bevete   6. esci, uscite   7. Venga, venite   8. Salga, Salite   9. tieni, tenete   10. vada, andate   11. stia, state   12. sii, siate   13. abbia, abbiate

PRACTICE SET 65

1. Mario, non ascoltare!   2. Professore, non ascolti!
3. Maria, non chiudere la porta!   4. Signora, non apra la finestra!   5. Gino, non finire il caffè!
6. Bambino, non venire qui!   7. Claudia, non stare zitta!   8. Ragazzi, non uscite!   9. Mario, non andare via!

PRACTICE SET 66

A.
1. Pronto.   2. sono   3. Sto

B.
1. C'è   2. sono

C.
1. sto guardando   2. sto mangiando   3. sto pulendo

PRACTICE SET 67

A.
1. Va' a sud un isolato!   2. Gira a sinistra al semaforo!   3. Continua per un isolato diritto!
4. Attraversa la strada!

B.
1. Vada a est due isolati!   2. Giri a destra al semaforo!   3. Vada a nord e poi giri a sinistra!
4. Continui diritto!

C.
1. Io, invece, dormo sopra il letto.   2. Io, invece, preferisco stare dentro.   3. Io, invece, sto sempre davanti/di fronte.   4. Io, invece, abito lontano.
5. Io, invece, vado giù per le scale.   6. Io, invece, cammino avanti.

D.
1. in aereo/coll'aereo/con l'aereo   2. a piedi   3. in macchina/con la macchina/in automobile/coll'automobile   4. in treno/col treno/con il treno
5. in autobus/coll'autobus

E.
1. Sto girando   2. Stanno attraversando   3. Stiamo continuando   4. Sta camminando   5. Sta guidando

PRACTICE SET 68

1. Sì, ci vado tra poco.   2. Sì, ci vado oggi.   3. Sì, ci vado.   4. Sì, ci vado domani.   5. Sì, ci vado spesso.

READING 11

A.
1. Lorenzo va al bar.   2. Ci va a piedi.   3. Passa molti semafori.   4. Cammina per un'ora.   5. Perché il bar è un po' lontano da casa sua.   6. Al bar vede Rosa, Maria e altri amici.   7. Stanno bevendo il caffè e stanno parlando.   8. Lorenzo vuole andare al cinema.   9. Dopo il caffè tutti vanno al cinema.
B.
1. Lorenzo non vede Rosa da tanto tempo.   2. Va sempre al bar a piedi.   3. Vuole andare al cinema spesso.   4. Abita/Vive vicino a Rosa.

DIALOGUE 12

1. vero   2. falso   3. vero   4. vero   5. vero

PRACTICE SET 69

1. Devo studiare stasera.   2. Non posso uscire domani.   3. Voglio studiare tanto/molto.   4. Amo leggere.   5. Spero di imparare.   6. Puoi uscire?
7. Devi lavorare domani?   8. Vuoi mangiare una pasta?   9. Pensi di andare a Roma?   10. Cominci a imparare l'italiano?   11. Perché (Maria) non può venire al Bar Roma?   12. Perché non vuole bere il vino?   13. Perché non deve studiare?   14. Perché non sa ballare?   15. Vogliamo comprare/fare un biglietto.   16. Ci possiamo andare.   17. Dobbiamo partire.   18. Potete mangiare la carne?   19. Volete dello/un po' di zucchero?   20. Dovete andare a piedi?
21. (Mario e Maria) non possono comprare la casa.
22. Vogliono vivere in periferia.   23. Devono pulire la casa.

PRACTICE SET 70

A.
1. mi sveglio   2. mi alzo   3. mi lavo   4. mi vesto
5. ti addormenti   6. ti alzi   7. mi diverto

B.
1. si sposa   2. si sposano   3. vi sposate   4. Ci vogliamo divertire

C.
1. si sente   2. Mi sento   3. mi arrabbio   4. mi alzo

PRACTICE SET 71

1. Ci telefoniamo ogni giorno.   2. Non si conoscono.
3. Si amano.   4. Ci scriviamo sempre.

PRACTICE SET 72

1. si mangiano   2. si vende   3. si vendono   4. si
bevono   5. si beve

PRACTICE SET 73

A.
1. soldi   2. 500 euro   3. in contanti   4. ha un
conto in quella banca   5. prelevare 500 euro da un
conto   6. un modulo di prelevamento e un modulo di
versamento

B.
1. cambiare   2. assegno turistico   3. dollari
4. versare   5. conto   6. bene   7. modulo (di
versamento)

READING 12
A.
1. un conto alla banca vicino a casa sua.   2. di
buon'ora alla banca perché ha molte cose da fare.
3. si veste in fretta, prende un caffè velocemente, e va
con l'autobus alla banca.   4. trova la banca chiusa.
5. di ferie.
B.
1. Il signor Giusti vuole aprire un conto alla banca.
2. Compila un modulo alla banca/in banca.   3. La
banca è vicino a casa sua.   4. Si alza sempre presto,
si veste in fretta, e prende un caffè velocemente.

PRACTICE SET 74

A.
1. Mi sa dire dov'è (dove si trova) via Verdi?   2. Di
dov'è?   3. Come si fa per andare a Firenze?
4. Quanto costa il caffè?   5. Non ho una/la
prenotazione.   6. Vorrei un posto vicino al finestrino.
7. Pronto.   8. C'è il signor Dini?   9. Con chi parlo?
10. Chi parla?   11. Chi è?   12. Sono Gina.

B.
1. Versi 500 euro, per favore.   2. Vada a sinistra, poi
giri a destra al semaforo.   3. Cammina verso il
semaforo, e poi attraversa la strada.

C.
1. Alzati!   2. Svegliati!   3. Divertiti!   4. Fermati!
5. Si diverta!   6. Si alzi!   7. Si sposi!   8. Si
fermi!   9. Svegliatevi!   10. Alzatevi!
11. Lavatevi!   12. Vestitevi!

D.

1. prelevare   2. versare   3. denaro   4. soldi
5. contanti   6. conto

CULTURE CAPSULE 6
1. In Italia, le banche hanno origine nel Duemila.
2. La parola «banca» significa «panca» *(bench)*.
3. Perché i primi banchieri usavano delle panche per
strada per condurre gli affari.   4. Le prime banche
furono fondate a Firenze, Siena, Roma e Venezia.
5. *La Banca Nazionale del Lavoro* ha succursali anche
negli Stati Uniti.

REVIEW SET 2
A.
1. k   2. j   3. e   4. a   5. b   6. c   7. d   8. h
9. g   10. i   11. f
B.
1. aprile, maggio, giugno, settembre, ottobre, dicembre
2. martedì, venerdì, sabato   3. estate, autunno
C.
1. Ho la febbre.   2. Sta'/Stia zitto (-a)!   3. Va'/Vada
via!   4. È una bella giornata./Fa bel tempo, ma tira
vento.   5. Giri a sinistra.   6. Sono le due e mezzo
del pomeriggio./Sono le quattordici e trenta.
D.
1. a   2. a   3. b   4. a   5. b   6. b   7. a   8. b
9. b

DIALOGUE 13
1. noioso   2. Gina   3. pace   4. mezzogiorno
5. prendere   6. ha   7. preso   8. amato

PRACTICE SET 75

1. Mi   2. ti   3. ti   4. lo   5. la   6. le   7. li
8. vi   9. Ci

PRACTICE SET 76

1. Sì, lo bevo.   2. No, non li compro.   3. No,
(Marco) non la mangia.   4. Sì, (il professore) li
mangia.   5. No, non le mangio.   6. Sì, lo leggo.
7. Sì, la leggo.   8. No, non le ho.   9. ti   10. La
11. La   12. ti

PRACTICE SET 77

1. le   2. lo   3. gli   4. la   5. li   6. gli   7. le
8. La   9. Le

PRACTICE SET 78

1. Telefonale!   2. Aspettami!   3. Chiamali!
4. Mangiala!   5. Le telefoni!   6. Mi aspetti!
7. Li chiami!   8. La mangi!

PRACTICE SET 79

1. Maria piace a Giovanni.   2. Ma Giovanni non
piace a Maria.   3. Giovanni piace agli amici di Maria.
4. Ma gli amici di Maria non piacciono a Giovanni.
5. Maria piace molto agli amici di Giovanni.

PRACTICE SET 80

1. Giovanni, (tu) non mi piaci.   2. Ma tu mi piaci.
3. Marco e Dino piacciono a Giuseppina?   4. Sì, le
piacciono. (Lei) ci piace, vero?   5. Sì, lui ci piace. E
noi gli piacciamo.

PRACTICE SET 81

1. Sì, mi piace, ma è troppo cara.   2. Sì, mi
piacciono, ma sono troppo care.   3. Sì, mi piace, ma è
troppo caro.   4. Sì, mi piacciono, ma sono troppo
cari.   5. Ti piace la torta?   6. Ti piacciono le
caramelle?   7. Ti piace il biscotto?   8. Ti piacciono
i cioccolatini?   9. Gli piace l'appartamento
nuovo?/Sì, ci piace a tutti e due.   10. Gli piacciono i
prezzi delle case?/Sì, ci piacciono a tutti e due.

PRACTICE SET 82

1. Che buon cappuccino!/Che cappuccino buono!
2. Che vino cattivo!   3. Che bella casa!/Che casa
bella!   4. Che brutta macchina!/Che macchina brutta!
5. Come (Quanto) sono buoni i biscotti!   6. Come
(Quanto) è cattiva la torta!   7. Come (Quanto) sono
belle le scarpe!   8. Come (Quanto) sono brutti i
pantaloni!

PRACTICE SET 83

1. Ho ascoltato la radio un'ora fa.   2. Ho venduto la
macchina una settimana fa.   3. Ho appena finito di
mangiare.   4. Tu hai comprato tre vestiti.   5. Tu hai
voluto solo un vestito.   6. Tu non hai servito nessuno.
7. No, ha lavorato ieri.   8. No, ha dovuto lavorare
ieri.   9. No, ha pulito la casa stamani.   10. No,
abbiamo già pagato il conto.   11. No, abbiamo dovuto
lavorare la settimana scorsa.   12. Sì, abbiamo capito
tutto!   13. Marco, Maria, avete mangiato?

14. Signore, signori, avete saputo la verità?
15. Gianni, Maria, avete finito?   16. No, hanno già
cenato.   17. No, hanno venduto la macchina il mese
scorso.   18. No, hanno finito di mangiare poco fa.

PRACTICE SET 84

1. Ho messo la penna sul tavolo.   2. Ho detto la
verità.   3. Gino ha bevuto già il vino.   4. Maria e
Gino hanno scritto la lettera la settimana scorsa.
5. Ho chiuso la finestra un minuto fa.   6. Ho dato
l'assegno turistico a Maria.   7. Ha fatto freddo ieri.
8. Ha fatto caldo la settimana scorsa.   9. Non ho
ancora letto la rivista.   10. Ho perso la valigia.

PRACTICE SET 85

1. Sì, la ho finita/l'ho finita.   2. Sì, lo ho bevuto/l'ho
bevuto.   3. Sì, le ho comprate.   4. Sì, li ho versati.
5. Ne ho mangiata molta.   6. Ne ho comprati alcuni.
7. Sì, Maria la ha venduta/l'ha venduta.   8. Sì, Gino li
ha finiti.   9. Sì, (loro) lo hanno letto/l'hanno letto.
10. Sì, (loro) le hanno aperte.

READING 13
A.
1. Gino è un tipo noioso.   2. Ha chiesto a Gina di
uscire con lui.   3. Ha chiamato Gina col cellulare.
4. Ha preso l'autobus.   5. A casa di Gina ha parlato
con la sorellina per venti minuti e poi l'ha portata a
prendere il gelato.
B.
1. A Gino piace Gina.   2. Gino l'ha chiamata ieri.
3. Ha preso l'autobus fino a casa sua.   4. Ha portato
la sorellina a prendere un gelato.

DIALOGUE 14
1. Il papà di Nino torna fra poco (presto).   2. Nino ha
rotto la (sua) bicicletta.   3. Nino è caduto.   4. La
mamma lo aiuta a aggiustare la sua bicicletta.   5. La
mamma è molto brava a aggiustare le cose.

PRACTICE SET 86

1. sono arrivato, sono arrivata   2. sei entrato, sei
entrata   3. è uscito, è uscita   4. Siamo andati, siamo
andate   5. siete tornati, siete tornate   6. sono venuti,
sono venute

PRACTICE SET 87

1. sono alzato, sono alzata   2. sei svegliato, sei
svegliata   3. sono arrabbiati, sono arrabbiate   4. è
sposato, è sposata.

PRACTICE SET 88

1. mio, mio   2. mia, mia   3. miei, miei   4. mie,
mie   5. le tue, le tue   6. i tuoi, i tuoi   7. la tua, la
tua   8. il tuo, il tuo   9. il suo, il suo   10. la sua, la
sua   11. i suoi, i suoi   12. le sue, le sue   13. la
sua   14. il suo   15. le sue   16. i suoi   17. la sua
18. i suoi   19. le nostre, le nostre   20. il nostro, il
nostro   21. i nostri, i nostri   22. la nostra, la nostra
23. I vostri, I vostri   24. Le vostre, Le vostre   25. Il
vostro, Il vostro   26. La vostra, La vostra   27. la
loro, la loro   28. il loro, il loro   29. i loro, i loro
30. le loro, le loro

PRACTICE SET 89

A.
1. Nino   2. Paolo   3. Nina   4. Nino   5. Franco

B.
1. nonna   2. madre   3. moglie   4. nonno
5. marito   6. padre   7. moglie   8. figlio
9. cognata   10. zia   11. zio   12. cognato
13. sorella   14. fratello   15. cugino   16. cugina

PRACTICE SET 90

1. no article   2. I (miei zii)   3. Il (tuo fratello ricco)
4. no article, no article   5. Il (loro padre), la (loro
madre)   6. no article

READING 14
A.
1. Il padre di Nino torna a casa dopo che ha fatto la
spesa.   2. Vede che sua moglie e suo figlio stanno
aggiustando la bicicletta.   3. Lui li vuole aiutare.
4. Nino, suo padre e sua madre hanno lavorato (hanno
aggiustato la bicicletta) tutto il pomeriggio.   5. Hanno
finito di aggiustare la bicicletta quando è arrivata l'ora
di cena.   6. Dopo cena la famiglia Santucci è andata a
prendere un gelato.   7. La famiglia Santucci è molto
felice.
B.
1. Ieri il padre è uscito a fare la spesa.   2. Nino ha
rotto la sua bicicletta.   3. La madre e il padre di Nino
lo hanno aiutato a aggiustare la sua bicicletta.   4. La
famiglia è uscita dopo cena a/per prendere un gelato.

PRACTICE SET 91

A.
1. ti   2. mi   3. Ti   4. mi   5. la   6. li   7. Ti
8. mi   9. ci

B.
1. Mi sono piaciute le scarpe.   2. Le scarpe sono
piaciute anche a lui.   3. Non le sono piaciute le

scarpe.   4. Gli è piaciuta la maglia azzurra.   5. Non
gli sono piaciuti i pantaloni.

C.
1. sono   2. ha   3. sono   4. hai   5. sono

D.
1. la mia   2. il tuo   3. i miei   4. il mio   5. Sua
6. i tuoi

E.
1. la nonna   2. mia cognata   3. mia zia   4. nostro
cugino   5. lo zio

CULTURE CAPSULE 7
1. La famiglia tradizionale è in diminuzione.   2. In
confronto agli Stati Uniti ci sono meno divorzi in Italia.
3. La legge italiana stabilisce che con il matrimonio il
marito e la moglie hanno gli stessi diritti e doveri.
4. La famiglia nucleare consiste di padre, madre, e figli,
senza nonni e altri parenti.

DIALOGUE 15
1. Quando era bambina Claudia era piccola; era la più
piccola della scuola.   2. Oggi, invece, è più alta di
Giorgio.   3. Giorgio era grasso e attivo.
4. Giocavano sempre insieme.   5. Oggi Giorgio è
magro e calmo.

PRACTICE SET 92

1. Mio zio è generoso. Tuo zio è più generoso. Suo zio
è il più generoso.   2. Mia moglie è timida. Tua
moglie è meno timida. Sua moglie è la meno timida.
3. La mia macchina è grande. La tua (macchina) è più
grande. La sua (macchina) è la più grande.   4. I miei
pantaloni sono moderni. I tuoi (pantaloni) sono meno
moderni. I suoi (pantaloni) sono i meno moderni.
5. Le mie scarpe sono economiche. Le tue (scarpe) sono
più economiche. Le sue (scarpe) sono le più
economiche.   6. Il mio orologio è caro. Il tuo
(orologio) è meno caro. Il suo (orologio) è il meno caro.
7. Mio fratello è maleducato. Tuo fratello è più
maleducato. Suo fratello è il più maleducato.

PRACTICE SET 93

1. che   2. di   3. degli   4. che   5. delle
6. della

PRACTICE SET 94

1. migliore   2. meglio   3. peggiore   4. peggio
5. il migliore   6. il meglio   7. il peggiore   8. il
peggio

PRACTICE SET 95

A.
1. alzavo   2. andavo   3. Uscivo   4. volevo

B.
1. guardavi   2. dormivi   3. volevi

C.
1. capiva   2. ascoltava   3. leggeva

D.
1. camminavamo   2. Dovevamo   3. venivamo

E.
1. abitavate   2. avevate   3. preferivate

F.
1. servivano   2. volevano   3. mangiavano

PRACTICE SET 96

1. faceva   2. Bevevo   3. era   4. Ero
5. bevevamo   6. facevano   7. dicevano
8. bevevano

PRACTICE SET 97

1. così … come   2. Durante   3. né … né   4. Non
solo … ma anche   5. perché   6. Appena
7. Quando   8. Mentre   9. sia … che   10. o … o
11. se   12. Anche se   13. dopo che

PRACTICE SET 98

1. che   2. cui   3. che   4. cui   5. che   6. cui
7. che   8. che   9. Da giovane   10. in saldo
11. fumetti   12. Ovviamente   13. eccellente
14. qualcosa   15. lo stesso   16. problema
17. dolore   18. preoccupi   19. lasciato

READING 15
A.
1. era, andava   2. andava   3. andava, preferiva
4. sono sposati   5. Hanno, vanno   6. cambia
B.
1. Claudia era la più piccola della scuola.   2. Giorgio
era grasso e attivo.   3. (Loro) giocavano sempre
insieme.   4. Claudia andava sempre in vacanza con i
suoi genitori.   5. Giorgio e Claudia adesso/ora vanno
in vacanza ogni tanto.

DIALOGUE 16
1. Il marito vuole andare a visitare la famiglia Spinelli.
2. La moglie non ci vuole andare.   3. Perché ogni
volta che (lei e suo marito) vanno lì, il marito si mette

sempre a parlare di sport.   4. Andranno invece a un
bel ristorante.

PRACTICE SET 99

A.
1. mangerò   2. Leggerò   3. divertirò

B.
1. pagherai   2. metterai   3. finirai

C.
1. tornerà   2. spenderà   3. costruirà

D.
1. cercheremo   2. venderemo   3. partiremo

E.
1. sposerete   2. conoscerete   3. divertirete

F.
1. torneranno   2. venderanno   3. capiranno

PRACTICE SET 100

1. verrò   2. vivrete   3. farà   4. dovrete
5. vedranno, sapranno, potranno, darà, berrà

PRACTICE SET 101

A.
1. Sì, pago (il conto) io!   2. Sì, ha sempre ragione il
professore.   3. Sì, è una bella lingua l'italiano!

B.
1. Tuo fratello chiama me sempre.   2. Inviteremo loro
alla festa.   3. Perché vuoi noi?   4. Che cosa dice a
voi?   5. Telefoni a lui spesso?   6. Telefonerai a lei
stasera?

C.
1. loro   2. me … lei   3. te   4. lui … voi
5. loro

PRACTICE SET 102

1. Buonasera, cosa prende?   2. Cosa c'è?   3. Vorrei
l'antipasto.   4. Cosa ha per contorni?   5. Cosa c'è
da bere?

PRACTICE SET 103

1. il coltello   2. il bicchiere   3. il cucchiaio   4. la
forchetta   5. la tazza   6. il tovagliolo   7. la
bottiglia   8. il piatto

READING 16

A.
1. La moglie e il marito parlano di dove andranno per la loro vacanza l'anno prossimo mentre stanno cenando. 2. Forse andranno in Francia o negli Stati Uniti./Forse visiteranno la Francia o forse andranno negli Stati Uniti (a trovare degli amici e dei parenti). 3. Alla fine decidono di andare in Francia. 4. Perché lì sapranno parlare la lingua del paese.

B.
1. La moglie non vuole andare a visitare la famiglia Spinelli. 2. Il marito parla sempre di sport/dello sport. 3. Il marito e la moglie visiteranno la Francia l'anno prossimo. 4. Vanno lì perché sanno la lingua.

PRACTICE SET 104

A.
1. Ieri pioveva. 2. La settimana scorsa nevicava. 3. Il mese scorso faceva bel tempo. 4. Il vino costava molto poco. 5. Quando ero giovane, guardavo sempre la TV. 6. Quando avevo dieci anni, giocavo tanto/molto.

B.
1. Domani andrò in centro. 2. Mia sorella verrà tra (fra) una settimana. 3. I miei amici verranno alla festa. 4. Mangerò solo (la) pizza. 5. Io e il mio amico (la mia amica) berremo solo (l')acqua minerale. 6. Tra (fra) poco uscirò.

C.
1. Pino   2. Gina

D.
1. d   2. c   3. a   4. b

CULTURE CAPSULE 8
1. a   2. a   3. a   4. a   5. a   6. b   7. a

DIALOGUE 17
1. azzurro   2. seta   3. saldo   4. costa
5. camicetta   6. buon

PRACTICE SET 105

1. Preferirei   2. mangerei   3. berrei   4. prenderei
5. Vorrei

PRACTICE SET 106

1. Sì, lei si comporta sempre sinceramente.
2. Sì, lui si comporta sempre generosamente.
3. Sì, loro si comportano sempre noiosamente.
4. Sì, loro si comportano sempre intelligentemente.
5. Sì, lei si comporta sempre elegantemente.

PRACTICE SET 107

1. Capisco facilmente. 2. Studio difficilmente. 3. Abitavo centralmente (in centro). 4. Mi chiamano popolarmente "Dino/Dina." 5. Vado regolarmente in Italia ogni anno. 6. Bevo normalmente il vino a cena.

PRACTICE SET 108

1. Ha romanzi? Quanto costano? 2. Ha riviste di sport? Quanto costano? 3. Ha della carta e un calendario? Quanto costano? 4. Ha un orologio d'oro? Quanto costa? 5. Ha i francobolli? Quanto costano? 6. Ha una lampada, un frigorifero, un televisore, e una radio? Quanto costano? 7. Ha un tavolo, una sedia, e un divano? Quanto costano? 8. Ha un vestito da sera? Quanto costa? 9. Ha della frutta e un po' di carne? Quanto costano?

READING 17

A.
1. Generalmente la signora Dini compra le cose in saldo. 2. Ieri ha deciso di spendere molto per suo nipote. 3. E andata in una libreria (per comprargli due libri). 4. Voleva un libro di fiabe e un libro di giochi. 5. La commessa raccomanda due bei libri illustrati. 6. La signora Dini spera che i due libri piaceranno a suo nipote.
B.
1. La signora Dini compra sempre le cose in saldo.
2. Ha deciso ieri di spendere molto per suo nipote.
3. Ha comprato due bei libri illustrati per suo nipote.
4. Spera che piaceranno a suo nipote.

DIALOGUE 18
1. Domani Marco va/andrà a sciare. 2. Va a sciare da diversi anni/Pratica lo sci da diversi anni. 3. Nadia preferisce il nuoto. 4. L'anno scorso ha vinto il campionato del nuoto. 5. Adesso vuole imparare a sciare.

PRACTICE SET 109

A.
1. Davvero?/Veramente? 2. Come mai?
3. Magari! 4. Macché! 5. Peccato!

B.
1. Pazienza! 2. Non importa! 3. Non sono d'accordo! 4. Macché! 5. Meno male!

PRACTICE SET 110

1. lo sci   2. il calcio   3. la pallacanestro   4. il pugilato   5. il tennis   6. il nuoto
7. l'automobilismo   8. il ciclismo   9. il pattinaggio

PRACTICE SET 111

1. ha perso   2. giocherà   3. vincerà   4. ha sciato
5. Ha pattinato   6. nuoterà

PRACTICE SET 112

1. l'insegnante   2. ingegnere   3. l'avvocato
4. segretaria   5. infermiera   6. medico
7. commessa   8. cameriere

PRACTICE SET 113

1. Sì, conosco molti uomini tedeschi.   2. Sì, conosco
molte donne tedesche.   3. Sì, ho i miei soldi in molte
banche.   4. Sì, ho molte giacche.   5. Sì, conosco
molti medici italiani.   6. Sì, ho molte maglie bianche.
7. Sì, ho molti vestiti bianchi.

PRACTICE SET 114

1. Il professore ce la insegna.   2. Domani te lo
venderò.   3. Fra poco ve le darò.   4. Maria gliene
scrive molte.   5. Il dottore gliela scrive.

READING 18

A.

1. Ieri Nadia e Marco sono andati a sciare.   2. Lui è
molto bravo (a sciare).   3. Lei sta imparando, però, è
sempre stata molto brava a nuotare.   4. Dopo due ore
di pratica assieme a Marco, Nadia ha voluto sciare da
sola.   5. (Tutto ad un tratto) Nadia è caduta e ha rotto
una gamba.   6. Nadia dice che tornerà a sciare tra un
anno.

B.

1. Marco va spesso a sciare.   2. Nadia preferisce il
nuoto/nuotare.   3. Vuole imparare a sciare.
4. Nadia ha rotto una/la gamba.   5. Nadia è molto
coraggiosa.   6. Nadia dice che tornerà a sciare tra un
anno.

PRACTICE SET 115

A.

1. Vorrei ancora (della) carne, volentieri.
2. Andrei alla festa, ma è troppo lontano.
3. Verrò anche io, se viene Giovanni; altrimenti non
vengo/verró.   4. Preferirei, piuttosto, mangiare (il)
pesce.   5. Parlo sempre sinceramente, anche se
timidamente.   6. Non sono d'accordo.

B.

1. Davvero?/Veramente?   2. Come mai?   3. Non
affatto!   4. Pazienza!   5. Meno male!   6. Magari!

C.

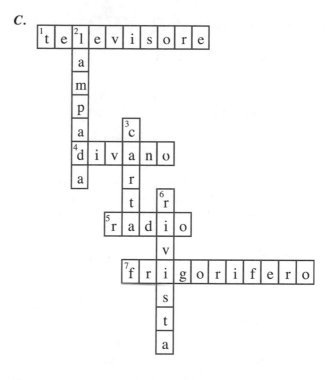

D.

CULTURE CAPSULE 9

1. Ho comprato del software per il mio computer la
settimana scorsa.   2. Ho comprato uno schermo e una
tastiera per il mio computer il mese scorso.   3. Ho
comprato una stampante per il mio computer l'anno
scorso.   4. Ho comprato un CD-ROM e un DVD la
settimana scorsa.   5. Ho comprato un portatile l'anno
scorso.

REVIEW SET 3

A.

1. a   2. b   3. a   4. a   5. b   6. b   7. a   8. a
9. a

B.

1. Preferisco il nuoto/nuotare.   2. Ho vinto l'anno
scorso.   3. Ho rotto una gamba ieri.   4. Sono forte,
gentile, e popolare.   5. Non sono d'accordo.
6. Mcno male!

IRREGULAR VERB CHARTS

The irregular forms of the verbs used in this book are listed here. The conjugation follows the normal pattern:

andare: vado (1st person singular), vai (2nd person singular), va (3rd person singular), andiamo (1st person plural), andate (2nd person plural), vanno (3rd person plural)

---

andare *to go*

Present: vado, vai, va, andiamo, andate, vanno
Future: andrò, andrai, andrà, andremo, andrete, andranno
Imperative: —, va', vada, andiamo, andate, vadano

---

aprire *to open*

Past participle: aperto

---

avere *to have*

Present: ho, hai, hai, abbiamo, avete, hanno
Future: avrò, avrai, avrà, avremo, avrete, avranno
Imperative: —, abbi, abbia, abbiamo, abbiate, abbiano

---

bere *to drink*

Present: bevo, bevi, beve, beviamo, bevete, bevono
Past participle: bevuto
Imperfect: bevevo, bevevi, beveva, bevevamo, bevevate, bevevano
Future: berrò, berrai, berrà, berremo, berrete, berranno
Imperative: —, bevi, beva, beviamo, bevete, bevano

---

chiedere *to ask*

Past participle: chiesto

---

chiudere *to close*

Past participle: chiuso

---

coprire *to cover*

Past participle: coperto

---

correre *to run*

Past participle: corso

---

dare *to give*

Present: do, dai, dà, diamo, date, danno
Past participle: dato
Imperfect: davo, davi, dava, davamo, davate, davano
Future: darò, darai, darà, daremo, darete, daranno
Imperative: —, da', dia, diamo, date, diano

---

dire *to say*

Present: dico, dici, dice, diciamo, dite, dicono
Past participle: detto
Imperfect: dicevo, dicevi, diceva, dicevamo, dicevate, dicevano
Future: dirò, dirai, dirà, diremo, direte, diranno
Imperative: —, di', dica, diciamo, dite, dicano

---

dovere *to have to*

Present: devo, devi, deve, dobbiamo, dovete, devono
Future: dovrò, dovrai, dovrà, dovremo, dovrete, dovranno

---

essere *to be*

Present: sono, sei, è, siamo, siete, sono
Past participle: stato
Imperfect: ero, eri, era, eravamo, eravate, erano
Future: sarò, sarai, sarà, saremo, sarete, saranno
Imperative: —, sii, sia, siamo, siate, siano

---

fare *to do/to make*

Present: faccio, fai, fa, facciamo, fate, fanno
Past participle: fatto
Imperfect: facevo, facevi, faceva, facevamo, facevate, facevano
Future: farò, farai, farà, faremo, farete, faranno
Imperative: —, fa', faccia, facciamo, fate, fanno

---

leggere *to read*

Past participle: letto

---

mettere *to put/***mettersi** *to put on*

Past participle: messo

---

offrire *to offer*

Past participle: offerto

---

perdere *to lose*

Past participle: perso

---

piacere *to like* (= to be pleasing to)

Present: piaccio, piaci, piace, piacciamo, piacete, piacciono

---

potere *to be able to*

Present: posso, puoi, può, possiamo, potete, possono
Future: potrò, potrai, potrà, potremo, potrete, potranno

---

prendere *to take*

Past participle: preso

---

rispondere *to answer*

Past participle: risposto

---

salire *to go up*

Present: salgo, sali, sale, saliamo, salite, salgono
Imperative: —, sali, salga, saliamo, salite, salgano

---

sapere *to know*

Present: so, sai, sa, sappiamo, sapete, sanno
Future: saprò, saprai, saprà, sapremo, saprete, sapranno

---

scrivere *to write*

Past participle: scritto

---

soffrire *to suffer*

Past participle: sofferto

---

stare *to stay*

Present: sto, stai, sta, stiamo, state, stanno
Past participle: stato
Imperfect: stavo, stavi, stava, stavamo, stavate, stavano
Future: starò, starai, starà, staremo, starete, staranno
Imperative: —, stia, stiamo, state, stiano

---

tenere *to hold/to keep*

Present: tengo, tieni, tiene, teniamo, tenete, tengono
Future: terrò, terrai, terrà, terremo, terrete, terranno

---

uscire *to go out*

Present: esco, esci, esce, usciamo, uscite, escono
Imperative: —, esci, esca, usciamo, uscite, escano

---

vedere *to see*

Past participle: visto (also veduto)
Future: vedrò, vedrai, vedrà, vedremo, vedrete, vedranno

---

venire *to come*

Present: vengo, vieni, viene, veniamo, venite, vengono
Past participle: venuto
Future: verrò, verrai, verrà, verremo, verrete, verranno
Imperative: —, vieni, venga, veniamo, venite, vengano

---

vincere *to win*

Past participle: vinto

---

vivere *to live*

Past participle: vissuto
Future: vivrò, vivrai, vivrà, vivremo, vivrete, vivranno

---

volere *to want to*

Present: voglio, vuoi, vuole, vogliamo, volete, vogliono
Future: vorrò, vorrai, vorrà, vorremo, vorrete, vorranno

VOCABULARIES

You will find all the words used in the main chapters in the following vocabulary.

Italian-English

- All nouns ending in **-e,** as well as irregular nouns, are marked for gender.

- All **-ire** verbs conjugated with **-isc-** in the present are marked.

- Nonreflexive verbs conjugated with the auxiliary verb **essere** in the past are indicated with **essere** in parentheses.

A

a   to, at
abbastanza   enough, quite
abbigliamento   clothing
abitare   to live/dwell
accomodarsi   to make oneself comfortable; **S'accomodi!:** Make yourself comfortable!
acqua   water
acqua minerale   mineral water
addormentarsi   to fall asleep
adesso   now
aereo   airplane
aeroporto   airport
affatto   at all; **Non affatto**: Not at all!
agenda   daily appointment book
aggiustare   to fix
agosto   August
aiutare   to help
alcuni (alcune)   some/several
alimentari   food store
allacciare   to fasten

alla settimana/al mese/all'anno   per week/month/year
allora   then, therefore
almeno   at least
alto   tall
altrettanto   and to yours too
altrimenti   otherwise
altro   other
alzarsi   to get up
amare   to love
americana *(f.)*   American
americano *(m.)*   American
amica *(f.)*   friend
amico *(m.)*   friend
anche   also, too
ancora   still, yet, again
andare (essere)   to go
(di) andata e ritorno   return (ticket)
anno   year
annoiarsi   to get bored
(in) anticipo   ahead of time; **in orario/in ritardo** on time/late

antico   ancient
antipasto   appetizer
antipatico   unpleasant
aperitivo   aperitif
aperto   open
appartamento   apartment
appena   as soons as, just
appuntamento   appointment, date
aprile   April
aprire   to open
aranciata   orange drink
arancione   orange
armadio   closet
arrabiarsi   to get angry
arredamento   furniture/decoration
arrivare (essere)   to arrive
arrivederci/arrivederLa   goodbye
ascensore *(m.)*   elevator
asciugamano   towel
ascoltare   to listen (to)

aspettare   to wait for
aspirina   aspirin
assegno turistico   traveler's
     check
assieme   together
assistente *(m./f.)* di volo   flight
     attendant
atterraggio   landing
attivo   active
attraversare   to cross
aula   classroom
australiano *(m.)*   Australian
autobus *(m.)*   bus
automobile *(f.)*   automobile
automobilismo   car racing
autraliana *(f.)*   Australian
autunno   autumn
avanti   come in
avere   to have
avvocato *(m.)*   lawyer
azzurro   blue

B

babbo *(fam.)*   dad
bagaglio   baggage
bagno   bath, bathroom
ballare   to dance
bambina   little girl (child)
bambino   little boy (child)
banca   bank
banco   desk
bar   coffee bar
barista *(m./f.)*   bartender
basso   short
Basta!   That's enough!
bello   beautiful, handsome
bene   well
bere   to drink
bianco   white
bicchiere *(m.)*   drinking glass
bicicletta   bicycle
biglietto   ticket; fare il biglietto
     to buy a ticket
biondo   blond
birra   beer
biscotto   biscuit, cookie
bisogno   need; avere bisogno di
     to need
blu   dark blue
bocca   mouth
borsa   purse
bottiglia   bottle
braccio   arm
bravo   good

brioche *(f.)*   sweet pastry
bruno   brown-haired
brutto   ugly
buonanotte   good night
buon appetito   literally, (have a)
     good appetite
buon pomeriggio   good
     afternoon
buonasera   good evening/
     afternoon/hello/good-bye
buongiorno   good day/good
     morning/hello/good-bye
buono   good

C

cadere (essere)   to fall
caffè *(m.)*   coffee
calcio   soccer
caldo   hot, warm
calendario   calendar
calmo   calm
calza   stocking
calzino   sock
cambiare   to change, to exchange
camera   bedroom
cameriera   waitress
cameriere   waiter
camicetta   blouse
camicia   shirt
camminare   to walk
campagna   country(side); in
     campagna in the country
campionato   championship
canadese *(m./f.)*   Canadian
cancellino   eraser
cane   dog
cantare   to sing
capelli   hair
capire (isc)   to understand
cappello   hat
cappotto   coat
cappuccino   espresso coffee
     served with frothed milk
caramella   candy
carne *(f.)*   meat
caro   dear, expensive
carota   carrot
carta   paper; carta d'imbarco
     boarding pass
cartoleria   card shop
casa   house, home; a casa in the
     home, at home
cattivo   bad
causa   cause

celeste   light blue
cellulare *(m.)*   cellphone
cena   dinner
cenare   to dine, to have supper
centrale   central
centro   center; in centro
     downtown
cercare   to search/look (for)
certamente (also certo)
     certainly; È certo che It's
     certain that
che   what, that/which/who
chi   who
chiamarsi   to call oneself, to be
     named; Come si chiama?
     What is your name?
chiaro   clear, light
chiave *(f.)*   key
chiedere   to ask
chiudere   to close
chiuso   closed
ci   there, us, ourselves
ciao   hi, bye
ciclismo   bike riding/racing
cinema *(m.)*   movie theater,
     movies
cintura   belt
cintura di sicurezza   safety belt
cioccolatino   piece of chocolate
cioè   that is
città *(f.)*   city; in città in the city
classe *(f.)*   class (of students)
cliente *(m./f.)*   customer
cognata   sister-in-law
cognato   brother-in-law
cognome *(m.)*   surname
colazione *(f.)*   breakfast
collo   neck
colpire (isc)   to hit, to strike
coltello   knife
comandante *(m.)*   airline captain
come   how, as; Come mai?: How
     come?
cominciare   to begin/start
commessa *(f.)*   clerk
commesso *(m.)*   clerk
comodino   bedside table
compact disc   compact disc
compagna *(f.)*   companion/friend
compagno *(m.)*   companion/friend
compilare   to fill out
complicato   complicated
complicazione *(f.)*   complication
comportarsi   to behave

comprare to buy
computer computer
con with
conoscenza acquaintance
conoscere to know someone/
    something
contanti cash
continuare to continue
conto bill, account
contorni side dishes/servings
coprire to cover
coraggioso courageous
corpo body
correre to run
corretto correct
corridoio corridor
corso avenue, course
corto short
cosa thing
così so, thus, as
costare to cost
costruire (isc) to build, to
    construct
cravatta tie
credere to believe
cucchiaio spoon
cucina kitchen
cugina *(f.)* cousin
cugino *(m.)* cousin
cui which who(m)

D
da from, since, to, at
d'accordo I agree; **Non sono
    d'accordo** I don't agree
dare to give
data date
davanti in front
davvero really
decidere to decide
decollo take-off
denaro money
dente *(m.)* tooth
dentro within, inside
desiderare to want/wish/desire
dessert *(m.)* dessert
(a) destra (to the) right
di of
dicembre December
dietro behind
difficile difficult
difficoltà difficulty
di fronte in front of
dimenticare to forget

dire to say
diritto straight (ahead)
dispiacere to be sorry; **Mi
    dispiace** I'm sorry
dito finger
divano sofa
divertirsi to enjoy oneself
dollaro dollar
dolore *(m.)* pain
domani tomorrow; **A domani**
    See you tomorrow
domenica Sunday
domandare to ask
donna woman
dopo (che) after
dopodomani the day after
    tomorrow
dormire to sleep
dottore *(m.)* doctor
dottoressa *(f.)* doctor
dove where
dovere to have to
durante during

E
e and
eccellente excellent
eccezionale exceptional
ecco here/there is
economico cheap, economical
edicola newsstand
elegante elegant
elettrodomestico appliance
entrare (essere) to enter
entrata entrance
errore *(m.)* error
esame *(m.)* exam
esercizio exercise
espresso espresso coffee
essere (essere) to be
est east; **a est** to the east
estate *(f.)* summer
euro euro

F
faccia face
facile easy
fagiolino string bean
fame *(f.)* hunger
famiglia family
fare to do, to make; **fa caldo/
    freddo**/etc. it's warm/cold/etc.
fare male a to hurt

fare la spesa to shop for food
fare spese to shop
fare lo stesso to be just the same
farmacia pharmacy
fazzoletto handkerchief
febbraio February
febbre *(f.)* fever
felice happy
fermarsi to stop
festa party
fiaba fairy tale
figlia daughter
figlio son
fine *(f.)* end
finestra window
finestrino window of a vehicle
finire (isc) to finish
fino till
forchetta fork
forse maybe
forte strong
fortunatamente fortunately
fotografia photograph
fra *(also* **tra**) between, among,
    in
francese *(m./f.)* French
fratello brother
freddo cold
fretta hurry
francobollo stamp
frigorifero refrigerator
frutta fruit
fumatore *(m.)* smoker
fumetti comics
fuori outside

G
gamba leg
gatto cat
gelato ice cream
generalmente generally
generoso generous
genitore *(m.)* parent
gennaio January
gente *(f.)* people
gentile gentle, kind
gesso chalk
già already
giacca jacket
giallo yellow
ginocchio knee
giocare to play (a sport/
    game/etc.)
gioco game

gioielleria   jewelry shop
giornale *(m.)*   newspaper
giornata   day (all day)
giorno   day
giovane   young, youth; **da giovane** as a youth
giovedì   Thursday
girare   to turn
giù   down
giugno   June
giusto   right, correct
gli   to him, to them
gola   throat
gomito   elbow
gonna   skirt
grande   big, large
grasso   fat
grazie   thank you
grigio   gray
guanto   glove
guardare   to watch, to look at
guidare   to drive

I

idea   idea
ieri   yesterday; **ieri l'altro** the other day
illustrato   illustrated
imparare   to learn
impermeabile *(m.)*   raincoat
impiegata *(f.)*   employee
impiegato *(m.)*   employee
importare/Non importa   to matter/It doesn't matter
in   in, to, at
indietro   back(ward)
indigestione *(f.)*   indigestion
indirizzo   address
inelegante   inelegant
infermiera *(f.)*   nurse
infermiere *(m.)*   nurse
influenza   flu
ingegnere *(m./f.)*   engineer
inglese *(m./f.)*   English
insegnante *(m./f.)*   teacher
insegnare   to teach
insieme   together
intelligente   intelligent
interessante   interesting
interruttore *(m.)*   switch
invece   instead
inverno   winter
invitare   to invite
io   I

isolato   block
italiana *(f.)*   Italian
italiano *(m.)*   Italian

L
la   she, it, you *(pol.)*
là   there
labbro   lip
lampada   lamp
lampeggiare   lightning
lasciare   to leave (behind)
latte *(m.)*   milk
lavagna   blackboard
lavare   to wash
lavarsi   to wash oneself
lavorare   to work
lavoro   work
le   them *(f.)*, to her, to you *(pol.)*
leggere   to read
lei   she, you *(pol.)*, her
lettera   letter
lezione *(f.)*   lesson
li   them *(m.)*
lì   there
libreria   bookstore
libretto   account book
libro   book
lieto   delighted
limonata   lemonade
lingua   language, tongue
lo   him
lontano   far
loro   they, their, theirs, them
luglio   July
lui   he, him
lunedì   Monday
lungo   long

M
ma   but
Macché   No way
macchiato   coffee with a touch of milk
macchina   car
madre *(f.)*   mother
Magari!   I wish!
magazzino   department store
maggio   May
maglia   sweater
magro   skinny, thin
mai   never, ever
malattia   sickness
mal di   suffer from

male   bad(ly)
maleducato   rude
mamma   mom
Mamma mia!   "Mother of mine!" Ugh!
mangiare   to eat
mano *(f.)*   hand (*pl.* **le mani**)
mare *(m.)*   sea
marito   husband
marrone   brown
martedì   Tuesday
marzo   March
matematica   mathematics
matita   pencil
mattina   (*also* **mattino**) morning
Ma va!   No way!
me   me
medico   doctor
meglio   better
melone *(m.)*   cantaloupe
meno   less
Meno male!   Thank goodness!
mentre   while
mercoledì   Wednesday
meridionale   southern
mese *(m.)*   month
mestiere *(m.)*   job
mettere   to put
mettersi   to put on
mezzanotte *(f.)*   midnight
mezzo   half
mezzogiorno   noon
mi   me, to me
migliore   better
minuto   minute
mio   my, mine
mite   mild
mobilia   furniture
moderno   modern
modulo   form, slip; **modulo di prelevamento** withdrawal; **modulo di versamento** deposit
moglie *(f.)*   wife
molto   much, a lot, very
momento   moment
montagna   mountain
muro   wall

N
naso   nose
naturalmente   naturally
nè ... nè   neither ... nor
neanche   not even

nebbia   fog
negozio   store
nero   black
nessuno   no one; **non ... nessuno**
    not ... any
neve *(f.)*   snow
nevicare   to snow
niente   nothing
nipote *(m./f.)*   nephew, niece,
    grandchild
no   no
noi   we, us
noisoso   boring
nome *(m.)*   name
non   not
nonna   grandmother
nonno   grandfather
nord   north; **a nord** to the north
normale   normal
nostro   our, ours
notte *(f.)*   night
novembre   November
nulla   nothing
numero   number
nuotare   to swim
nuoto   swimming
nuovo   new
nuvoloso   cloudy

O

o   or, either
occhio   eye
occidentale   western
occupazione *(f.)*   occupation
offrire   to offer
oggi   today
ogni   each, every
ora   hour, time, now
orario   schedule, time(table)
orecchio   ear
oreficeria   watch/jewelry shop
orientale   eastern
orologio   watch, clock
ottimo   excellent
ottobre   October
ovest   west; **a ovest** to the west
ovvio   obvious

P

pace *(f.)*   peace
padre *(m.)*   father
paese *(m.)*   country
pagare   to pay

pallacanestro *(f.)*   basketball
pane *(m.)*   bread
panino   bun, roll
pantaloni   pants
papà *(m.)*   dad
parecchio   several
parente *(m./f.)*   relative
parete *(f.)*   partition/wall
parlare   to speak
partire   to leave/depart
passaporto   passport
passare   to pass
pasta   pastry
patata   potato
pattinaggio   skating
pattinare   to skate
paura   fear
pausa   pause
pavimento   floor
pazienza   patience
Peccato!   Pity!/Too bad!
peggio   worse
peggiore   worse
penna   pen
pensare   to think
per   for, through, in order to
perché   why, because
perdere   to lose
per favore   please
periferia   suburbs; **in periferia**
    in the suburbs
Permesso   Excuse me
permettere   to permit, to allow
però   however, but
pesce *(m.)*   fish
pettine *(m.)*   comb
piacere   to like; a pleasure
piangere   to cry
piano   level (floor)
piatto   plate, dish
piccolo   small
piede *(m.)*   foot; **a piedi** on foot
pioggia   rain
pigro   lazy
piovere   to rain
più   more
piuttosto   rather
pizza   pizza
poco   a little, few
poi   then
polmonite *(f.)*   pneumonia
poltrona   armchair
pomeriggio   afternoon
popolare   popular

porta   door
portafoglio   wallet
portare   to bring
portatile *(m.)*   laptop
posto   place
potere   to be able to
povero   poor
pranzare   to have lunch
praticare   to play at a sport
preciso   precise
preferire (isc)   to prefer
prego   you're welcome, please
prelevare   to withdraw (money)
prendere   to take
prenotazione *(f.)*   reservation
preoccuparsi   to worry
presentare   to introduce, to
    present
presto   soon, early; **a presto** see
    you soon
previsto   expected
prezzo   price
prima   before
primavera   spring
probabilmente   probably
problema *(m.)*   problem
programma *(m.)*   program
pronto   hello (on the phone)
proprio   really
prosciutto   ham
prossimo   next
professore *(m.)*   professor
professoressa *(f.)*   professor
pugilato   boxing
pulire (isc)   to clean
pulirsi   to clean oneself
(in) punto   on the dot
purtroppo   unfortunately

Q

quaderno   workbook
qualche   some
qualcosa   something
quale   which
quando   when
quanto   how (much)
quarto   quarter
quasi   almost
quello   that
questo   this
qui   here
quindi   therefore

R

raccomandare   to recommend
radio *(f.)*   radio
raffreddore *(m.)*   (a) cold
ragazza   girl
ragazzo   boy
ragione *(f.)*   reason
ravioli   ravioli
regolare   regular
ricco   rich
ricetta   prescription
ricevere   to receive
ricordare   to remember
ridicolo   ridiculous
ripetere   to repeat
riposare   to relax
risolvere   to resolve
rispondere   to answer
ristorante *(m.)*   restaurant
ristretto   strong coffee
ritardo   late
rosa   pink
rivista   magazine
romanzo   novel
rompere   to break
rosso   red

S

sabato   Saturday
sala da pranzo   dining room
(in) saldo   on sale
salire (essere)   to go up
salotto   living room
salute   bless you/cheers
salve   hi, greetings
sapere   to know (how to do something)
sbagliato   mistaken
sbaglio   mistake
scaffale *(m.)*   bookshelf
scala   staircase
scarpa   shoe
scena   scene
scendere   to go down
schiena   back (of the body)
sci   skiing
sciare   to ski
sciarpa   scarf
scompartimento   compartment/section
scorso   last; **l'anno scorso** last year
scrivania   writing desk
scrivere   to write

scuola   school
scuro   dark
scusa   *(pol.* **scusi** excuse me)
se   if; **anche se** even if
sedia   chair
segretaria *(f.)*   secretary
segretario *(m.)*   secretary
segreteria   secretarial office
semaforo   traffic lights
semplice   simple
sempre   always
sentire   to hear
sentirsi   to feel
senz'altro   without a doubt
senza   without
sera   evening
sereno   calm
serio   serious; **Dico sul serio** I'm serious
servire   to serve
seta   silk
sete *(f.)*   thirst
settembre   September
settimana   week
settentrionale   northern
si   oneself, himself, herself
sì   yes
sia ... che   both ... and
sicuro   sure
signora   Mrs./lady
signore   Mr./Sir/gentleman
signorina   Miss/Ms./young lady
simpatico   nice
sincero   sincere
sinistra   left; **a sinistra**   to the left
soffitto   ceiling
soffrire   to suffer
soldi   money
sole *(m.)*   sun
solito/di solito   usually
solo   only (also **solamente/soltanto**); **non solo ... ma anche** not only ... but also
sonno   sleep
sopra   above
sorella   sister
sotto   below, under
spagnola *(f.)*   Spanish
spagnolo *(m.)*   Spanish
sparire (isc)   to disappear
specchio   mirror
spendere   to spend (money)
sperare   to hope

spesso   often
sport   sport
sposarsi   to get married
sposato   married
spumante *(m.)*   sparkling wine
squisito   delicious
stagione *(f.)*   season
stamani   this morning
stanza   room
stare (essere)   to stay
stasera   this evening
stesso   same
stomaco   stomach
strada   street, road
studente *(m.)*   student
studentessa *(f.)*   student
studiare   to study
studio   study, professional office
stupido   stupid
su   on, up
subito   right away
sud   south; **a sud** to the south
suo   his, her, your *(pol.)*
suonare   to play (an instrument)
svegliarsi   to wake up

T

tabaccheria   smoke shop
tanto   much, a lot, very
tardi   late
tavola   eating table
tavolo   table (in general)
tazza   cup
te   you
tè   tea
tedesca *(f.)*   German
tedesco *(m.)*   German
telefonare   to phone
televisione *(f.)*   television
televisore *(m.)*   television set
tempo   time/weather
tenere   to hold, to keep
tennis *(m.)*   tennis
terrazza   balcony, terrace
testa   head
tetto   roof
ti   you, to you *(fam.)*
timido   shy
tipo   type
tornare (essere)   to return, to come back
torta   cake
torto   wrong

tosse *(f.)*   cough
tovagliolo   napkin
tra   between, in
tramezzino   sandwich
treno   train
triste   sad
troppo   too (much)
trovare   to find
tu   you (familiar)
tuo   your *(fam.)*, yours
tuonare   to thunder
tutto   all, everyone

U

ufficio   office
ultimo   last
umano   human
unghia   fingernail
università *(f.)*   university
uscire (essere)   to go out
uomo   man *(pl.* **gli uomini***)*
uscita   exit

V

va bene   OK
vacanza   vacation
valigia   suitcase
variabile   variable
vecchio   old
vedere   to see
vendere   to sell
venerdì   Friday
venire (essere)   to come
vento   wind
vero   true
verde   green
versare   to deposit (money)
verso   toward
vestiario   clothing
vestirsi   to dress oneself
vestito   dress, suit
vi   you, to you, yourselves
viaggio   trip
vicino   near
vino   wine
via   street

viale *(m.)*   larger street
vincere   to win
viola   purple, violet
visitare   to visit
vita   life
vivere   to live
voi   you *(pl.)*
volentieri   gladly
volere   to want to
volo   flight
volta   time (occurrence)
vostro   your *(pl.)*, yours

Z

zabaione *(m.)*   type of (egg) drink
zaino   knapsack, bag
zero   zero
zia   aunt
zio   uncle
zitto   quiet
zucchero   sugar

English-Italian

In this vocabulary you will find only the most frequently used words and expressions.

A

(to be) able to   potere
address   indirizzo
after   dopo
afternoon   pomeriggio
(to be) afraid   avere paura
again   ancora
airplane   aereo
airport   aeroporto
all   tutto
already   già
also   anche
always   sempre
American   americano/americana
and   e
answer   rispondere
appetizer   antipasto
appointment   appuntamento
April   aprile
arm   braccio
arrive   arrivare
ask   chiedere
at least   almeno
August   agosto
aunt   zia

automobile   automobile *(f.)*
autumn   autunno

B

bank   banca
be   essere, stare
Be quiet!   Zitto!
beautiful   bello
because   perché
(to) become angry   arrabbiarsi
bedroom   camera
beer   birra
begin   (in)cominciare
believe   credere
belt   cintura
bicycling   ciclismo
big   grande
bill   conto
biscuit   biscotto
block (street)   isolato
blond   biondo
blouse   camicetta
blue   azzurro
boarding pass   carta d'imbarco

body   corpo
bottle   bottiglia
boy   ragazzo
bread   pane *(m.)*
brother   fratello
bus   autobus
but   ma, però
buy   comprare

C

cake   torta
calendar   calendario
call   chiamare
candy   caramella
captain   comandante
car   macchina
cash   in contanti
change   cambiare
cheap   economico
child   bambino/bambina
city   città
clean   pulire; **to clean oneself** pulirsi
clerk   commesso

clock orologio
coffee caffè *(m.)*
cold raffreddore *(m.)*; **to be cold** avere freddo
comb pettine *(m.)*
come venire
compartment scompartimento
cough tosse *(f.)*
cousin cugino

D

dad papà, babbo
dance ballare
daughter figlia
day giorno
December dicembre
delicious squisito
deposit slip modulo di versamento
desire desiderare
dinner cena
do/make fare
doctor dottore/medico
dollar dollaro
door porta
dress/suit vestito
dress vestirsi
drink bere
drive guidare
during durante

E

each/every ogni
ear orecchio
east est
elegant elegante
English inglese *(m./f.)*
enough abbastanza
enter entrare
error errore *(m.)*
evening sera
ever/never mai
excuse me scusi *(pol.)*/scusa *(fam.)*
eye occhio

F

face faccia
fairy tale fiaba
fall cadere
family famiglia
far lontano
father padre

February febbraio
feel sentirsi
fever febbre *(f.)*
fill out compilare
find trovare
finger dito
finish finire
first primo; **at first** prima
fish pesce *(m.)*
for per
fork forchetta
French francese *(m./f.)*
from da
fruit frutta

G

generous generoso
gentle/kind gentile
German tedesco
get up alzarsi
girl ragazza
give dare
gladly volentieri
glass (drinking) bicchiere *(m.)*
glove guanto
go andare
good buono, bravo
good afternoon buonasera
goodbye arrivederci *(fam.)*/arrivederLa *(pol.)*
good evening buonasera
good morning buongiorno
good night buonanotte
go out uscire
grandfather nonno
grandmother nonna
gray grigio

H

hair capelli
ham prosciutto
hand mano *(f.) (pl.* le mani)
handkerchief fazzoletto
hat cappello
have avere
have to dovere
head testa
hear sentire
help aiutare
here qui
(to) hold/keep tenere
hour ora
house casa

how come
how much quanto
however però
(to be) hungry avere fame
(to be in a) hurry avere fretta
husband marito

I

ice cream gelato
impossible impossibile
in in
instead invece
intelligent intelligente
Italian italiano

J

jacket giacca
January gennaio
July luglio
June giugno

K

key chiave *(f.)*
knife coltello
know sapere, conoscere

L

last ultimo
leave partire
left sinistra; **to the left** a sinistra
leg gamba
letter lettera
like piacere
little piccolo
(a) little poco
live vivere, abitare
look at guardare
look for cercare
lunch pranzo

M

magazine rivista
man uomo *(pl.* gli uomini)
March marzo
May maggio
maybe forse
meat carne *(f.)*
midnight mezzanotte *(f.)*
milk latte *(m.)*
minus/less meno
mistake sbaglio
Monday lunedì

money   denaro/soldi
month   mese *(m.)*
more   più
morning   mattina/mattino
mother   madre *(f.)*
mouth   bocca
movie theater/movies   cinema
        (m.)
much/very   molto, tanto

N
name   nome; **to be named**
        chiamarsi
near   vicino
neck   collo
need   avere bisogno di
new   nuovo
newspaper   giornale
next   prossimo
nice   simpatico
night   notte *(f.)*
noon   mezzogiorno
no one   nessuno
north   nord
nose   naso
not even   neanche
nothing   niente/nulla
November   novembre
now   adesso/ora

O
October   ottobre
of   di
often   spesso
okay   va bene
old   vecchio
on   su
on foot   a piedi
only   solo/solamente/soltanto
open   aperto
open   aprire
or   o
other   altro
otherwise   altrimenti
outside   fuori

P
pain   dolore *(m.)*
pants   pantaloni
paper   carta
pastry   pasta
patience   pazienza
pay   pagare

pen   penna
pencil   matita
pharmacy   farmacia
phone   telefonare
pink   rosa
place   posto
play   giocare, suonare
plate/dish   piatto
please   per favore
poor   povero
prefer   preferire
price   prezzo
purse   borsa
put   mettere

R
radio   radio *(f.)*
raincoat   impermeabile *(m.)*
really   davvero, proprio
receive   ricevere
red   rosso
restaurant   ristorante *(m.)*
return   tornare
rich   ricco
right   destra; **to the right** a
        destra
road   strada
room   stanza
rude   maleducato

S
same   lo stesso
say   dire
scarf   sciarpa
season   stagione *(f.)*
see   vedere
sell   vendere
September   settembre
shirt   camicia
shoe   scarpa
shop   fare delle spese
short   basso
sing   cantare
sister   sorella
skirt   gonna
sleep   dormire
small   piccolo
so   così
soccer   calcio
something   qualcosa
son   figlio
south   sud
Spanish   spagnolo
speak   parlare

spoon   cucchiaio
spring   primavera
stamp   francobollo
stay   stare
store   negozio
street   via
sugar   zucchero
suitcase   valigia
summer   estate *(f.)*
sun   sole *(m.)*
Sunday   domenica
sure   sicuro
sweater   maglia
swim   nuotare
swimming   nuoto

T
table   tavola, tavolo
take   prendere
tall   alto
tea   tè
thank you   grazie
then   poi, allora
there   lì/là
think   pensare
(to be) thirsty   avere sete
Thursday   giovedì
ticket   biglietto
tie   cravatta
to   a, in
today   oggi
together   insieme
tomorrow   domani
tonight   stasera
too (much)   troppo
tooth   dente *(m.)*
toward   verso
traffic lights   semaforo
train   treno
Tuesday   martedì

U
ugly   brutto
uncle   zio
under   sotto
understand   capire
unfortunately   purtroppo
usually   di solito

W
wait (for)   aspettare
waiter   cameriere
waitress   cameriera

walk   camminare
want   volere
wash   lavare; **to wash oneself**
     lavarsi
watch   orologio
water   acqua
weather   tempo
Wednesday   mercoledì
week   settimana
well   bene
west   ovest
what   che

when   quando
where   dove
which   quale
while   mentre
white   bianco
who   chi
why   perché
wife   moglie (*f.*)
window   finestra, finestrino
wine   vino
winter   inverno
with   con

woman   donna
write   scrivere
(to be) wrong   avere torto

Y
year   anno
yellow   giallo
yes   sì
yesterday   ieri
young   giovane
you're welcome   prego

Helpful Guides for Mastering a Foreign Language

2001 Idiom Series

Indispensable resources, these completely bilingual dictionaries in four major European languages present the most frequently used idiomatic words and phrases to help students avoid stilted expression when writing in their newly acquired language. Each book includes illustrative sentences. Each feature is easy to locate and designed with clarity in mind.

2001 French and English Idioms, 3rd
0-7641-3750-6 $16.99, Can $19.99

2001 German and English Idioms
0-8120-9009-8 $18.99, Can $25.99

2001 Italian and English Idioms
0-8120-9030-6 $18.99, Can $27.50

2001 Japanese and English Idioms
0-8120-9433-6 $18.99, Can $27.50

2001 Russian and English Idioms
0-8120-9532-4 $21.95, Can $31.95

2001 Spanish and English Idioms, 3rd
0-7641-3744-1 $16.99, Can $19.99

201/301 Verb Series

The most commonly used verbs are presented alphabetically and in all their forms, one to a page, in each of the many foreign languages listed here. Features of this series include discussions of participles, punctuation guides, listings of compounds, the phrases and expressions often used with each verb, plus much more!

201 Dutch Verbs
0-8120-0738-7 $14.95, Can $21.95

201 Mandarin Chinese Verbs, 2nd
0-7641-3761-7 $16.99, Can $21.50

201 Modern Greek Verbs
0-8120-0475-2 $14.99, Can $21.99

301 Polish Verbs
0-7641-1020-9 $16.99, Can $24.50

201 Swedish Verbs
0-8120-0528-7 $18.99, Can $27.50

201 Turkish Verbs
0-8120-2034-0 $16.99, Can $23.99

501 Verb Series

Here is a series to help the foreign language student successfully approach verbs and all their details. Complete conjugations of the verbs are arranged one verb to a page in alphabetical order. Verb forms are printed in boldface type in two columns, and common idioms using the applicable verbs are listed at the bottom of the page in each volume. Some titles include a CD-ROM.

501 Arabic Verbs
0-7641-3622-4 $18.99, Can $23.75

501 English Verbs, 2nd, with CD-ROM
0-7641-7985-3 $16.99, Can $21.50

501 French Verbs, 6th, with CD-ROM
0-7641-7983-7 $16.99, Can $21.50

501 German Verbs, 4th, with CD-ROM
0-7641-9393-7 $16.99, Can $21.50

501 Hebrew Verbs, 2nd
0-7641-3748-4 $18.99, Can $22.50

501 Italian Verbs, 3rd, with CD-ROM
0-7641-7982-9 $16.99, Can $21.50

501 Japanese Verbs, 3rd
0-7641-3749-2 $18.99, Can $22.50

501 Latin Verbs, 2nd
0-7641-3742-5 $18.99, Can $22.50

501 Portuguese Verbs
0-7641-2916-3 $16.95, Can $24.50

501 Russian Verbs, 3rd
0-7641-3743-3 $18.99, Can $22.50

501 Spanish Verbs, 6th, with CD-ROM
0-7641-7984-5 $16.99, Can $21.50

Barron's Educational Series, Inc. • 250 Wireless Boulevard, Hauppauge, NY 11788
In Canada: Georgetown Book Warehouse, 34 Armstrong Avenue, Georgetown, Ont. L7G 4R9

(#33) R 8/07